本书获得厦门大学研究生教材立项资助

The Analects of Confucius:
Translation Strategies and Translation Styles

《论语》英译鉴赏

辛志英　著

厦门大学出版社　国家一级出版社
XIAMEN UNIVERSITY PRESS　全国百佳图书出版单位

图书在版编目（CIP）数据

《论语》英译鉴赏 / 辛志英著. -- 厦门：厦门大
学出版社，2024.11
　　ISBN 978-7-5615-9341-7

　　Ⅰ．①论… Ⅱ．①辛… Ⅲ．①《论语》-英语-翻译
Ⅳ．①H315.9②B222.25

中国国家版本馆CIP数据核字(2024)第066365号

责任编辑　王扬帆
美术编辑　李嘉彬
技术编辑　许克华

出版发行　厦门大学出版社
社　　址　厦门市软件园二期望海路39号
邮政编码　361008
总　　机　0592-2181111　0592-2181406(传真)
营销中心　0592-2184458　0592-2181365
网　　址　http://www.xmupress.com
邮　　箱　xmup@xmupress.com
印　　刷　厦门市金凯龙包装科技有限公司

开本　720 mm×1 020 mm　1/16
印张　14.5
插页　2
字数　265 千字
版次　2024 年 11 月第 1 版
印次　2024 年 11 月第 1 次印刷
定价　79.00 元

本书如有印装质量问题请直接寄承印厂调换

厦门大学出版社
微信二维码

厦门大学出版社
微博二维码

序　言

　　儒家思想是中国传统文化的主流思想,对中华文明产生了极为深刻的影响。孔子是儒家思想的创始人,他的思想体系不仅是整个封建时代的治国依据,而且一直影响着普通人的精神生活和社会生活。即便是进入了人类文明高度发达的 21 世纪,我们仍然崇尚以孔子为代表的儒家思想。可以说,儒家思想对社会生态具有重大的影响,指导着我们的一言一行一思。当因为正确理念而饱受怀疑并陷入孤立境地时,我们想到的是"德不孤,必有邻",进而于物理世界和精神世界寻找志同道合者;当生活或事业陷入困顿之时,我们想到的是"君子固穷",于是为了理想坚持努力奋斗而"不改其乐";当因为财富的得失而纠结之时,我们想到的是"见得思义"和"富贵于我如浮云",进而树立正确的义利观。

　　孔子、《论语》和儒家思想具有如此大的影响力,不禁让人在对其敬仰之余也产生了好奇。究竟是什么成就了这一伟大的人物和思想,并且使之历经数千年而长盛不衰? 对此,可以从孔子的身份和儒家思想的内涵两个方面进行阐述:

　　首先,孔子是"轴心时代"众多思想家中的一员,是中国古代人本思想的先觉者、中华传统优秀文化的保护人和中国古代最伟大的教育家。

　　孔子生活的春秋时期,从世界的大环境来看,是"轴心时代"的重要组成部分。置于这一时代的孔子及其思想,可以看作一种历史的必然。"轴心时代"出现了以长江黄河为中心的华夏文明,以两河流域为中心的古巴比伦文明,以尼罗河为中心的古埃及文明,以印度河为中心的古印度文明,在这一时代,人类精神文明有了重大突破。各个文明区域都出现了伟大的思想家与哲学家,比如古希腊的苏格拉底、柏拉图和亚里士多德,以色列的犹太教先知们,古印度的释迦牟尼,中国的孔子、老子、孟子、庄子、墨子、荀子、韩非子等。这些了不起的智者把几千年沉积下来的人类智慧加以归纳总结,或编纂成书成为治国理论和策略,或开门授徒,让这些智慧广为传播和传承,影响了历朝历代的统治阶级和各个阶层的人民,成为修身治国平天下的最有力的指导。孔子是传统文化的传播者。秦始皇的焚书坑儒和项羽的火烧咸阳,使得大量的经典失传,中华文化遭遇空前浩劫,许多优秀传统文化几乎从此湮灭。汉武帝"表章六经,推明孔氏",与孔子有关的文献,如《诗》《书》《礼》《易》和《春秋》,便得到了更多的重视和广泛的传播,这些优秀文化才得以很好地保存和传播。孔子的伟大还在于把教学教育对象定为平民阶层,打破了"学在官府"的贵族垄断教育的千年惯例,开了平民教育的先河。他的教学教育思想历经两千多年,直至今日仍然大部分有效,甚至熠熠生辉。

其次,孔子创立的儒家思想具有重要的意义。中华文明肇始期的西周为孔子和儒家思想的产生和发展提供了合适的土壤。儒的存在始于商朝,当时一般叫作术士。古代中国人重视各种祭祀和典礼的礼仪,这种广泛的社会需求催生了儒这个特殊的社会阶层。君子儒是以礼教治国的技能为统治阶级服务的儒士,相当于后世说的有远大理想的、以天下为己任的知识分子。春秋时期,礼崩乐坏,孔子认真思考其中原因,创立了以"礼"和"仁"为核心的儒家学派。孔子一心想培养君子儒。子夏,孔子的学生,是继孔子之后系统地传授儒家经典学说的第一人,推动了儒家思想的发展与流传,被后世誉为传经之鼻祖。

"礼"是当时社会的典章制度和道德规范,是礼乐制度下的各种礼节规定和人际交往的行为准则。"礼乐制度"就是"典章制度",是立国的根本大法。讲到"礼",不能不讲到祭祀——古人对天地神祇和祖宗的礼拜,是统治阶级从天、地、神明、祖先等方面寻求权力背书的不二途径。另外,"礼"也涉及日常的礼仪,但这跟作为国家典章制度的"礼"相比就属于"礼之末"了。要实行"礼",就要有"礼教",实质上是道德教化。孔子推行"礼教",是要维持等级社会尊卑贵贱的秩序。"礼"分为"礼节""礼仪"和"礼义"。古代的"礼节"和"礼仪"在今天有了很大的变化,很多已经行不通了;但"礼义"是不变的。遵"礼"对于维护社会和谐有重要作用。周公的礼乐文明,是中华文明的奠基石,它使中国的社会从此摆脱殷商社会鬼神文化的羁绊,让礼乐在社会组织和道德教化中发挥了基础作用,一直影响着其后的中国社会。

"仁"本指人与人之间友爱、互助、同情等,后来演化为古代一种含义极广的道德范畴。孔子将"仁"提升为最高的道德原则、道德标准和道德境界,形成了包括孝、弟(悌)、忠、恕、礼、知(智)、勇、恭、宽、信、敏、惠等内容的伦理思想结构。孔子没有给"仁"下过概括性的定义,也很少说某人已经达到了"仁"的境界,但又不断鼓励人们努力做到"仁"。这实际上是在鼓励人们积小善为大善,积小爱为大爱,积小德为大德。孔子的这一思想,闪耀着儒家伦理哲学的光辉。儒家的"仁"不是"博爱",而是一种"差等之爱"。做子女的,最敬爱的是父母(孝),然后是兄弟(悌),然后以此为圆心,在家庭和家族内部逐渐向外扩展,比如对祖父母、对叔伯、对堂兄弟,爱的程度逐渐减弱,接着是对上级、邻居、同学、同事、朋友,到了最后,才是对一般的民众。差等之爱是人性的必然,是顺应人性的自然规律,体现了从自然哲学到伦理哲学再到道德哲学的进步过程。

儒家思想对几千年来中国社会的影响是巨大的,是中国优秀传统文化的一部分,值得我们学习、研究、实践和发扬光大。

吴国珍

于厦门

2023 年 7 月 1 日

前　言

　　《论语》是中华经典文化的瑰宝。当前,全球化发展进入新的阶段,中国也以更加可信、可敬、可亲,更加强大的形象屹立世界舞台,而这可信、可敬、可亲与强大的背后是中华文明与中华传统哲学思想的绵延与发展。从"和而不同"到"美美与共",从"中庸"到"人类命运共同体",历史的沉淀赋予《论语》不变的核心思想,时代的变迁赋予《论语》多样的外延传承,中国式现代化发展赋予《论语》更加深厚的内涵。

　　《论语》作为人类精神文明的源头活水之一,其中蕴含的丰富的治国理政智慧与为人处世思想,对当代中国建设发展,包括国家治理模式建构、社会文明提升,乃至全球稳定、国际秩序和谐以及人类命运共同体的建构,都有着重要意义。长久以来,《论语》的对外传播备受关注,许多译者倾力钻研《论语》原文与注释本,探索翻译策略与方法,呈现具有时代特点与个人风格的译本;各个时期的学者也致力于研究《论语》及其翻译。然而,学者,特别是国内学者,仍然较少在国际上发表有关《论语》及《论语》英译的研究成果。这也就意味着,对于优秀的儒学思想的传播仍需中国方法方面的努力探索。立足新时代新形势,回顾《论语》海外传播的历程,学者与译者们为此付出的努力、做出的贡献值得深读与学习,并且,我们应当从中思考,如何向世界传播《论语》故事与儒学思想。《〈论语〉英译鉴赏》这一教材的编著与出版由此起笔。

　　本书通过主题式的内容编排、独特的主题译例选取与详尽客观的评析,以及课后论文选读与思考题的创新性设计,旨在帮助英语专业、翻译专业学习者和广大《论语》英译爱好者更好地理解和欣赏《论语》,领略孔子与弟子们的智慧与思想。长久以来,在中国典籍外译中,《论语》被译为多国语言,拥有众多译文版本。因篇幅有限,为更好地呈现《论语》英译的经典译例并做详细而独特的鉴赏,本书依据各个译本在各个时期的代表性,分模块甄选其中 13 个译本中的经典语句与译文,加以对比评析与鉴赏。

　　本书在整体结构与内容以及学习资源方面有以下全新编排与设计:

第一,以《论语》的传播历程与译本梳理开篇立意。

《论语》英译始于来华传教士对"四书"的尊崇与传播,至今已有常见的50多版英译本以及多版各国语言译本,传播着正能量,展现着强大的生命力。本书以《论语》的传播历程与译本梳理开篇,首先对《论语》的海外传播做了历时总介,带领读者们共同学习、了解《论语》英译的历程,感受儒家思想在海外传播的深度与广度;其次介绍了本书所遴选的13个《论语》译本,包含各译本的译者基本信息、译本出版情况及译文风格等,为读者更清晰地呈现了不同时期具有代表性的译本。

第二,以主题式内容有序编排与展开主体章节。

本书围绕《论语》核心思想,选取《论语》中礼仪、祭祀、思想三大主题内容,分别编排为三个单元(第二单元、第三单元和第四单元)。每个单元分课分节精选例句,精炼主题词与文化负载词。每课均对主题词的内涵展开详细的阐述与讨论,让读者们更好地学习、理解主题词以及相应的儒学文化背景与思想,为学习和赏析译例形成一定的基础铺垫。每节的译例分析中均对主题词项下的文化负载词进行明确释义与译文对比分析,力求为读者呈现不同译文、不同翻译策略与方法,帮助读者更好地掌握每个词句的含义,学习翻译技巧,提升跨文化理解能力。

第三,以课后论文选读与思考题设计延伸阅读和提升能力。

对于教材来说,课后题是每一课的结束,也是新一课的开启。本书创新性地设计了课后论文选读与思考题,帮助读者拓展阅读,以思考题为导向展开学术思考、交流讨论,深化对所学内容的理解,以期开启对《论语》及其英译乃至中华典籍外译的学术探究征途。

第四,以慕课资源辅助学习。

本书另配有较完备的慕课资源,读者们在学习本书的同时可以登录中国大学 MOOC(https://www.icourse163.org/)与中国高校外语慕课平台(UMOOCs)(https://moocs.unipus.cn/)进行同步学习,以期打开多元学习视角,更为立体地解读《论语》及其英译文,思考中华典籍文化外译的有效途径。

笔者在编著过程中重点关注了以下两个方面:

第一,古代典籍经过历朝历代的传承,其释义在后人的研读与注释中不断发展。英译过程中,典籍注释本是译者必须严谨阅读和依据的。因此,本书在编著过程中认真查实所选的《论语》13个英译本分别依据的原文注释本,并在译本选介中阐明,以减少学习者在学习过程中的疑惑。

第二，翻译必须忠实原文，不可任意改编或增删。因此，每个译者在翻译过程中都应对所选词汇的释义严谨查实，以确保译文的适恰性。笔者在编著过程中也对译例评析中所涉及的单词词条认真查阅辞典并加以注明，以使评析严谨、客观。

今书既成，吾于此谨致谢意。感谢吴国珍老师为本书提出宝贵意见并作序；感谢科研团队成员为本书的编著查阅了大量文献并做了细致的校对工作；感谢厦门大学研究生院研究生教材建设专项资助与厦门大学中央高校基本科研业务费战略发展类专项资助为本书的出版提供支持和保障；感谢厦门大学出版社编校团队，他们的专业作风与敬业态度对本书的顺利出版给予了极大支持。

古语已有言，"半部《论语》治天下"。吾深以为，读《论语》以修心，以养性，以齐家，以思治国平天下。子曰："君子务本，本立而道生。"吾诚以此书与读者们共读《论语》，共思典籍外译，共研中国式现代化视域下的中华传统文化与中华文明的国际传播之道。

辛志英

于厦门大学德贞楼

2023 年 7 月 5 日

目　录

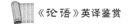

第四单元 思想文化

第一单元

《论语》的海外传播
和中外英译本选介

　　作为中国古代最伟大的教育家,孔子为我们留下了极
为宝贵的财富。他的思想和言行蕴含着正能量,在当今仍
然具有强大的生命力。本单元第一课介绍了集儒家思想
之大成的《论语》的海外传播情况,重点呈现了其海外传播
的历程和领域,并进一步阐释了其海外传播的影响;第二
课介绍了《论语》的中外英译本,依据译本在每个时期的代
表性和典型性,遴选13个译本重点介绍。

第一课　《论语》的海外传播

　　《论语》的海外传播要从"四书"说起。"四书"为儒家经典,系南宋学者朱熹将《礼记》中《大学》《中庸》两篇单独整理成书,与《论语》《孟子》合编而成,书中主要内容分别出自早期儒家的代表性人物曾参、子思、孔子弟子和孟子本人及其若干弟子。自宋元以来,"四书"成为钦定官学教科书和科举考试的"题库",熟读"四书"是封建社会不同阶层人士进入官僚群体的不二途径,对封建社会整个人文教育产生了极大的影响。"四书"所传达的儒家思想,影响中国社会两千多年,其影响至今仍然存在。最早来华的传教士总是将"四书"作为一个整体来关注、翻译和传播。来华的外国传教士通过学习,受到东方哲学的震撼,深感"四书"的重要性,便将这些中国的典籍翻译并传回本国,试图让其国政府支持他们在中国的传教,这就是"四书"(包括"五经"及其他诸子百家的著作)外译的肇端。

　　中国国家图书馆研究员顾犇对《论语》的海外传播做过颇有深度与广度的研究。根据顾犇的研究,孔子《论语》最早的西文版本是拉丁文版,于 1687 年在巴黎出版,书名为《中国哲学家孔子·用拉丁文解释中国人的智慧》(*Confucius Sinarum Philosophus*, *sive Scientia Sinensis Latine Exposita*),所署的编译者是柏应理(Philippe Couplet,1623—1693)、殷铎泽(Prospero Intorcetta,1625—1696)、恩理格(Christian Herdtricht,1624—1684)和鲁日满(François de Rougemont,1624—1676)这四位耶稣会会士。而这一译本的出版历程始于一个世纪之前,意大利籍耶稣会传教士利玛窦(Matteo Ricci,1552—1610)第一次来到中国的时候(1582 年)。利玛窦发现,中国的人才培养开始于所谓的"四书",其中包括《论语》,他了解其重要性。如果耶稣会传教士不掌握它们,将不会被中国学者认为是知识分子,从而也不可能在他们中间做皈依的工作。于是,利玛窦开始将之粗略地翻译成拉丁文。随后,许多耶稣会会士对此译本进行了修改和研究,包括法国人、葡萄牙人、热那亚人、西西里人、比利时人和奥地利人。他们通晓汉语和拉丁语。不幸的是,他们的开拓性工作从一开始就很有争议，论战与日俱增。包括编译者在内的一些人认为，中国经典翻译以后不应与基督教教条相悖；教会中的一些反对者则认为，这些耶稣会会士们正在放弃他们信仰中的基本观点，试图与中国的迷信调和。尽管如此，1687年，拉丁文译本仍得以在巴黎出版。

1687年，阿姆斯特丹出版法文月刊《世界和历史文库》(*Bibliothèque Universelle et Historique*)，刊出了完整的拉丁文版本的《论语》。在同年12月该刊登载了新教学者让·勒克莱尔(Jean Le Clerc)一篇长达68页的书评，引发关注。勒克莱尔对《中国哲学家孔子·用拉丁文解释中国人的智慧》这一译本的内容做了细致的概括，并在评论的最后附上了他从拉丁文转译成法文的《论语》中的16段译文，同时附上拉丁文的《论语》译文。勒克莱尔对孔子广泛而丰富的思想以及孔子生平信息印象深刻，但他认为耶稣会会士编纂者们模糊了孔子论述本身和在同一段落中出现的评注，并且译本中没有汉字，使得读者不能区别正文和评论。

此后，1688年，法国出版了德·拉·布吕内(J. de La Brune)根据柏应理等的《中国哲学家孔子·用拉丁文解释中国人的智慧》翻译的法文编译本《孔子的道德》(*La Morale de Confucius, Philosophe de la Chine*)，之后该书曾多次被重印出版。1691年英文版《中国哲学家孔子的道德箴言：孔子活跃于我们的救世主耶稣基督到来的500年前，本书是该国知识遗产的精华》(*The Morals of Confucius, A Chinese Philosopher, Who Flourished Above Five Hundred Years Before the Coming of Our Lord and Saviour Jesus Christ, Being One of the Choicest Pieces of Learning Remaining of That Nation*)问世。该版本包括"论中国人的古风与哲学"(Of the Antiquity, and Philosophy of the Chinese)与"孔子作品选集"(A Collection out of Confucius's Work)两部分，其中第二部分囊括了从《大学》、《中庸》和《论语》中选出的箴言。这是《论语》的第一个英文编译本。严格意义上来说，1688版与1691版并非孔子论述的翻译，只是对拉丁文译本的概述，一方面相当详细地论述了《中庸》和《大学》，另一方面却草率处理《论语》。在这两本书中，《论语》被压缩进80条短小而无趣味的"箴言"中，文字表述呈现一系列道德说教，孔子本人的个性未能体现，导致读者们失去深入了解《论语》的意愿。

总体而言，以上版本都没有真正广泛传播开，现今也少有人用，其中原因想来也与此前的争论不无关联，但非本书重点，此不赘述。

继《中国哲学家孔子的道德箴言：孔子活跃于我们的救世主耶稣基督到来的500年前，本书是该国知识遗产的精华》的一个歪曲缩短的版本出版(1724

年)以后,孔子的论述被奥立弗·哥尔德斯密斯(Oliver Goldsmith)和霍勒斯·沃波尔(Horace Walpole)化用,并出现在两人的作品中。

18世纪,欧洲启蒙运动兴起,启蒙者们反对宗教神学,提倡理性。耶稣会会士所报道的中国的盛况,使得中国成了欧洲启蒙者心目中的"理想国"。儒学倡导的"天人合一"、以"仁"为核心的伦理观、以"理"为天地万物的最高法则的观点,以及儒家无神论的哲学思想、德治主义的政治思想、重农轻商的经济思想、融政治与道德为一体的伦理思想与启蒙思想家的主张多有吻合之处。儒学影响下的中国教育制度和选士制度在欧洲备受赞赏。欧洲的启蒙思想家和一般知识界人士都对儒家学说备感兴趣。彼时,德国古典思辨哲学家、法国百科全书派以及重农学派等,纷纷从中国古典著作中汲取养料,将儒学作为倡导理性、探寻和重建社会思想和秩序之基础。

19世纪初,新教传教士来华,开启了第二次中西文化交流,奠定了后世《论语》及其他中国典籍英译的基本规模。英国浸礼会传教士马士曼(Joshua Marshman)于1809年首次将《论语》的上半本直接从中文译成英文。目前学术界使用的《论语》译本,不管是英文译本还是用其他语言翻译的,多数都是在19世纪之后问世的。

1861年,英国伦敦会传教士理雅各出版了《中国经典》,其中包括《论语》英译,它成为后来所有《论语》学术译本的原型。它是按照中文逐字翻译的,并附以中文原文,以及根据两千年来的大量中文注释而写的解说。理雅各按照中文逐字翻译了《论语》,首次使用"analects"这个词翻译《论语》书名,以期言简意赅地表示出该书是"讨论和评论的选段"。

1910年,英国循道公会传教士苏慧廉的《论语》英译本出版。

来华传教士从其独特视角观察和记录中国儒道释宗文化,基于传教目的将《论语》等儒家著作译介到欧洲,对西方大众和思想界影响深远,也间接地影响了美洲大陆。美国开国元勋之一富兰克林就深受儒家思想的影响。他将儒家思想融入《独立宣言》和美国宪法。其他几位开国元勋也在为新国家创建良好的政体时用到了孔子这位中国哲学家的观点。他们看到了孔子对为政者"德"的要求,以及后来科举考试为官场源源不断输送精英人才的事实,得出了"儒家提倡以有德的统治者和社会精英治国"的结论,认为这可以与他们的民主制度相结合而使其更趋完善(王小良,孙婷婷,2022)。尽管现在儒家思想在美国几乎难找踪影,但我们不能否认它对美国立国时治国方略制定的影响,更不能否定它曾经起过的作用。

与此同时,《论语》在东亚也得到广泛的传播。在东亚,早在公元3世纪末,百济的博士王仁就将《论语》带到日本。当时因日本尚无自己的文字,所以人们直接阅读中文版的《论语》。后来在日本流传的是各种注释本,其中具有权威性的是伊藤仁斋著的《论语古义》(10 卷)和荻生徂徕著的《论语征》(10 卷)。其他译本包括:1938 年小林一郎讲述的《论语》(平凡社)、1954 年武内义雄译注的《论语》(岩波书店)、1965 年久未旺生译的《论语》(经营思潮研究会)、1974 年诸桥辙次译注的《论语三十讲》(大修馆)、1980 年平冈武夫注释的《论语》(集英社)、1984 年新岛淳良译注的《论语》(新地书房)、1984 年出版的第 19 版吉田贤抗解说的《论语》(明治书院)、1991 年金谷治译注的《论语》(岩波书店)。在韩国,《论语》的主要译本有 1976 年金锡源译的版本(三省堂)、1983 年桂明源(音译)译注的版本(三中堂)、1984 年金京拓(音译)译的版本(海东出版社)。

从以上的论述与梳理中,我们可以了解到,《论语》有多种常见的外国语言的译本。然而,由于所收集的资料有限,我们难以全面详尽地呈现《论语》所有译本。本书主要介绍英译本。依据现有资料,我们就足以从中一窥中华文化在世界上的传播情况与影响。

最后,引用曾任美国科罗拉多州立大学孔子学院中方院长的李伟荣(2020)的一段论述来作为小结:"美国历史学家、哲学家威尔·杜兰特曾说:'中国的历史就是孔子思想的影响史。中国虽屡遭侵略,但其文化不仅能屹立不倒,而且还能同化异族的文化。孔子思想不仅深刻地影响了日本等东方国家,而且对欧洲,尤其对欧洲的启蒙运动也产生过积极影响。孔子有博雅的学识与一颗仁慈的心,是智者、学者,也是德智兼备的人。孔子是致用求治的圣人,其儒家思想长期影响中国,使中国发展出一种和谐的社会生活。即使在今天,要医治由于知识的爆发、道德的堕落、个人及国家的品格衰弱,以及那使个人遭致混乱而引起的痛苦,实在没有比孔子的学说和教育更好的了。'"

随着全球化的进一步拓展,随着越来越多语种的《论语》译本和越来越丰富多元的儒学研究,《论语》及其儒家价值观对于全球稳定以及建立更为和谐的国际秩序势必会发挥愈加重要的作用。

📖 每课一句

君子博学于文,约之以礼,亦可以弗畔矣夫。(《论语·雍也篇第六》)①

---

① 如无特别说明,本书所有原文引文均出自吴国珍,2015.《论语》最新英文全译全注本[M].2 版.福州:福建教育出版社.

A superior man who keeps broadening his learning and regulating himself with the rules of propriety may not overstep what is right.（吴国珍，2015）

 每课阅读与思考

请阅读以下论文，并回答思考题。

论文 1

——金庆浩，戴卫红，2017. 出土文献《论语》在古代东亚社会中的传播和接受[J]. 史学集刊，(3)：51-64.

论文 2

——邵培仁，姚锦云，2014. 传播模式论：《论语》的核心传播模式与儒家传播思维[J]. 浙江大学学报（人文社会科学版），(4)：56-75.

思考题

1. 结合本课内容与论文 1，请思考：何为"儒教文化圈"？"儒教文化圈"体现出《论语》传播的什么现象？

2.《论语》文本的传播模式有哪些？如何从语言学视角看待这些模式？

参考文献

[1] 顾犇，1999.《论语》在海外的传播[J]. 北京图书馆馆刊，(2)：101-106.

[2] 金庆浩，戴卫红，2017. 出土文献《论语》在古代东亚社会中的传播和接受[J].史学集刊，(3)：51-64.

[3] 李新德，2015. 明清时期西方传教士中国儒道释典籍之翻译与诠释[M]. 北京：商务印书馆.

[4] 李伟荣，2020.《域外〈论语〉传》导语：德不孤，必有邻：《论语》在海外[A].汉语堂，20200627.

[5] 邵培仁，姚锦云，2014. 传播模式论：《论语》的核心传播模式与儒家传播思维[J]. 浙江大学学报（人文社会科学版），(4)：56-75.

[6] 王小良，孙婷婷，2022. 儒家政治思想与美国民主制度的形成[J]. 国际汉学，(2)：5-18,2.

[7] 于建福，2007. 儒家文化教育对欧洲近代文明的影响与启示[J]. 教育科学文摘，(11)：76-82.

第二课 《论语》中外英译本选介

  《论语》英译历经上百年,据不完全统计,译为西方语言的中国典籍中,除《道德经》外,《论语》的译本数量最多,然而,"译者和译本数量目前还没有准确的统计数字"(秦洪武等,2020)。迄今为止,受关注的常见的《论语》英译本有50多种(Wang et al.,2017),且各种译本的原文语义解读依据各有不同。

  在中国典籍翻译的过程中,释义,即各典籍的注释本是译者在译前必须仔细阅读、甄选的。《论语》的释义也是在历史积淀中不断发展的。西汉董仲舒提出"独尊儒术",由此,阐释儒家经典成为一门专门学问,即义疏之学或经学。

  因本书篇幅所限,难以介绍全部《论语》英译本,因此,我们依据各个译本在各个时期的代表性,遴选以下13个译本。其中,对于各译本所采用的原文版本的判断是依据译者在译本前言的说明或由译本参考文献条目推定。

一、柯大卫译本

  柯大卫(David Collie,1791—1828),英国传教士,1822年抵达马六甲并跟随马礼逊学习中文,1824年至1828年担任英华书院校长、教授。柯大卫的多重身份对其翻译产生了重要影响,这使得他的《论语》英译本备受重视。

  柯大卫译本《一般被称为四书的中国经典》于1828年在马六甲出版。而早在1809年,已有全球第一个《论语》英译本出版,译者是马士曼。但是,遗憾的是,马士曼仅译有《论语》前半本。因此,学者与读者普遍认为柯大卫译本是最早的直接从中文译入英文的全译本。该书的出版,标志着西方世界没有"四书"英文全译本的历史终结,也在某种程度上为理雅各英译中国经典奠定了基础。儒家思想由此更为广泛地传播到了西方世界,对美国超验主义的代表人物爱默生、梭罗也产生了重要影响。学者和读者们都十分关注柯大卫译本,美国著名汉学家卫三畏(Samuel Wells Williams,1812—1884)在其名著《中国总论》中谈及《论语》时,所引用的就是柯大卫译本。该译本中并未阐明所依据的原文注释本。

二、理雅各译本

理雅各译本首次出版于 1828 年,被称为最权威的译本,该版本所依据的原文注释本为《论语注疏》(何晏注、邢昺疏)。本书所选译本为 1971 年再版的译本。

理雅各(James Legge,1815—1897)是伦敦布道会传教士,1839 年受派来华传教,担任过英华书院校长,是近代英国第一位著名汉学家。作为系统研究英译中国古代经典的第一人,从 1861 年到 1886 年的 25 年间,他将"四书"和"五经"及《孝经》《道德经》和《庄子》等中国主要典籍译成英文,共计 28 卷。

理雅各的著作在西方汉学界占有重要地位,通过理雅各的中国典籍英译本,欧美人士深入了解了中国传统文化。理雅各也因其译本的成功获得 1876 年法兰西学院儒莲汉籍国际翻译奖。1948 年以来联合国教科文组织促成推出的各国文化经典代表文集中,理雅各英译是中国典籍英译的主要来源。

在中国,新中国成立前商务印书馆出版的《注释校正华英四书》全部采用了理雅各的译文。湖南出版社 20 世纪 90 年代初系统出版的中国古代文献系列译本中的英汉对照"四书"仍选用理雅各的译本。理氏译文至今仍在中国广为流传,许多免费提供的《论语》中英文对照本基本都采用他的英译。

三、辜鸿铭译本

辜鸿铭(1857—1928),中国近代著名学者,学贯中西,精通英语、汉语、德语、俄语、法语和马来语等,是中国第一位独立翻译儒家经典的学者。虽然理雅各《论语》译本影响力颇大,但辜鸿铭认为理雅各的儒经翻译存在曲解与错漏,译文僵化刻板。他批评理雅各英译"歪曲了儒家经典的原义,糟蹋了中国文化"。辜鸿铭的《论语》译本(*The Discourses and Sayings of Confucius：A New Special Translation，Illustrated with Quotations from Goethe and Other Writers*)由上海别发洋行(Kelly & Walsh Ltd.)出版于光绪二十四年(1898 年)。其后原本绝版。1996 年,海南出版社出版了黄兴涛编著的《辜鸿铭文集》,其中收录了辜鸿铭《论语》英译本。目前,多数研究者在研究辜鸿铭《论语》英译本时也都以这两个版本为主。此外,1976 年,台北问学出版社重印了辜鸿铭原版译文;1977 年,台北崇圣会再版,该版本由林语堂作序;1979 年,台湾文复会出版社出版《四书英译》,其中的《论语》以辜鸿铭英译本为基础进行修订。近年来,国内外许多出版社都再版辜鸿铭《论语》英译本,例如《辜鸿铭英译〈论语〉》(2011,云南人民出版社)、《辜鸿铭讲论语》(2013,北京理工大学出版社)、《辜鸿铭讲论语》(2014,天津社会科学院出版社,随书附赠1898年辜译原版)、《辜鸿铭英译〈论语〉》(2008,Kessinger Publishing)等。

辜鸿铭《论语》英译的归化译法风格独特,在国内外都有着深远影响。为更好地展开研究与赏析,本书选取了2011年由云南人民出版社出版的《辜鸿铭英译〈论语〉》,该版中并未注明所依据的原文注释本。

四、苏慧廉译本

苏慧廉译本于1910年出版。苏慧廉(William Edward Soothill,1861—1935),英国约克郡哈利法克斯城人,是一位著名的传教士、教育家、外交家和汉学家。苏慧廉于1882年至1907年任温州循道公会(时称偕我会)传教士;1907年至1911年任山西大学堂西学专斋总教习;1914年起在欧洲任基督教青年会(YMCA)宗教工作主任干事;1920年至1935年任英国牛津大学汉学教授,致力于中国儒、道、释三教的研究。其间曾于1926年至1927年被英国政府派为英中庚款委员会委员,并于1928年任美国哥伦比亚大学访问教授。

苏慧廉翻译出版了多部中国经典,其中以《论语》(1910)和《中国佛教术语词典》(*A Dictionary of Chinese Buddhist Terms*,1910)最为出名。苏慧廉的《论语》英译本于1910年在日本横滨出版,洋洋1028页,但没有说明其所依据的注释本。该译本的简缩本由他的女儿谢福芸(Dorothea Hosie,1885—1959)编辑整理并撰写了一篇很长的序言《孔夫子》。该简缩本由牛津大学出版社收入世界经典丛书,于1910年首版,并分别于1910年、1941年、1945年、1947年、1951年、1958年多次重印。现在较常见的译本是牛津大学出版社的世界经典系列的简缩本。直至今日,苏慧廉所译《论语》还不断在西方出版。本书译例的选取仍以1910年版为主。

五、亚瑟·韦利译本

亚瑟·韦利译本于1938年出版,其英译的《论语》为《大中华文库》所采用。亚瑟·韦利(Arthur Waley,1889—1966)被认为是继理雅各之后最伟大的汉学家。韦利从未到过中国,但他对中国经典思想的理解水平要远远超过其同时代的汉学家。其英译的《论语》一经出版便引起了极大的关注,国内外学者对其所做的研究层出不穷。该译本依据原文注释本《论语正义》(清代刘宝楠撰),一直是英语世界较为通行的译本,多次再版,至今畅销,足以体现其在学者中的受欢迎程度。

六、刘殿爵译本

刘殿爵（Din Cheuk Lau，1921—2010），香港著名翻译家、语言学家、汉学家。

刘殿爵《论语》英译本出版于 1979 年，被称为当时华人中的最佳《论语》译本。其对《论语》原文的解读沿袭朱熹的《论语集注》和何晏注、邢昺疏的《论语注疏》，个别章节译文参照韦利《论语》译本。刘殿爵的译文更贴近原文，也更加明晰。当时他把"君子务本"（《论语·学而篇第一》）的"本"译为"root"，曾引来译界的一片喝彩声。同时，他将原文外的一些相关知识或事实融入译文之中，让读者更易明白，不过也使译文显得滞重。

七、王福林译本

王福林译本《论语详注及英译》于 1997 年由世界图书出版公司出版，是当代中国大陆（内地）第一个完整的《论语》英译本，该版本所依据的原文注释本为《论语集注》（朱熹），同时还参考了《论语新解》（钱穆）。2011 年 1 月在东南大学出版社再版时名为《论语详注·今译·英译：普及读本》。本书译例选取以该版为主。王福林译本出版于中国信息化时代的初期，那时大量纸质和电子文本的典籍出版物不断涌现，新的研究成果日新月异并且变得更容易获得。因此，他对原文的理解能否打破传统的窠臼，他的英译能否更容易为现代人所接受，他在前人英译的基础上有哪些创新，都是读者所好奇和关心的。

八、安乐哲译本

安乐哲译本于 1998 年出版，据称是第一个从哲学的角度诠释《论语》的英译本。安乐哲并未在译本前言中注明所依据的原文注本，我们仅在该译本的参考文献与附录中读到《定州汉墓竹简论语》与《论语译注》（杨伯峻），故推测二者应当为其译文的依据。

安乐哲（Roger T. Ames，1947—　　）曾任夏威夷大学哲学系教授、夏威夷大学和美国东西方中心亚洲发展项目主任及《东西方哲学》主编，是当代西方著名的哲学家和中国典籍翻译家。

有学者评论说，安乐哲对中国哲学独特的理解和翻译方法改变了一代西方人对中国哲学的看法，使中国经典的深刻含义越来越为西方人所理解。他自己也说："汉学家们往往以西方思想文化的框架去解读中国经典，而我则要按照中国思想文化本有的框架来了解中国哲学。"

安乐哲认为以前的汉学家都是采用"归化"翻译法,比如用西方人所熟悉的"benevolence""righteousness"和"heaven"等来翻译"仁"、"义"和"天"等词,而他则是用"异化"翻译法来翻译这些词。他采用的是拼音加汉字再加上导言注释的三重翻译法。比如"仁"字,他译成"authoritative conduct(rén 仁)"。按他的解释,"authoritative"是经他研究得出的"仁"这个词的核心意义,"ren"是汉语拼音,而中文"仁"字的出现意在提醒外国读者这是一个中国词,从而使他们产生一种阅读异域文化的感受。总之,他这样做是为了让外国读者直接接触到其中的中国元素,试图以此传达该术语的原意,给西方读者以陌生化的感觉,在他们心中构建起一种与西方不同的哲学思维。安乐哲对十来个儒学核心概念词都做了同样的处理。

九、许渊冲译本

许渊冲(1921—2021),翻译界泰斗,被誉为"诗译英法唯一人"。其《论语》译本《汉英对照论语》于2005年出版,该译本中并未注明所依据的原文注释本。该译本承载其人生心得,在生动而准确地再现《论语》的微言大义的同时,更充分地展现其翻译风格。许渊冲将《论语》英译本的书名译为 *Confucius Modernized：Thus Spoke the Master*,借用著名哲学译本 *Thus Spoke Zarathustra* 一名,巧妙而又新颖。该译本译文更是将中国传统文化与英语很好地融合,充分发挥了"美"的原则,使论语原文中士的精神、儒道精神与乐感跃然字词间。这样的译本值得读者细细品味与鉴赏。

十、吴国珍译本

吴国珍译本《〈论语〉最新英文全译全注本》于2012年首次出版。该书于2014年5月经汉办专家库专家评审,被定为汉办和孔子学院总部推荐读物。中国英汉语比较研究会名誉会长潘文国称该译本"语言朴实流畅,译文正确度高,实际上是这些年《论语》英译一个集大成的译本"。潘文国还为该书写了长序,并以"典籍英译心里要有读者——序吴国珍《〈论语〉最新英文全译全注本》"为题于2011年在长沙举行的第七届全国典籍翻译学术研讨会上做主旨发言。

陶友兰(2015)将吴国珍的英译归入"故事化"一类,认为,"吴国珍的《〈论语〉最新英文全译全注本》2012年5月问世,国家汉办邀请有关专家进行评审,得出了'准确、简练、通俗、地道'的结论,认为其内容易为外国读者理解,将之列入孔子学院赠书书目。这个译注本的最大特点是有丰富的史料可供学术研究参考,更因其中无数动人的小故事而成为一本有趣的读物,任何有中级英语水平的学员都能轻松阅读"。本书的《论语》原文引文采纳的是吴国珍 2015 年出版的《〈论语〉最新英文全译全注本》(第 2 版)。

十一、伯顿·沃森译本

伯顿·沃森译本于 2007 年出版,该版本所依据的原文注疏主要为中国历代注家的注。伯顿·沃森(Burton Watson,1925—2017)为美国著名汉学家、翻译家,曾任美国哥伦比亚大学、斯坦福大学中国文学教授。在其六十多年的职业翻译生涯中,沃森翻译出版了大量中国的历史、哲学、宗教和诗歌典籍,其中包括《诗经》《寒山诗选》《苏东坡诗选》《论语》《杜甫诗选》《陆游诗选》《史记》《庄子》《莲华经》等中国古典名著。他为推动中国文化在英语世界和西方的传播做出了重要贡献,是把中国古典文化介绍到西方的先驱之一。

十二、爱德华·森舸澜译本

爱德华·森舸澜译本于 2003 年出版。爱德华·森舸澜(Edward Slingerland)为美国当代汉学家。1986—1988 年在普林斯顿大学学习生物和古汉语;1988—1989 年在台湾东海大学中文系研修;1991 年获斯坦福大学汉语专业学士学位;1994 年获加州大学伯克利分校古汉语专业硕士学位;1998 年获斯坦福大学宗教研究专业博士学位,主攻中国古代思想。现为加拿大英属哥伦比亚大学亚洲研究系教授,人类进化、认知、文化研究中心主任。

其译文有三个特点:一是译文中的每一段后面都附上了一些中国历代注家对《论语》的各种注疏以及他自己的注释;二是每一篇译文的前面都对该篇内容做了一个简单的介绍;三是采取了意译加汉语原文再加注释这种三重翻译法翻译儒家哲学核心词汇。

十三、宋德利译本

宋德利译本于 2010 年出版。宋德利为汉英双语翻译家、作家、译审,曾任纽约美国中文电视新闻编辑。宋德利的《论语》译本为汉英双译本,集原文、注释、白话、英译于一体。宋德利先是在互联网发布,因反响热烈而信心大增,后于 2010 年正式出版该书。该版本同样未注明所依据的原文注本。

以上简略介绍了几位比较有代表性的《论语》英译者及其译本,后文将通过具体的《论语》句段,让读者了解不同的译者各自是如何翻译同一个语段的,以便更直观地感受他们不同的翻译效果,体味其中的翻译思想、语言风格和翻译策略。

为更清晰地展示本书所选译本情况,列表(表 1-1)如下:

表 1-1　《论语》13 个译本及注释本

序号	译者	译本	出版年	所依据注释本
1	柯大卫 (David Collie)	*The Chinese Classical Work Commonly Called the Four Books*	1828	未注明
2	理雅各 (James Legge)	*Confucius: Confucian Analects, the Great Learning and the Doctrine of the Mean*	1971	《论语注疏》(何晏注、邢昺疏)
3	辜鸿铭	《辜鸿铭英译〈论语〉》	2011	未注明
4	苏慧廉 (William Edward Soothill)	*The Analects of Confucius*	1910	未注明
5	亚瑟·韦利 (Arthur Waley)	*The Analects of Confucius*	1938	《论语正义》(刘宝楠撰)
6	刘殿爵 (Din Cheuk Lau)	*Confucius: The Analects*	1979	《论语注疏》(何晏注、邢昺疏)
7	王福林	《论语详注·今译·英译:普及读本》	2011	《论语集注》(朱熹)《论语新解》(钱穆)
8	安乐哲 (Roger T. Ames)	*The Analects of Confucius*	1998	《定州汉墓竹简论语》《论语译注》(杨伯峻)
9	许渊冲	《汉英对照论语》	2005	未注明
10	吴国珍	《〈论语〉最新英文全译全注本》	2015	未注明
11	伯顿·沃森 (Burton Watson)	*The Analects of Confucius*	2007	历代注家注疏
12	爱德华·森舸澜 (Edward Slingerland)	*Confucius Analects*	2003	历代注家注疏
13	宋德利	《〈论语〉汉英对照》	2010	未注明

每课一句

君子谋道不谋食。(《论语·卫灵公篇第十五》)

A superior man seeks for the truth rather than food.(吴国珍,2015)

每课阅读与思考

请阅读以下论文,并回答思考题。

论文 1

——张晓雪,2017.《论语》英译研究热点、领域构成及展望:基于 CNKI 学术期刊 2001 至 2017 年文献的共词可视化分析[J].上海翻译,(5):69-74.

论文 2

——刘雪芹,2010.典籍复译的危机:《论语》英译二百年(1809—2009)之启示[J].广西民族大学学报(哲学社会科学版),(3):163-170.

思考题

1. 阅读论文 1,请思考《论语》英译本的研究还可以从哪些角度切入与展开。

2. 从论文 2 中可以看到怎样的《论语》英译现象? 这些现象说明了什么?

参考文献

[1] 辜鸿铭,2011.辜鸿铭英译《论语》[M].昆明:云南人民出版社.

[2] 李钢,2012.森舸澜《论语》英译介评[J].名作欣赏,(3):135-137.

[3] 李新德,2015.明清时期西方传教士中国儒道释典籍之翻译与诠释[M].北京:商务印书馆.

[4] 刘雪芹,2010.典籍复译的危机:《论语》英译二百年(1809—2009)之启示[J].广西民族大学学报(哲学社会科学版),(3):163-170.

[5] 秦洪武,孔蕾,徐欣,2020.《论语》英语多译本受纳状况多维数据分析[J].外语教学与研究(外国语文双月刊),(4):580-594.

[6] 宋德利,2010.《论语》汉英对照[M].北京:对外经济贸易大学出版社.

[7] 陶友兰,2015.经典的通俗化:论《论语》当代英译走向民间之良策[J].翻译季刊,(77):1-25.

[8] 王福林,2011.论语详注·今译·英译:普及读本[M].南京:东南大学出版社.

[9] 吴国珍，2015.《论语》最新英文全译全注本[M]. 2 版. 福州：福建教育出版社.

[10] 许渊冲，2005. 汉英对照论语[M]. 北京：高等教育出版社.

[11] 杨颖育，2010. 百年《孟子》英译研究综述[J]. 西华师范大学学报（哲社版），(5)：86-90.

[12] 张晓雪，2017.《论语》英译研究热点、领域构成及展望：基于 CNKI 学术期刊 2001 至 2017 年文献的共词可视化分析[J]. 上海翻译，(5)：69-74.

[13] Ames，R T.（安乐哲）. 1998. *The Analects of Confucius*[M]. New York：Ballantine Books.

[14] Collie，D.（柯大卫）. 1828. *The Chinese Classical Work Commonly Called the Four Books*[M]. Malacca：The Mission Press.

[15] Lau，D.C.（刘殿爵）. 1979. *Confucius：The Analects*[M]. Hong Kong：The Chinese University Press.

[16] Legge, J.（理雅各）. 1971. *Confucius：Confucian Analects，the Great Learning and the Doctrine of the Mean*[M]. London：Dover Publications.

[17] Slingerland，E.（爱德华·森舸澜）. 2003. *Confucius Analects* [M]. Cambridge：Hackett Publishing Company.

[18] Soothill，W. E.（苏慧廉）. 1910. *The Analects of Confucius* [M]. Tokyo：The Methodist Publishing House.

[19] Waley，A.（亚瑟·韦利）. 1938. *The Analects of Confucius*[M]. London：George Allen & Unwin Ltd.

[20] Wang，V. C. X.，D. Keefe & A.Seding-Benton. 2017. Transformative Learning in Adult and Higher Education：Confucius and Mezirow [C]//Wang，V. C. X. Theory and Practice of Adult and Higher Education. Charlotte：Information Age Publishing,31-61.

[21] Watson，B.（伯顿·沃森）. 2007. *The Analects of Confucius*[M]. Columbia：Columbia University Press.

第二单元

礼仪文化

　　《论语》一书记录了春秋时期思想家孔子的言行及其思想,而礼仪文化是其中的重要内容。本单元第一课介绍了"礼"的本质以及两种重要的礼仪文化——射礼和坐礼的文化内涵,第二课阐释了"礼"在人际交往、社会教化和治国理政方面的重要作用,第三课重点分析了在不同的社会场景中应当遵循的礼仪原则,第四课展示了"礼"在待人接物、为人处事和维护社会秩序三个方面的应用,第五课基于前四课的具体英译总结了礼仪文化英译的翻译策略并进行了评析。

第一课 礼的内涵

孔子是周礼的维护者和传播者,不仅对西周时期的礼仪制度推崇备至,而且始终身体力行践行周礼。《论语》中多处涉及"礼"的思想以及先秦社会的各种礼法、礼节和仪式。"礼"作为《论语》中一个重要的文化意象,不仅指形式丰富的仪式,也包含着深刻的精神内涵,是英译中的重点和难点。

第一节 礼之本

本节以"林放问礼之本"为切入点,探讨"礼"的内涵与本质。通过选取中外译者的四种不同译文,从多个层面进行辨析,探讨《论语》中"礼"的文化意象及其内涵的适恰英译。

一、礼的本质与内涵

"礼"是《论语》中的重要概念,全书中共出现了 73 次(郭园兰,2021:56)。在探究各种具体的礼仪及其英译之前,有必要明确"礼"的本质与内涵。与孔子同时代的鲁国人林放曾问"礼"于孔子。

[原文]林放问礼之本。子曰:"大哉问! 礼,与其奢也,宁俭;丧,与其易也,宁戚。" (《论语·八佾篇第三》)

[释义]林放问礼的本质。孔子说:"你的问题意义重大呀! 就一般礼仪说,与其铺张浪费,宁可朴素省俭;就丧礼说,与其仪式周到,宁可哀恸悲伤。"

(杨伯峻,1992)

"礼"的古字字形为"豊",上部像两串玉,下部像一器皿,合起来表示将玉放在器中,用来指祭神的礼品;后来,左半边又加了表示祭祀天神的示字旁,形成"禮"。可见,"礼"最初与祭神有关,是一种向鬼神表示尊敬的仪式。随着历史发展,到西周时期,已形成了非常完备周详的礼仪制度,即涵盖吉礼、凶礼、宾礼、军礼、嘉礼的"五礼"。"礼"的内涵有了延伸和扩展,用于泛指社会生活中由风俗习惯形成的为大家共同遵守的礼节或仪式。

然而,这些繁杂隆重的礼仪并非只包含"礼"的形式。若仅仅如此,礼乐文化就不可能对华夏民族产生如此深远的影响。"礼"的精神已深入人心,传承千年。周公制礼作乐,是为了由表及里,通过规范行为来规范人的内心。礼乐文化包含着至高的道德标准和精神期许,是教化人心的思想武器。孔子认为,对于礼仪,与其在形式上完备周全,乃至铺张浪费,不若人的内心感化。只有当人们发自内心地尊重礼仪中蕴含的精神,内心情感与真实情境相契合时,礼仪才有意义。

仁为礼之本,这是礼的精神实质。如:"子曰:'人而不仁,如礼何?人而不仁,如乐何?'"(《论语·八佾篇第三》)礼是外在的表现,仁则是内心的道德和情感要求。没有仁爱之心,所有的礼节仪式无异于形同虚设。例如,作为子女,父母在世时不能尽孝,直到他们终老时才大操大办丧礼,甚至内心也没有真正的悲伤,这也不算尽了本分,丧礼之仪所代表的孝道更是完全被忽视了。

但是,孔子也并非提倡要极尽俭省,有例为证:"子贡欲去告朔之饩羊。子曰:'赐也!尔爱其羊,我爱其礼。'"(《论语·八佾篇第三》)可见,孔子既重视"礼"的精神,也重视"礼"的形式。不论是在日常生活还是在各种重要场合,孔子总是以身作则,在言行上严格遵守礼仪制度。只有行为和内心互为表里、相互促进,才能增加内心对"礼"的尊崇。

二、英译对比探析

明确了"礼"的内涵与本质,在英译过程中便有了明确的旨归。本节选取了"林放问礼之本"的相关语句,将理雅各(1971)、韦利(1938)、许渊冲(2005)和吴国珍(2015)四位中外译者的译文进行对比,并从宏观和微观层面加以评析。

[原文]林放问礼之本。子曰:"大哉问!礼,与其奢也,宁俭;丧,与其易也,宁戚。" (《论语·八佾篇第三》)

英译一: Lin Fang asked what was the first thing to be attended to in ceremonies. The Master said, "A great question indeed! In festive ceremonies, it is better to be sparing than extravagant. In the ceremonies of mourning, it is better that there be deep sorrow than a minute attention to observances." (理雅各,1971)

英译二: Lin Fang asked for some main principles in connexion with ritual. The

Master said, "A very big question. In ritual at large it is a safe rule always to be too sparing rather than too lavish; and in the particular case of mourning-rites, they should be dictated by grief rather than by fear." （韦利，1938）

英译三：Lin Fang asked about the fundamental of the rites. "A significant question!" said the Master, "In ritual performance, it would be better to be thrifty than lavish; in mourning service, it would be better to be deep in grief than minute in observance." （许渊冲，2005）

英译四：When Lin Fang inquired about the essential of a ceremony, the Master said, "A great question indeed! When holding a ceremony, it is better to be frugal than extravagant. In performing a funeral, it is better to show grief than to maintain composed. " （吴国珍，2015）

（一）"礼"与"俭"的英译

"礼"为这句话中的重要概念。从上下文语境来看，孔子谈到了丧礼，并提到了"奢"与"俭"，可知此处"礼"主要是指典礼或仪式。四位译者分别使用了"ceremony""ritual""rite"三个词。其中，"rite"通常用于表示宗教仪式；"ritual"则侧重于指（宗教）仪式上的程序、仪规和礼节，具体指礼仪的细节。这两者均不适用于该语境。"ceremony"可泛指各种典礼仪式[①]，因此"ceremony"用于此处更为合适。

"礼"的阐释涉及两个重要的词："奢"与"俭"。"俭"的英译与"礼"的内涵紧密相关。四位译者分别译为"sparing"、"thrifty"和"frugal"。"sparing"的英文释义为"careful to use or give only a little of something"，蕴含"俭省的，慎用的"，甚至"吝惜的"之意。"frugal"有两层意思：一是指"using only as much money or food as is necessary"（对金钱、食物等节俭的，节约的）；二是指"简单廉价的"，释义为"small, plain and not costing very much"。"thrifty"的英文释义为"careful about spending money and not wasting things"，意为"节约的、节俭的"。

如何选择合适的英译词，关键在于对原文内涵的深刻理解。孔子说："礼，与其奢也，宁俭"，其实是反对铺张浪费、过于重视礼仪的表面而缺乏内在的真情实感，强调礼仪重在表情达意，即所谓的"礼轻情意重"。但是，他并非提倡在开支上极尽克制俭省。若是为了节约而违背了礼的规范，那便有违"礼"的

---

① 本书英译评析中的词条释义均依据《牛津高阶英汉双解词典（第9版）》（2018）、《柯林斯高阶英汉双解词典》（2008）综合查实。

本意了。而且,孔子向来推崇中庸之道,认为过犹不及,铺张浪费和过度俭省都不符合他的本意。

以上三个英译词在语义上相近,都有"在经济上节约和俭省"之意,但又略有差别,表达不同程度的"节俭"。"sparing"程度最深,已经到了吝惜的程度,显然偏离了原文的意思;"frugal"和"thrifty"在字面上似乎较贴近原文,但仍然无法真正体现原文内涵。其他词汇,如"plain"或者"simple"似乎更能表达孔子心中对"礼"的态度,因为两者都有"朴素、简朴,不加装饰"之意,可用以表示礼仪从简,但绝不寒碜。

(二)"易"的英译

"易"字在古汉语中有多重意思,既可表达"容易"或"和悦"之意,还可表达"整治"的意思,必须结合相应的语境选择对应的译词。不同译者对"易"的理解存在差异。

理雅各(1971)和许渊冲(2005)都采用了"minute"这个词,表达"细致入微"的含义,指在礼节上完备细致,处处遵循礼仪要求。韦利(1938)翻译为"be dictated by fear",表达"战战兢兢"之意。但是,该译文无论从字面义还是引申义上都难以与原文相联系。吴国珍(2015)译为"maintain composed",意为"保持镇定或平静",用以形容"抑制悲伤,从容主持丧礼"。译者对"丧,与其易也,宁戚"的理解是:"家人去世,与其在丧礼上克制悲伤的情绪,为逝者举办一场完美的葬礼,不如尽显哀伤,表达对逝者的哀痛。"这样的理解不能说毫无道理。吴国珍(2015)也在译文的注释中提到,"易"字一般指"容易",在原文中可引申为"心胸开阔"或"镇静"。但是,这样的引申过于牵强,也偏离了原文的意思。若取"治,整治"这个意思,引申为"置办周备",更切合语境。因此,在对"易"字的翻译上,理雅各和许渊冲的译文更为可取。

(三)语序和句式选择

从语序的选择上看,理雅各(1971)、韦利(1938)和吴国珍(2015)三位译者基本都保留了原文的语序,只有许渊冲将"子曰"调整到句中,作为插入语。这样处理或许更符合英语的表达习惯。

从句式上看,对其中最长的句子"礼,与其奢也,宁俭;丧,与其易也,宁戚"的翻译,两位中国译者许渊冲(2005)和吴国珍(2015)都尽可能保留了原文对称的句式,前后对比的"奢"与"俭"、"易"与"戚"在翻译中也都完全采用相同的词性或短语结构,这就使得译文在形式上更加忠实于原文。而两位外国译者理雅各(1971)和韦利(1938)都在一定程度上改变了句子的形式,无法做到形式上的对等,虽符合英语句式习惯,但略失形式美。

此外,对于原文最重要的结构"与其……宁……"的翻译,理雅各和吴国珍都采用了"it is better to be…than…"的句式;许渊冲采用了"it would be better to be…than…"的句式;而韦利则采用了"it is a safe rule always to be…rather than…"的句式。显然,理雅各(1971)、吴国珍(2015)和许渊冲(2005)的句式选择更准确地传达了原文的意思和语气,也更简洁;而韦利的译法不仅偏离了原意,还使句子本身变得拖沓。

第二节　射礼

射礼蕴含着深厚的文化底蕴。本节选取了《论语》中关于射礼文化的内容,以君子在古代射礼中的礼仪来表现君子的风范;并以文化内涵阐释为基础,选取不同译者的译文加以评析,窥其得失,以资借鉴。

一、射礼的文化内涵

[原文]子曰:"君子无所争。必也射乎! 揖让而升,下而饮。其争也君子。"
(《论语·八佾篇第三》)

[释义]孔子说:"君子没有什么可以和人相争的事情,万一有相争,必定只是比射箭吧! (当射箭的时候,)互相作揖然后升堂;(射箭完了,)走下堂来,然后(作揖)喝酒。那种竞赛是很有礼貌的君子之争。"　　　　(杨伯峻,1992)

此句有三个重要的文化意象:"射礼"、"君子"和"争"。

"射礼"是中国古代上层社会按照一定的仪节规程而举行的弓矢竞射礼和象征性射箭礼仪。在这句话中,"射"是指正式举行的有一定仪节规程的射艺比赛。"射礼"按照参与的人群和举行的场合又可分为:"大射"、"宾射"、"燕射"、"乡射"和"主皮之射"。"大射礼"为天子在祭祀时的射箭活动,"宾射礼"为诸侯朝拜天子或诸侯会盟时举行的射箭活动,"燕射礼"为天子诸侯宴饮之时的射箭活动,"乡射礼"则是在乡举行的射箭活动,各乡行政长官乡大夫以主人身份邀请当地的卿大夫、士和学子,举行乡射礼。鉴于"射礼"的参加对象具有明显的阶级等级特征,《论语》中的"射"应该是指"乡射礼"。

关于"乡射礼"的仪式规程,《仪礼·乡射礼》中有着详尽记载。据今人转述:每年春秋两季,各乡的行政长官、乡大夫都要以主人的身份邀请当地的卿大夫、士和学子举行"乡射礼"。射位设在堂上,箭靶称为"侯",设在堂正南方三十丈远的地方。比赛分为三组,称为"三耦",射艺相近者两两为一组。比赛时，司射命令开始射击，两位射手相互拱手行礼后上堂，轮流开弓射箭。成绩出来后，各组射手先后上堂，由负方喝罚酒。负方射手上堂后，站着将罚酒喝完，再向胜方射手行拱手礼。

"射礼"虽是比赛和竞争，但作为古代礼乐文化的重要组成部分，具有以下三个特点：一是具有非常严谨的仪式规程；二是参赛者要遵守相应的礼仪规范，以表现对对手的尊重；三是对射者具有较高的道德要求。《礼记·射义》有这样的记载："射者，仁之道也。射求正诸己，己正而后发，发而不中，则不怨胜己者，反求诸己而已矣。"君子以修身进德为本，不妄与人争高低，这是对"君子之争"的最佳阐释。可见，古代的射礼可以很好地锻炼人的心性，提升人的品德。

"君子"为《论语》中另一个重要的文化意象。"君子"一词在《论语》中共出现107次（韩星，韩秋宇，2016），其重要性可见一斑。事实上，整部《论语》可以说是围绕着"君子"的内涵、行为规范、道德标准和思想境界展开的。

"君子"的概念内涵丰富。早在《论语》之前便有"君子"一说。其含义可以总结为以下几个方面：一是较为广泛的含义，指地方、军队及朝廷里的行政官员，即"百官"；二是指国君；三是指民间青年女子对其丈夫或对其所钟爱或思恋的男子的称谓；四是泛指在社会上有一定身份和良好声望，有知识涵养的人，总称为读书人。可以说，在西周以前，"君子"一词已经广泛使用，但更多用于指代地位、身份、称谓等。直到孔子所在的春秋中后期，"君子"才渐渐演化出道德文化的内涵，并成为具有品德修养、人格高尚者的代称。

《论语》中，"君子"一词的含义大致可以归结为两类：一是指贵族、做官的人，与"野人"相对，如："子曰：'先进于礼乐，野人也；后进于礼乐，君子也。如用之，则吾从先进。'"（《论语·先进篇第十一》）这里的"野人"意指平民，相对地，"君子"就是指贵族阶层，他们享有世袭特权，可以直接做官，后学习。二是指道德高尚的人，与"小人"相对，如："君子坦荡荡，小人长戚戚。"（《论语·述而篇第七》）

在这里，尽管"射礼"是指古代贵族阶层按一定的仪节举行的象征性竞射活动，但它并不是单纯的竞技运动，而是演化成德育功能突出的社会教化活动，突出了竞技中的道德因素，强调"以射观德"。另据《礼记·射义》记载，孔子曾同他的学生在矍相之圃演习射礼，并对能够参与射礼的人提出了"幼壮孝弟，耆耋好礼，不从流俗，修身以俟死"、"好学不倦，好礼不变，旄期称道不乱"等要求。可见孔子认为，只有有德行者，才能参加射礼。因此，这里的"君子"应是指品格高尚的人。

此外，"争"在中国古代也是一个重要的文化意象。"争"字有"争夺、竞争"

之义,也有"争辩、争论"的意思。孔子所说"君子无所争"中的"争"并不是口舌层面的争论,而是在各方面的竞争与争夺。正如《荀子·荣辱》所言:"争饮食,无廉耻……是狗彘之勇。为事利,争货财……是贾盗之勇也。""争"具有很强的社会破坏力,如果放任,必然引起人际矛盾冲突,导致相互间的仇视与怨恨,甚至会波及国家的存亡,与构建礼乐相合的理想社会是不相容的,因此是需要控制和化解的。

但是,这种根植于人类本性的强大力量,是不可能被消除的。争心无法消除,只能加以引导。中国文化借助"礼"和"德",创造出正面意义上的"争"——体育竞争,具有"立德树人"的教化意义,以期构建和谐有序的社会秩序。

二、英译对比探析

本节选取了韦利(1938)、沃森(2007)、许渊冲(2005)和吴国珍(2015)等现当代中外译者的译文作为分析对象,尽可能体现不同时代不同地域的译者在翻译上的差异。

[原文]子曰:"君子无所争。必也射乎!揖让而升,下而饮。其争也君子。"

(《论语·八佾篇第三》)

英译一: The Master said, "Gentlemen never compete. You will say that in archery they do so. But even then they bow and make way for one another when they are going up to the archery-ground, when they are coming down and at the subsequent drinking-bout. Thus even when competing, they still remain gentlemen."

(韦利,1938)

英译二: The Master said, The gentleman never strives with others. To be sure, there are the archery matches. But even they have their bows and deferences as the contestants go up and come down, and the wine drinking at the end. Such is the "striving" of the gentleman.

(沃森,2007)

英译三: Cultured men do not contest, said the Master. Even in archery, the archers bow and make way for each other before the contest and drink after it. Such is the rivalry between cultured men.

(许渊冲,2005)

英译四: The Master said, "A gentleman contends for nothing. If there should be a contention, that must be in archery. To begin with, he greets his rival courteously, then enters the archery range. Having competed, he descends, and has a drink with the rival. Such is the gentlemanlike contention."

(吴国珍,2015)

（一）"君子"的英译

多数译文把"君子"译为"gentleman"。"gentleman"可以指"a man who is polite and well educated，who has excellent manners and always behaves well"，旧时还指"a man from a high social class，especially one who does not need to work"。从该释义来看，英文中的"gentleman"大体上可对应中国古代的"君子"，但也不完全相同。在《论语》中，"君子"不仅恪守礼仪规范，高度重视自己的言行举止；更重要的是，他们有着理想的人格和崇高的追求，是道德的典范。由于在精神层面具有丰富的内涵，"君子"远非英文中强调举止风度的"绅士"所能及。

从这个层面上讲，"君子"在英文里恐怕难以找到一个内涵能够完全对应的词。许渊冲（2005）将"君子"译为"cultured men"，意为"有文化的、有修养的人"，存在一定的片面性。这一译法只强调了文化修养，却没有体现品格的高尚。也曾有译者将"君子"译为"a man of virtue"，意为"有德之人"，这一译法似乎更贴近此处"君子"的内涵。

（二）"争"的英译

前文已述，这里的"争"是指"争夺、竞争"之意，是负面的，容易形成冲突并会破坏社会的和谐。本节所选取的四个译文分别将其译为"compete"、"strive"、"contest"和"contend"，这些英译充分体现了翻译的灵活性与多样性。"compete"指"try to be more successful or better than somebody else who is trying to do the same as you"，大体为"竞争"之意。但这种竞争是积极的、有利于社会进步的。"strive"意为"to try very hard to achieve something"，强调努力争取，但并不必然与别人产生冲突。"contest"意为"to compete for something or try to win it"，有"竞争、争夺、角逐"之意，但这种竞争在语义上是中性的，并不带有负面含义。"contend"意为"to compete against somebody in order to gain something"，这种"争"有与人相争以获得个人利益之意，比较接近原文"争"的内涵。综上，虽然与"争"意义相关的英译词很多，但是在意义上最贴近的译法还是"contend"。值得注意的是，"contend"的名词形式"contention"的意思为"争论，争执"，而非"竞争，争夺"，因此，译为"if there should be a contention"就有失原意了。

（三）"揖让"的英译

"揖让"的意思为"拱手为礼"，后引申为"谦让"。该词是中国古代独有的礼节，英语中没有与之对应的词汇。同样地，英语中也没有"谦让"的概念，这是东方人独有的思维。对于"揖"和"让"的组合，韦利（1938）和许渊冲（2005）

都译为"bow and make way for",沃森(2007)译为"have their bows and defer-ences",而吴国珍(2015)译为"greets his rival courteously"。其中,"bow"意为"to move your head or the top half of your body forwards and downwards as a sign of respect or to say hello or goodbye",即"弯腰鞠躬",与"揖"明显不是一个动作,但至少表达了"尊敬"之意,可视为归化译法。确切地说,"揖"可以用"make a bow with hands folded in front"来表达其内涵。但是,这样的翻译过于累赘,影响表达效果,西方读者也未必能够领会其意,所以只好简化为"bow"。

而"让"是一个抽象意义,主要是表达一种谦让的态度。"make way for"是让路之意,偏向于具体的动作。细究起来,在"射礼"中,两位射手互相致礼后是同时登场,也并未互相让路。"deference"意为"behavior that shows that you respect somebody/something",即"向人表示尊敬",更能贴切地表达原文的意思。至于"greets his rival courteously",或许译者考虑到文化差异会使译文读者不能理解中式礼节,因此索性采用意译。揖礼也确实是中国古人见面的问候礼仪。但是,如此处理终究无法展现源语的文化。

(四)语气的选择

"君子无所争。必也射乎!"这句话乍一看是矛盾的,只有补上前提"如果有所争"才说得通。译者的译法各有千秋。韦利(1938)的"You will say that in archery they do so. But…"以回应假想的反驳的语气呈现,甚是巧妙;但是,这一译法与原文的语气不同。沃森(2007)译为"To be sure, there are the archery matches. But even…",以"诚然"这一表示让步的插入语作为引导,虽然也说得通,但也改变了原文语气。

吴国珍(2015)译为"If there should be a contention, that must be in archery"通过增补前提,更符合原文语气,后半句也基本上是直译。许渊冲(2005)的译文最为简洁,虽然看似省略了这一句,但是前后衔接起来仍能反映原文意思:"君子从不相争,即使在射箭时,他们也……",表达了"射箭虽是比赛,但君子仍不争"的意思。

(五)句式的选择

对于"揖让而升,下而饮"的英译,韦利(1938)和沃森(2007)都将"揖让"作为全句的谓语,把"升""下"处理成状语,即"君子在登堂、下堂和饮酒时都互相行礼谦让"。由于原文十分简练,信息量少,所以翻译时不得不多查阅些资料以了解射礼的具体情形才能翻译得准确。

据记载,比赛时参赛者确实是彼此碰面时都要行礼,包括上堂射箭时以及负方喝完罚酒时都要行拱手礼。可以看出两位译者都多做了些功课,也有可能是他们认为原文采用了互文的修辞手法。但是原文是否传递了这层意思却不得而知,因为句式上两者呈并列关系。而许渊冲(2005)的译文在形式上采用了并列结构,与原文相近,遗憾之处在于没有译出"升"和"下"这两个细节,代之以"赛前"和"赛后"的简化处理。吴国珍(2015)的译文同样没有译出"揖让而升"的细节,这是一个缺憾;而是将原文的两个分句拆分成两个独立句子,并各自加上了"赛前""赛后"作为状语,大体传达了原文意思,但有失简练。

对于"其争也君子"的英译,学者们亦持不同见解。此句既可理解为"他们的竞争是很有君子风范的",也可解释为"这种竞争就是君子之争",对应英文中的主系表结构。"Such is the 'striving' of the gentleman""Such is the rivalry between cultured men""Such is the gentlemanlike contention"等体现的都是第二种理解。而韦利(1938)译为"even when competing, they still remain gentlemen",更接近第一种理解;虽摆脱了原文形式,把主语转换为状语,但意思上还是忠于原文。

第三节 坐礼

"坐"看似是日常小事,但在中国古代却有一番严谨的礼仪规范。《论语》中有关于坐礼的描述,虽仅短短五个字,但在理解上却不容易,更不用说译成英文。本节旨在厘清其确切的含义,明晰不同解读产生的缘由,而后透过不同译者的译文,探析《论语》中礼仪文化的翻译规律。

一、坐礼的文化内涵

[原文]席不正,不坐。 (《论语·乡党篇第十》)

该句阐释了中国古人的坐姿、坐具以及坐礼。"坐"字从人从土,字形像二人跪坐在地上,呈现了古人两膝着地的跪坐姿势。跪坐分为两种:一种是臀着脚后跟;另一种是挺直上身,臀不着脚,即长跪,称为"跽",这是将要站起身的准备姿势,也是对别人尊敬的表示。正常久坐应是采用第一种坐姿,因此我们采纳第一种。

"席"也有两种理解。第一个意思是"席子",即古人的坐具。在隋唐出现椅子和凳子之前,古人皆席地而坐。堂屋之内,铺着芦苇和竹子的编织物,铺在底下的叫"筵",放在筵上的叫"席",人们跪坐在席上用餐。第二个意思是

"席位,座位"。此外,"正"也有两种解释:一是指"不偏不斜",二是引申为"正当,合适"。

综上分析,对"席不正,不坐"有两种理解:

[**释义一**]席子放得不端正,不坐。 （吴国珍,2015）

[**释义二**]坐席摆得不正,不坐。 （杨伯峻,1992）

根据释义一,在古代的坐礼中,有"坐如尸""坐不中席""偏席不坐"和"虚坐尽后,食坐尽前"等礼仪规范。其中,"偏席不坐"指的就是席在堂室中必须放正,席的四边必须与四面墙平行,位置适当。古籍中体现"正席"规范的有:"沃盥彻盥,汎拚正席,先生乃坐"（《管子·弟子职》）,"君赐食,必正席先尝之"（《论语·乡党篇第十》）,"若非饮食之客,则布席,席间函丈。主人跪正席,客跪抚席而辞"（《礼记·曲礼》）,不一而足。

这几处"正席"只能是"摆正坐席"而非其他意思。另有《墨子·非儒》记载,"哀公迎孔子,席不端弗坐,割不正弗食"。这里的"席不端"就是"席摆得不端正"的意思。可见孔子确实遵循这样一种礼仪。

在释义二中,古代对席的层数、材质和排布方位有着严格的规定,不同身份的人群有相应的席位与之匹配,不可僭越。这一礼制背后隐含着一定的政治意义和伦理意义。首先,"席"的层数多寡依尊卑而定。《礼记·礼器》云:"天子之席五重,诸侯之席三重,大夫再重。"其次,根据《周礼·春官宗伯·郁人/典瑞》所言,"席"的种类按贵贱区分莞席、缲席、次席、蒲席、熊席,对应着不同的身份。最后,席子的排布方位也有尊卑之别。《礼记·曲礼》记载:"奉席如桥衡,请席何乡,请衽何趾。席:南乡北乡,以西方为上;东乡西乡,以南方为上。"

也就是说,为尊者铺设坐席,要问面向何方;为尊者铺设卧席,要问脚朝何方。席是南北方向铺设的,以西方为尊位;东西方向铺设的,以南方为尊位。"谢氏曰:'圣人心安于正,故于位之不正者,虽小不处。'"（杨伯峻,1980）由此可知,孔子定不愿坐不当其位之席。

二、英译对比探析

由于原文简练抽象,容易使人生发不同的解读,因此译者在翻译时也是见仁见智。在此,我们将尽可能多的中外译者,如理雅各（1971）、辜鸿铭（2011）、苏慧廉（1910）、韦利（1938）、刘殿爵（1979）、安乐哲（1998）、许渊冲（2005）、沃森（2007）、宋德利（2010）和吴国珍（2015）等人的译文放在一处进行分析比较,以见异同。

[原文]席不正，不坐。　　　　　　　　　　　　　　　　（《论语·乡党篇第十》）

英译一：If his mat was not straight, he did not sit on it. 　　（理雅各，1971）

英译二：In ordinary life, unless the mat used as a cushion was properly and squarely laid, he would not sit on it. 　　　　　　　　　　（辜鸿铭，2011）

英译三：He would not sit on his mat unless it were straight. 　（苏慧廉，1910）

英译四：He must not sit on a mat that is not straight. 　　　　（韦利，1938）

英译五：He did not sit, unless his mat was straight. 　　　　（刘殿爵，1979）

英译六：He would not sit unless the mats were properly placed in accord with custom. Note: The placement of the mat would be determined by the status and purposes of other people in the room relative to his own rank and obligations.

（安乐哲，1998）

英译七：He did not sit in improper order. 　　　　　　　　（许渊冲，2005）

英译八：If the sitting mat was not properly straightened, he would not sit on it.

（沃森，2007）

英译九：Confucius didn't sit on mat which wasn't put properly.

（宋德利，2010）

英译十：If a seat cushion was not rightly laid, the Master would not sit on it.

（吴国珍，2015）

（一）"坐"的英译

中国古人的坐姿不同于今人，也不同于西方人的习惯，是跪坐。对于这一具有显著历史、地域特色的日常习惯是否要在翻译中予以呈现也是需要考虑的。以上所列译文大多翻译为"sit"，这可以理解为采用直译策略。确切地说，跪坐应为"sit on heels"或"sit on one's knees"。但在这个语境中，"坐"只是一种日常行为，"坐"姿也并非该句强调的重点，关键在于"席不正"。如果翻译为"sit on heels"或"sit on one's knees"，容易吸引读者的注意力，让读者误以为作者是要表达"如果席不正，（孔子）就不愿跪坐"，进而把它视为一种特殊的坐姿。

而事实上，这句话不过是要说：当坐席不正的时候，（孔子）就不愿坐下。所以从表达效果和准确传递全文语义的角度看，直接翻译为"sit"是最恰当的。当然，从文化交际的角度而言，如果能在正文之外用注释说明中国古人的坐姿，或可锦上添花。吴国珍（2015）就在译文下方提供了注解，阐释了中国古人席地而坐的习惯。

（二）"席不正"的英译

前文提到，"席不正"有两种解释。在上面的各种译文中，除了安乐哲（1998），多数外国译者都理解为"席子不端正"，而中国译者更倾向于翻译为"坐席放置得不恰当"；十位译者中，唯有安乐哲（1998）和许渊冲（2005）在翻译中体现了"不合礼制"的意思。而辜鸿铭（2011）则独辟蹊径地同时译出"端正"和"合适"两个意思，使意义更为完整。这些译文的共性在于，大多数译者都把"席"翻译为"mat"。

然而，"席"与"mat"在语义上还是有显著区别的。中国的席子一般是用蒲草、蒯草、竹篾或禾穰为材料，为矩形。"mat"则有三种意思：一是指放在地上供人们进门时擦鞋底的小地毯；二是指运动用的垫子，如瑜伽垫；三是指餐桌上的装饰布或隔热垫。可见席子和"mat"在材质和功能用途上都不同，把坐席翻译成"mat"会让英语读者感到莫名其妙。

因此有译者改进为"mat used as a cushion"（软垫，坐垫，隔离垫）或"sitting mat"，效果要好一些，至少表明了"mat"的功能，让读者意识到这不是他们常见的小地毯或垫子。此外，吴国珍（2015）翻译为"seat cushion"，即"坐垫"，这可能会与现代的"座椅垫"相混淆。鉴于"席子"是一种具有地域特色的日常坐具，是西方人生活中所没有的，或许可以考虑音译为"xizi"，并于译文之外加上注释，向读者介绍其性状和功能，这样可以更好地传递中国文化，使读者建立起这是种新的事物的认知。

对于"不端正"的英译，多数外国译者用的是"straight"；辜鸿铭（2011）用"squarely"，沃森（2007）用"straightened"。"straight"有"in a level or correct position"的意思，相当于"平正的"；"squarely"的释义为"directly; not at an angle or to one side"，有"正对着"之意。用这两个词来翻译"不端正"都不够准确。而"straighten"意为"使变直，拉直"，就不符合原意了。考虑到坐席要与四面墙平行才叫"正"，可以考虑用"be aligned with the wall"，"align"有"使对齐"的意思；或直接译为"be parallel with the wall"。另有译者翻译为"properly laid"或"put properly"，这确实保留了原文模糊性的特征，但意思有所弱化。站在读者的角度，"properly"这样的词太过笼统，信息量极少，降低了译文的价值。而吴国珍（2015）虽也翻译成"rightly laid"，但他在注释中指出了坐席应与墙面平行的礼仪，弥补了译文的空白。

此外，安乐哲（1998）和许渊冲（2005）都是按照"是否合乎礼制"的理解来翻译的。安乐哲（1998）译为"properly placed in accord with custom"，即"按照惯例妥善地放置"，这样翻译算是比较到位的了。若能把"custom"改为

"propriety"则更佳。许渊冲（2005）将全句翻译为"He did not sit in improper order"，句式简洁凝练，可见大师功力；但也存在一个问题，"order"这个词还是偏于抽象了，中国读者或许看一眼就能意会到席位讲究长幼尊卑的秩序，但是难以想象外国读者看了会作何理解。此外，"order"一词与原文的"正"还是离得远了，即使从意译的角度来看，意思也有所偏离。

（三）时态和语气的选择

本句陈述的是过去的事实，所以多数译者译为过去式。其中有不少译者译为"would not"，表示过去的意愿，即"席不正，（孔子）就不愿就坐"。或许这更符合《论语》编撰者的表达意图。"did not"和"would not"的差别在于，前者只是单纯描述孔子的行为，此外不能表示更多的意义，若换作"never"，反而有强调作用；而后者更能触发读者思考——孔子为何不愿坐在不正之席上？从而起到教化的作用。另有韦利（1938）译为"He must not…"，这个组合就值得商榷了。原文没有主语，要么补上主语理解为"席子不正的时候孔子不就坐"，要么理解成建议的语气"席子不正时不应该就坐"，基于后一种理解，译为"You must not…"较为合适。

（四）句式的选择

译文句式归纳起来有以下几种："if"引导的条件状语从句、"unless"引导的条件状语从句、定语从句和简单句。前置的"if"条件状语从句更接近原文的形式，而且采用顺式思维，比较符合中国人的思维特征；后置的"unless"条件状语从句则更符合西方人的思维。韦利（1938）和宋德利（2010）都将"席不正"翻译成定语从句，这使译文更简洁流畅。最简洁的是许渊冲（2005）的译文，只有一个简单句。

 每课一句

富与贵，是人之所欲也，不以其道得之，不处也……（《论语·里仁篇第四》）

Riches and ranks are what men desire. But if they are not obtained in a just way, they should not be held.（吴国珍，2015）

📖 每课阅读与思考

请阅读以下论文，思考并回答问题。

论文 1

——郭园兰，2021. 朱熹对《论语》"礼"的三维诠释[J]. 中国文化研究，(3)：55-68.

论文 2

——吴婷，2013. 从双语语料库中对《论语》"礼"的英译看新时代"礼"的阐释[J]. 语文学刊(外语教育教学)，(6)：89-90,98.

思考题

1. 阅读论文 1，结合本课所学内容，思考从"礼"的三维诠释角度，如何界定"礼"的内涵、确定其英译。

2. 阅读论文 2，思考在"中国式现代化"视域下，"礼"的新时代阐释还有哪些。

参考文献

[1] 辜鸿铭，2011. 辜鸿铭英译《论语》[M]. 昆明：云南人民出版社.

[2] 郭园兰，2021. 朱熹对《论语》"礼"的三维诠释[J]. 中国文化研究，(3)：55-68.

[3] 韩星，韩秋宇，2016. 儒家"君子"概念英语浅析：以理雅各、韦利英译《论语》为例[J]. 外语学刊，(1)：94-97.

[4] 英国柯林斯公司，2008. 柯林斯高阶英汉双解词典[M]. 北京：商务印书馆.

[5] 霍恩比，A. S. 2018. 牛津高阶英汉双解词典[M].9 版. 北京：商务印书馆.

[6] 彭林，2004. 从《仪礼·乡射礼》看中国古代体育精神[N]. 光明日报，2004-02-10.

[7] 钱念孙，2016. 返本开新，铸造君子人格：第二届君子文化论坛发言摘要[N]. 光明日报，2016-12-23(09).

[8] 宋德利，2010.《论语》汉英对照[M]. 北京：对外经济贸易大学出版社.

[9] 王力，岑麒祥，林焘，等，2005. 古汉语常用字字典[M]. 北京：商务印书馆.

[10] 吴国珍，2015.《论语》最新英文全译全注本[M].2 版. 福州：福建教育出版社.

[11] 吴天明，2018. "正席"说[J]. 黄冈师范学院学报，(4)：72-75.

[12] 吴添汉，周桥，1998. 新说文解字[M]. 上海：上海科技教育出版社.

[13] 吴婷，2013. 从双语语料库中对《论语》"礼"的英译看新时代"礼"的阐

释[J]. 语文学刊(外语教育教学),(6):89-90,98.

[14] 许渊冲,2005. 汉英对照论语[M]. 北京:高等教育出版社.

[15] 杨伯峻,1980. 论语译注[M]. 2版.北京:中华书局.

[16] 杨伯峻,1992. 四书(英汉对照 文白对照)[M].理雅各,英译.刘重德,罗志野,英文校注.长沙:湖南出版社.

[17] 杨孟,2012. 透析孔子时代"君子"涵义之转向[J]. 安康学院学报,(4):23-26.

[18] 袁俊杰,2010. 两周射礼研究[D]. 郑州:河南大学.

[19] 张波,2018."以德引争":中国古代体育竞赛的秩序关怀及其当代价值:以射礼为例[J]. 成都体育学院学报,(5):60-65.

[20] 英国培生教育出版有限公司,2004. 朗文当代英语词典[M]. 4版. 北京:外语教学与研究出版社.

[21] Ames,R. T.(安乐哲). 1998. *The Analects of Confucius*[M]. New York:Ballantine Books.

[22] Lau,D.C.(刘殿爵). 1979. *Confucius:The Analects*[M]. Hong Kong:The Chinese University Press.

[23] Legge,J.(理雅各). 1971. *Confucius:Confucian Analects,the Great Learning and the Doctrine of the Mean*[M]. London:Dover Publications.

[24] Soothill,W.E.(苏慧廉). 1910. *The Analects of Confucius*[M]. Tokyo:The Methodist Publishing House.

[25] Waley,A.(亚瑟·韦利). 1938. *The Analects of Confucius*[M]. London:George Allen & Unwin Ltd.

[26] Watson,B.(伯顿·沃森). 2007. *The Analects of Confucius*[M]. Columbia:Columbia University Press.

第二课 礼的作用

"仁"和"礼"是《论语》中最为重要的两个概念,二者相辅相成,共同塑造了孔子的伟大思想,从不同的切面映照出中华优秀传统文化的魅力。本课聚焦于"礼"这一核心,探讨不同译者在其英译版本中对"礼"的理想状态以及作用的理解和诠释。

第一节 和为贵

本节以"礼之用,和为贵"为切入点,探讨"礼"在社会层面的重要作用。通过选取中外译者的三种不同译文,从多个层面进行辨析,探讨文化意象及其内涵的适恰英译。

一、礼的社会功用

[原文]有子曰:"礼之用,和为贵。先王之道,斯为美。小大由之,有所不行。知和而和,不以礼节之,亦不可行也。"　　　　　　　　(《论语·学而篇第一》)

[释义]有子说:"礼的应用,贵在追求和谐。古代君主的治国方法,好就好在这里。但不论大事小事只顾按和谐的办法去做,有时就行不通。为和谐而和谐,不以礼来加以节制,也是不可行的。"　　　　　　　　(吴国珍,2015)

这里的大意是在讲述"礼"使社会变得和谐融洽的功用,同时,也指出"礼"对人的社会行为的指导、制约和协调的作用。日常生活中,人们用"礼"来确保不同人之间的相处之道,使每一个人都能以适宜的身份做合宜的事。正因为"礼"有节制社会成员行为的作用,故又称"礼节"。

然而,"礼"的实行虽然是为了达到和谐的目的,但也不能满足于表面上的和谐假象。比如子女不孝或父母不慈,就有必要用相应的规矩予以惩戒,令其改变,不可为维持家庭的所谓"和谐"而听之任之,要断然舍弃此类"假和谐",

勇于追求"真和谐"。

我们都知道,古代文章没有标点符号。古代私塾教习时,根据对文章的理解,采用"句读"方式诵读。例如,一般文章靠每句尾的文言虚词断句,骈文靠对仗断句,诗词靠韵脚和当时的曲谱断句。基于断句方法的差异性,人们对文本内容及行文逻辑的理解也不同。从不同的断句方式中,可以看出差异化的理解方式和强调重点。就本节节选的《论语》原文来说,现今我们能读到的断句方式有如下两个版本:

[**版本一**]有子曰:"礼之用,和为贵。先王之道,斯为美;小大由之。有所不行,知和而和,不以礼节之,亦不可行也。"　　　　　　　　(杨伯峻,1992)

[**版本二**]有子曰:"礼之用,和为贵。先王之道,斯为美。小大由之,有所不行。知和而和,不以礼节之,亦不可行也。"　　　　　　　　(吴国珍,2015)

杨伯峻(1992)认为,圣明君王大事小事都做得恰当。但是,如有行不通的地方,便为恰当而求恰当。这一解释前后矛盾,令人费解。对于断句问题,孔飞祥(2011)从副词"亦"的用法、原文内容、原文主题、"小大由之"的感情色彩、小节布局(利用对称的数学统计方法)五方面论证了重新断句的依据,说理透彻,思路清晰。他认为,本章的逻辑关系如下:提出论点,"礼之用,和为贵";举例论证,"先王之道,斯为美";正反论证,"小大由之,不行"和"不以礼节之,亦不行"。

"礼"和"和"二者辩证统一,缺一不可,这正是孔子中庸思想的体现。相比较而言,传统的断句对"礼"和"和"二者地位前后解释矛盾,使得整段话逻辑混乱,语义含混。因此,可以选用吴国珍(2015)根据梁朝皇侃的《论语义疏》确定断句的版本。

二、英译对比探析

本节主要选取理雅各(1971)、吴国珍(2015)和许渊冲(2005)等三位译者的译文进行对比分析。

[**原文一**]有子曰:"礼之用,和为贵。先王之道,斯为美。小大由之,有所不行。知和而和,不以礼节之,亦不可行也。"　　　　(《论语·学而篇第一》)

英译一:Youzi said, "In carrying out the rules of propriety, harmony is a most valued pursuit. It is nice that the ancient sage kings governed in this way. But applying harmony to anything, trivial or great, is sometimes inapplicable. Harmony for harmony's sake without the regulating of the rules of propriety will not do, either."

(吴国珍,2015)

[**原文二**]有子曰:"礼之用,和为贵。先王之道,斯为美;小大由之。有所不行,知和而和,不以礼节之,亦不可行也。"　　　　　　　　　　　　　　　　　　(杨伯峻,1992)

英译一: The philosopher Yû said, "In practising the rules of propriety, a natural ease is to be prized. In the way prescribed by the ancient kings, this is the excellent quality, and in things small and great we follow them.

"Yet it is not to be observed in all cases. If one, knowing how such ease should be prized, manifests it, without regulating it by the rules of propriety, this likewise is not to be done."　　　　　　　　　　　　　　　　　　(理雅各,1971)

英译二: In performing the rites, said Master You, propriety is important. That is the fair way how former kings dealt with matters great or small. But it will not do to observe propriety without the regulation of the rites.　　　　(许渊冲,2005)

（一）"礼"的英译

"礼"是《论语》中重要性仅次于"仁"的一个词,指等级社会中对各种礼节的规定。上一课中已详述了"礼"的含义与功用,特别阐明了"礼"作"礼节"讲时的功能。等级社会中的各种礼节规定是贵族阶层的最高行为准则,是对人的思想与行为的节制。

原文中明确点出"以礼节之",强调了"礼"节制行为的作用。在英译时,应该选择"the rules of propriety",而非"the rites"。"rites"意为"ceremony performed by a particular group of people, often for religious purposes",侧重宗教方面的仪式;而"the rules of propriety"则是指"the rules of correct behavior",强调举止得体、有分寸。相对而言,后者更切合语境。

（二）"和"的英译

"和"在这里可以被理解为"和谐",具有"中正、平和、调谐"的深度,是应用"礼"时较为合宜的状态,而不仅仅停留在较为宽泛的概念:人与人之间和睦相处的日常状态。三位译者选择了"ease"、"propriety"和"harmony"来对应中文的"和"。

"ease"强调"不甚费力、安逸闲适的状态",弱化了此处"和"的深意,将其含义局限在日常生活的舒适悠闲之中;而"propriety"偏向礼仪得当方面,似乎也过于具体,缺失了较为抽象的外延部分;相比之下,以"harmony"译"和谐"较为常用,符合大多数人的理解和习惯,既能包含日常的小和谐,又可升华到更高的境界。因此,这里用"harmony"契合原意,较为妥帖。

（三）断句问题

对比三个译本,可以看到不同的断句方法给译者带来了差异化的理解,并且最终在英译本中体现出来。理雅各(1971)和许渊冲(2005)都依照传统的断句方法,将"小大由之"跟前句"先王之道,斯为美"连起来。这里的"先王之道"指尧、舜、禹、商汤、周文王、周武王等的治世之道,其基本内容是礼乐制度和仁义道德。

孔子生活在礼崩乐坏的春秋末期,向来十分推崇尧、舜、禹等贤王统治下河清海晏的社会,心向往之。试想,在这样的前提下,孔子如果倡导向古代贤王学习,"小大由之",那么在后文紧跟一句"有所不行"岂不是自相矛盾?因此,吴国珍(2015)参考了现代学者的研究成果,采用逻辑上更加合理的断句标点。

(四)句式的选择

理雅各(1971)多用直译,句子较长,但原文的语序等基本得到保留,译者显身多体现在注释中;吴国珍(2015)也采用直译的手法,用词准确,简明易懂,颇有《论语》言简而意深的风格;许渊冲(2005)的译文最为短小,三句长短相差不大,句式较为整齐,将"有所不行"一句意义糅合至末句,改动了原有行文。

总之,吴国珍(2015)的译文无论在形式上还是意义上,都更为出彩,堪称佳译。理雅各(1971)的译文兼具学术性和科学性两大特点,多用直译,辅以大量注释,帮助读者理解。相比而言,吴国珍(2015)译本简明易懂,用词准确,面向的读者是社会上的普通群众,因此可读性较强;许渊冲(2005)译本则简短有力,句式整齐。

第二节 礼乐教化

"乐而不淫,哀而不伤"体现了孔子的礼乐思想。对于译者来说,翻译的难度在于如何恰当地诠释孔子的微言大义,传达其对于礼乐的态度和这种态度蕴含的思想。这也是中国古典名著外译经常面对的问题。基于不同译者的译本,可以探讨处理此类翻译难题的合适的翻译方法和思想。

一、礼乐的教化功用

古代统治者通过制定礼来维护等级制度和社会秩序,通过音乐来教化民众。正所谓"乐者,天地之和也;礼者,天地之序也。和,故百物皆化;序,故群物皆别"(《礼记·乐记》)。孔子一生致力于宣扬礼乐制度,希望能以礼治身,以乐治心,恢复乱世时期外在的秩序和内心的和谐。在他看来,"乐而不淫,哀而不伤"是最理想的礼乐状态,体现的是儒家"中庸"和"追求平衡"的思想。

孔子说到礼乐必言诗:"兴于诗,立于礼,成于乐。"在古代,《关雎》是首广为传唱的乐曲,孔子毫不掩饰对其的喜爱。

[原文]子曰:"《关雎》,乐而不淫,哀而不伤。"　　（《论语·八佾篇第三》）

[释义]孔子说:"《关雎》这篇诗,快乐而不放荡,忧愁而不过分哀伤。"

（吴国珍,2015）

这段话代表了孔子对于音乐的态度和思想。《关雎》是《诗经》开篇第一首,描写的是男子对女子的追求,所传达的情感是遇见心上人的喜悦和思而不得的伤感,是人类欲望和感情的自然流露。孔子举《关雎》为例,认为其情感为:喜悦但不会狂喜,难过但不至于对身体造成伤害。这和孔子一贯主张的"中庸"之道非常契合。

如果说礼教是对人外在行为举止的规范,那么音乐就是引导人们内心感情的抒发。钱穆（2018）指出:"乐易逾量,转成苦恼。哀易抑郁,则成伤损。然此非哀乐之过。哀乐者,人心之正,乐天爱人与悲天悯人,皆人心之最高境界,亦是相通合一者。无哀乐,是无人心矣。无人心,何来有人道？故人当哀乐之有正,而淫伤之当戒耳。"孔子以《关雎》为例就是为了表达这种情感上的"中和"原则。孔子认识到,"饮食男女,人之大欲存焉",只通过礼教约束人的行为是行不通的,唯有通过音乐的影响力才能引导民众向善。儒家思想并不一味强调礼节的形式,而是礼乐兼并,贯穿着"仁"和"中庸"的内核,以实现身体和内心的和谐和平衡。

《论语·八佾》中的礼乐思想强调通过礼来维护统治秩序,通过乐的教化来引导人们自发地向善,达到自我的身心和谐。孔子在音乐上倡导的中和原则体现了他的"中庸"思想,强调了情感表现的适度。这个中和原则是基于人性的立场,着实考虑到主体的生理、心理机能而做出的理性的选择。

综上,可以说,"乐而不淫,哀而不伤"是孔子基于"中庸"思想提出的对雅乐的见解,强调的是音乐应该适度流露自然情感,避免过于哀伤使人损耗心神,这样带有理性的音乐才能有引导民众内心的作用。

二、英译对比探析

本小节主要选取吴国珍（2015）、安乐哲（1998）、理雅各（1971）、许渊冲（2005）、韦利（1938）和森舸澜（2003）六位译者的译本进行对比分析。

[原文]子曰:"《关雎》,乐而不淫,哀而不伤。"　　（《论语·八佾篇第三》）

英译一: The Master said, "The poem Guanju delivers a joyful passion free from indulgence, and a piteous mood free from excessive grief." （吴国珍，2015）

英译二：The Master said: "The Cry of Osprey is pleasing without being excessive, is mournful without being injurious." （安乐哲，1998）

英译三：The Master said, "The Kwan Tsu is expressive of enjoyment without being licentious, and of grief without being hurtfully excessive." （理雅各，1971）

英译四：Cooing and Wooing (the first song in the *Book of Poetry*), said the Master, tells us pleasure and grief should not go to excess. （许渊冲，2005）

英译五：The Master said, "The Ospreys! Pleasure not carried to the point of debauch; grief not carried to the point of self-injury."

Notes: The *Book of Songs*, No. 87, which begins by describing a lover's grief at being separated from his lady and ends by describing their joyful union. Confucius sees in it a general guide to conduct, whether in joy or affliction. The opening words are: "Kuan, kuan cry the ospreys." （韦利，1938）

英译六：That Master said, "The 'Cry of the Osprey' expresses joy without becoming licentious, and expresses sorrow without falling into excessive pathos."

Notes: The "Cry of the Osprey" is the first of the *Odes*, and sometimes stands in metonymically for the *Odes* as a whole. There are two equally plausible interpretations of this passage, depending upon whether one thinks that it is the text of Ode 1 in particular or the music of the ode (and possibly the *Odes* in general) that is being praised. The text describes a young gentleman longing for and passionately seeking out a beautiful, virtuous young woman. Although originally the young woman in question was probably the anonymous subject of a peasant folk song, in the commentarial tradition that grew up around the *Odes* she became associated with the royal consort of King Wen, and the poem thus came to be seen as a model of restrained, honorable relations between the sexes. Huang Kan, for one, relies upon the text of Ode 1 to gloss this passage: "The mere prospect of joy in meeting this 'chaste woman' is why 'the gentleman loves to pursue her'—it is not because he lusts after her beauty. 'Tossing and turning at night he thinks of her'—he experiences sorrow at the fact that nowhere in this world can he find the person of his dreams, but does not allow this sorrow to diminish his affection for her." Kong Anguo, on the other hand, understands this passage as referring to the music of the ode: "'Expressing joy without becoming licentious, expressing sorrow without falling into excessive pathos' refers to the perfect harmony (of the music)." In either case, we see in the *Odes* the perfect balance of emotion and re-straint that characterizes the gentleman.

(森舸澜,2003)

（一）"《关雎》"的英译

"关雎"取自该诗歌第一句"关关雎鸠"，是典型的以起兴手法表达情感的方式。"关关"是象声词，模拟雌雄雎鸠（鱼鹰）的相互应和的叫声。对于大多数几乎没有接触过中国文化的外国读者来说，"关雎"是很陌生的词语。音译成"Guanju"或者用威妥玛式拼音标注译成"The Kwan Tsu"，都难以让人理解，无法传达任何有效信息，读者也无法明白为何孔子有后面的评论。有译者将题目译成"The Cry of Osprey"，这个译法好于直接音译，至少有实际的意义："鱼鹰的叫声。"

而许渊冲（2005）译为"Cooing and Wooing"似乎更为巧妙，利用英语中的拟声词来再现"关关"之音，有语言的音乐美感。选用词语"cooing"可以指"鸽子的咕咕叫"，也有"爱人之间柔声低语"的含义；"wooing"是男子对女子求爱的意思。虽然"cooing"和原文有些偏差，"wooing"则是译者自发的增补，但这两个词能够贴切地表达这首诗歌的主旨，还具有语言形式上的美感，因此是不错的译法。此外，许渊冲另加括号对《关雎》进行简短的注解以说明这个词语的出处。有了这个注解，想要进一步了解《关雎》但又没有文化背景的读者便可以更好地理解它的含义。因此，无论在句子中如何翻译《关雎》，译者可以在不影响译文长度的情况下，增加注释说明《关雎》的出处。

值得一提的是森舸澜（2003）的翻译。他为这句话增加了近三百词的注释，指出了"《关雎》"的出处、以往儒家的评注和两种理解以及这句话的内涵意义。森舸澜（2003）的英译本以普通读者为阅读对象，译本不仅是对原句的翻译，还采用增补注释等翻译手段，并附上中国传统注解的评论来还原原文的文化语境。

张德福（2017）曾专门研究森舸澜的《论语》译本并总结道："译文采用增补法、综合法、释译法等翻译手段；评论以博采百家、现代诠释和阐发儒见为特色；篇解和注释形式多样、补义助译。整个译本意蕴丰厚，深受赞誉，实为体现'丰厚翻译'思想的典范之作。""丰厚翻译"思想[①]由美国翻译学者克瓦米·安东尼·阿皮亚（Kwame Anthony Appiah）首次提出，意指"通过注释和伴随的注解，将文本置于一个丰富的文化和语言的语境中"（1993：817）。国内翻译

[①] "丰厚翻译（thick translation）"有关研究及讨论详见：李红霞，张政，2015."Thick Translation"研究 20 年：回顾与展望[J]. 上海翻译，（2）：34-39.

界对该术语有四种中译文:深度翻译、厚翻译、厚重翻译、丰厚翻译。目前,国内学者普遍倾向于认可"丰厚翻译"这一译名。张佩瑶(2010)认为"丰厚"一词有"丰实厚重"之意,译者能够通过附录、脚注等更好地再现文化。据此,本书也统一使用"丰厚翻译"这一译名。

就本句话的注释而言,森舸澜(2003)说明了"《关雎》"的出处之后,列举了两种前人对这首诗歌的理解,之后分别说明皇侃和孔安国两位儒家研究学者对"乐而不淫,哀而不伤"的评论和解释,最后综合前人加上自身的理解:"《关雎》体现了君子在情感和约束之间找到了完美的平衡。"有了这些注释,读者再去理解"乐而不淫,哀而不伤"中所体现的"中庸"之平衡和谐的思想就不那么费劲了。森舸澜(2003)的注释内容丰富,做到了"译必有据,释必有证",使得译本意蕴丰厚,使得孔子的儒家思想得以全面传达。

(二)"淫"的英译

"乐而不淫,哀而不伤"中具有争议的是"淫"的翻译。南怀瑾的解释是,"淫,过也,就是过度了。所以关雎乐而不淫,就是不过分"。两位译者用"licentious"翻译"淫",存在一定的误读。"licentious"的意思是"sexual in an uncontrolled and socially unacceptable way(especially of a person or their behaviour)"。这个词语带有强烈的贬义,是指人"淫荡、放荡的行为",并不符合本句的意义。在孔子看来,情爱应该"发乎情,止乎礼",生理和心理的感情冲动是正常现象,但是在行为上仍需要合乎礼法;适度表达感情,不过于放纵情感才能避免罪恶产生。《关雎》在当时作为雅乐,也应该不浓不淡,传达的喜悦和悲伤恰到好处,给人丰富平和的感觉。

(三)句式的选择

"乐而不淫,哀而不伤"的语言形式对仗工整且简短。译者基本都注意到了这一点,在英文中用并列重复的句式再现原文的工整,但是都无法像原文那样简明扼要。许渊冲的处理方式有所不同,他采用合译法,用八个词"pleasure and grief should not go to excess"来翻译中文这八个字,大胆删去重复内容,虽然没有体现出原文的对仗之美,但是译文变得更加简洁清爽。

第三节　齐之以礼

古语有言,"半部《论语》治天下",《论语》中承载的智慧至今仍有现实意义。通过对特定历史文化背景下的治国观念的探析,可以加深对于孔子治国理念的理解,引起人们对于以德治国、以礼治国的思考。同时,分析各家解读及英译版本,可以帮助大家更好地借鉴各种英译版本及其翻译策略。

一、礼的治国功用

[**原文**]子曰:"道之以政,齐之以刑,民免而无耻;道之以德,齐之以礼,有耻且格。"

(《论语·为政篇第二》)

[**释义**]孔子说:"用政策法令作导向,用刑罚来规范,百姓可以免于犯罪,但没有廉耻之心。用道德作导向,用礼仪来规范,百姓不但有廉耻之心,而且还会自觉纠正自己。"

(马恒君,2007)

孔子思想中有两个关键词:"仁"和"礼"。"仁"指人与人之间相互友爱、互助、同情等,后来演化为古代一种含义极广的道德范畴(吴国珍,2015)。"仁"是推行德治、仁政的关键,自然很重要。"礼,履也。所以事神致福也。""礼"本义为击鼓奏乐,奉献美玉美酒,敬拜祖先神灵,延伸为宗教祭祀中的规矩。《左传·成公十三年》有这样的记载:"国之大事,在祀与戎"。因此,"礼"在古代非常受重视。

周灭商后,周公采取分封制,兼用宗法制规范社会结构,建立相关政治准则、道德规范和各项典章制度,简单来说就是"周公制礼",维护国家运行。以恢复和维护道德秩序为己任的儒家自然而然成了礼制的维护者。"齐之以礼"就彰显了"礼"在治国理政层面的重要性以及孔子对"礼"的重视。

大家对于"道之以政,齐之以刑,民免而无耻;道之以德,齐之以礼,有耻且格"中的个别字的理解各有见地。在此借助朱子的阐释来帮助理解:"道,犹引导,谓先之也。政,谓法制禁令也。齐,所以一之也。道之而不从者,有刑以一之也。免而无耻,谓苟免刑罚,而无所羞愧,盖虽不敢为恶,而为恶之心未尝忘也。礼,谓制度品节也。格,至也。言躬行以率之,则民固有所观感而兴起矣,而其浅深厚薄之不一者,又有礼以一之,则民耻于不善,而又有以至于善也。一说,格,正也。书曰:'格其非心。'"(朱熹,1983)朱子从单个字和整体句意的角度对原句进行了阐释,不可谓不细致入微。其中"虽不敢为恶,而为恶之心未尝忘也"与"民耻于不善,而又有以至于善也"分别对"免而无耻"和"有耻且格"做了剖析。这样,孔子所要强调的刑治与礼治下社会状态的差别就显而易见了。而马恒君(2007)的译文为"孔子说:'用政策法令作导向,用刑罚来规范,百姓可以免于犯罪,但没有廉耻之心。用道德作导向,用礼仪来规范,百姓不但有廉耻之心,而且还会自觉纠正自己。'"由此,我们可以确切地了解到孔子是想说:教化百姓比单纯依靠法律约束百姓要更为高明。同时,此句足以体现孔子对于"礼"的重视,他认为"礼"是实现德治的重要手段。

有人认为"道之以德,齐之以礼"反映了孔子反对刑罚的态度。对此,朱子从阐发圣人立德之本的角度,来加以说明。朱子认为,德政不等于以德为政、以德代政。《朱子语类·论语卷》有这样的阐释:"'为政以德',不是欲以德去为政,亦不是块然全无所作为,但德修于己而人自感化。""圣人之意,只为当时专用政刑治民,不用德礼,所以有此言。谓政刑但使之远罪而已;若是格其非心,非德礼不可。圣人为天下,何曾废刑政来!"由此可见,德政之下,刑和礼作为治理的手段,是可以兼用不悖的。

二、英译对比探析

本节选取理雅各(1971)、辜鸿铭(2011)、许渊冲(2005)、吴国珍(2015)和韦利(1938)五位中外译者的不同译文进行对比分析。

[原文]子曰:"道之以政,齐之以刑,民免而无耻;道之以德,齐之以礼,有耻且格。"　　　　　　　　　　　　　　　　　　　　(《论语·为政篇第二》)

英译一: The Master said, "If the people be led by laws, and uniformity sought to be given them by punishments, they will try to avoid the punishment, but have no sense of shame. If they be led by virtue, and uniformity sought to be given them by the rules of propriety, they will have the sense of shame, and moreover will become good."　　　　　　　　　　　　　　　　　　　　　　　(理雅各,1971)

英译二: Confucius remarked, "If in government you depend upon laws, and maintain order by enforcing those laws by punishments, you can also make the people keep away from wrong-doing, but they will lose the sense of shame for wrong-doing. If, on the other hand, in government you depend upon the moral sentiment, and maintain order by encouraging education and good manners, the people will have a sense of shame for wrong-doing and, moreover, will emulate what is good."　　　　　　　　　　　　　　　　　　　　　　　(辜鸿铭,2011)

英译三: If the people are governed by laws, said the Master, and order is kept by punishment, they would be obedient but not conscientious. If they are led by virtue and order is kept by the rites, they would be conscientious and act in agreement with what is right.　　　　　　　　　　　　　　　　　　　(许渊冲,2005)

英译四: The Master said, "If the people are ruled by injunctions and restricted by penalty, they may try to evade the punishment without developing the sense of shame. If they are ruled through moral education and regulated by the rules of propriety, they will have the sense of shame and become disciplined."

（吴国珍，2015）

英译五：The Master said, Govern the people by regulations, keep order among them by chastisements, and they will flee from you, and lose all self-respect. Govern them by moral force, keep order among them by ritual and they will keep their self-respect and come to you of their own accord.

（韦利，1938）

（一）"道"的英译

吴国珍（2015）认为"道"通"导"字，有"引导、治理"的意思。译者在上述译文中选用了"lead/govern/rule"等词。"lead"的英文释义有两层意思：一是指"to be in control"，表达"控制，领导"之意；二是指"to go with or in front of a person or an animal to show the way or to make them go in the right direction"，表达"带路，引领"之意。"govern"的英文释义是"to legally control a country or its people and be responsible for introducing new laws，organizing public services，etc."，表达"统治，管理，治理"之意。"rule"的英文释义为"to control and have authority over a country，a group of people，etc."，表达"统治，控制，支配"之意。

其实，根据原文"道"字的不同搭配，会发现第一个"道"字涉及国家层面的管理以及法律的执行，含有强制性意味，所以"govern/rule"更准确；而第二个"道"字偏向道德引导之意，所以"lead"更贴切。几位译者中只有许渊冲对此句中的两个"道"字进行了不同处理，第一个译为"govern"，第二个译为"lead"，足见先生翻译时对细微之处的重视。

（二）"齐"的英译

关于"齐"的翻译，除了理雅各，其他几位译者将此词翻译为"maintain order/order is kept/restrict/keep order/regulate"等，意为"保持秩序，约束"；而理雅各（1971）译为"uniformity sought to be given them"，表达"追求一致"之意。孔子的本意是"以礼仪规范人们的行为"，按照不同的社会阶级严格实施不同的礼仪要求，以此达到秩序井然的社会状态，并非盲目追求一致。此处，理雅各未能把握孔子对于"礼"的实施要求及内涵，故而产生误译。

（三）"免"的英译

比较"免"这个词的几种译文"avoid the punishment/keep away from wrong-doing/obedient/evade the punishment"，我们发现，译者在这个词上主要有两种理解：一种是免于刑罚，另一种是免于做错事。吴国珍（2015）补充了春秋时期两个推行法治的实例来帮助理解这句话："一是公元前536年郑国子产的'铸刑鼎',即把惩治罪犯的刑律铸在金属鼎上,向全国老百姓公布。这是中国政治史、法制史的一件大事;二是公元前513年晋国赵鞅的'铸刑鼎'。这两次都受到主张以礼法治国的各国卿大夫的强烈反对。这些人认为,国家法律应该保密,不应该公之于众,因为一旦平民百姓也知道法律上的规定,就会不俯首听命于官员贵族的任意摆布。"

孔子认为:百姓一旦掌握了法律,就会把注意力集中在如何避免法律的惩处而忽视思想道德的提升,从而失去羞耻感,一有机会就会违法乱纪。所以,这里应该理解为:百姓想要逃避刑罚而不是避免做错事。理雅各(1971)和吴国珍(2015)的翻译更为准确。此外,韦利在翻译"免"字时既没有取"免于刑罚"之意,也没有取"免于做错事"之意,而是译成"flee from you"。

（四）"礼"的英译

关于"礼"的翻译,前文已做较多讨论。孔子所谓"礼",即周公建立的社会制度,通过各种礼仪、礼物和礼制表现出来。译者分别译为"the rules of propriety/rites/ritual/good manners",其中前三者都含有"礼仪规范,礼制"之意,有一定外在强制性,不可逾越;而"good manners"常指"礼貌,习俗",是某一群体的行为方式,相对来说约束力并不是很强。因此,辜鸿铭的译文不大符合此处语境。

（五）"格"的英译

各家对于此句中的"格"也有不同看法。杨伯峻认为,"格"字意义众多,但未必都能符合孔子原意。他举《礼记·缁衣篇》为证:"夫民,教之以德,齐之以礼,则民有格心;教之以政,齐之以刑,则民有遁心。"这是孔子对这段文字的最早注释,此处"格心"与"遁心"相对成文,"遁"有逃避的意思,逃避的反面是亲近、归服、向望。所以,杨伯峻用"人心归服"来译它。同时,也有人认为此处"格"同"正",取"纠正"之意,《尚书》有"格其非心"句,意即纠正他的不正确思想,在本句指固守正确的道德规范和行为准则。理雅各译为"become good",乍一看"good"这个词,会觉得它的范围有些泛,不够精确。但其实"good"的英文释义中有一条"morally right; behaving in a way that is morally right",正是取上文第二种理解,因此并无不妥。

另外几位国内译者的译文"emulate what is good/act in agreement with what is right/become disciplined"也都可回译为"遵守规范"。许渊冲用的"in agreement with"看似有些重复累赘,实则是再次强调人民此时是从心底认同那些规范并以实际行动去维护,对于强调主旨是有必要的。韦利的翻译与其他几位译者有些不同,他把"格"译为"come to you of their own accord",看来他是把"格"理解为"人心归服"。而原文的"免而无耻"与"有耻且格"相对应，这就能解释为什么他把"免"译为"flee from you"了。虽然韦利的翻译没有与原文字字对应，但是他对原文的理解没有太大问题，并且采取意译完整地表达出了原文所要表达之意。

每课一句

君子食无求饱，居无求安。(《论语·学而篇第一》)

A man of virtue does not seek to eat to his heart's content or dwell in cosiness.(吴国珍，2015)

每课阅读与思考

请阅读以下论文，并回答思考题。

论文 1

——李玉良，张彩霞，2009."礼"的英译问题研究[J]. 山东师范大学学报(人文社会科学版)，(3)：126-129.

论文 2

——乐爱国，2020.历代对《论语》"礼之用，和为贵"的解读——以朱熹的诠释为中心[J]. 东南学术，(6)：203-211.

论文 3

——김수현，동방학，2016. A Reinterpretation on the Concept of Ak in the *Analects of Confucius*：Focused on Jinyang's *Akseo* Noneohunui [J]. 东方学，(35)：39-73.

思考题

1. 本课第一节中评析了"礼"的英译，请阅读论文 1，并与你的同伴就"礼"的英译展开讨论；在"中国式现代化"视域下，谈谈你们对各版本译文的思考。

2. 本课探讨了"和为贵"与"礼乐"的教化功能，请阅读论文 2 与论文 3，探讨如何理解《论语》中孔子的"和"与"礼乐"思想，以及对这二者的理解如何影响"礼"与"和"的英译。

参考文献

[1] 龚文嘉，2009."乐而不淫，哀而不伤"：浅谈孔子音乐美学思想中的中庸之道[J].黄河之声，(20)：96-97.

[2] (梁)皇侃，2014.论语义疏[M].高尚榘 点校.北京：中华书局.

[3] 孔飞祥，2011.杨伯峻《论语译注》今译研究[D].重庆：西南大学.

[4] 乐爱国，2020.历代对《论语》"礼之用，和为贵"的解读：以朱熹的诠释为中心[J].东南学术，(6)：203-211.

[5] 李红霞，张政，2015."Thick Translation"研究20年：回顾与展望[J].上海翻译，(2)：34-39.

[6] 李玉良，张彩霞，2009."礼"的英译问题研究[J].山东师范大学学报(人文社会科学版)，(3)：126-129.

[7] 吕长元，2013."乐而不淫，哀而不伤"：儒家中和美学思想初探[D].合肥：安徽大学.

[8] 霍恩比，A.S.2018.牛津高阶英汉双解词典[M].9版.北京：商务印书馆.

[9] 马恒君，2007.论语正宗[M].北京：华夏出版社.

[10] 钱穆，2018.论语新解[M].北京：九州出版社.

[11] 吴国珍，2015.《论语》最新英文全译全注本[M].2版.福州：福建教育出版社.

[12] 吴添汉，周桥，1998.新说文解字[M].上海：上海科技教育出版社.

[13] 许渊冲，2005.汉英对照论语[M].北京：高等教育出版社.

[14] 杨伯峻，1980.论语译注[M].2版.北京：中华书局.

[15] 杨伯峻，1992.四书(英汉对照 文白对照)[M].刘重德，罗志野，英文校注.长沙：湖南出版社.

[16] 英国柯林斯公司，2008.柯林斯高阶英汉双解辞典[M].北京：商务印书馆.

[17] 张德福，2017.森舸澜《论语》英译本的"丰厚翻译"[J].外语学刊，(5)：111-116.

[18] 张佩瑶，2010.中国翻译话语英译选集(上册)：从最早期到佛典翻译[M].上海：上海外语教育出版社.

[19] 赵长江，2017.19世纪中国文化典籍英译史[M].上海：上海外语教育出版社.

[20] 朱熹，1983.四书章句集注[M].北京：中华书局.

［21］ Appiah，K. A.（克瓦米·安东尼·阿皮亚）. 1993. Thick Translation
［J］. *Calloo*,（4）：801-819.

［22］ Legge，J.（理雅各）. 1971. *Confucius：Confucian Analects，the Great
Learning and the Doctrine of the Mean*［M］. London：Dover Publica-
tions.

［23］ Ames，R. T.（安乐哲）. 1998. *The Analects of Confucius*［M］. New
York：Ballantine Books.

［24］ Slingerland，E.（爱德华·森舸澜）. 2003. *Confucius Analects*［M］.
Cambridge：Hackett Publishing Company.

［25］ Waley，A.（亚瑟·韦利）. 1938. *The Analects of Confucius*［M］. Lon-
don：George Allen & Unwin Ltd.

第三课　礼仪原则

　　古代的"礼节"和"礼仪"在今天有了很大的变化。一向重"礼"的孔子,在《论语》中多处提及了不同场合中应当遵循的不同礼仪原则。本课将重点介绍具有重要地位的三种礼仪:饮食礼仪、乡酒礼仪和射猎礼仪。

第一节　饮食礼仪

　　《礼记·礼运篇(第九)》记载,"夫礼之初,始诸饮食"。饮食礼仪在古代的地位是不容忽视的。孔子多处提及有关饮食礼仪的细节和观点,其中"食不厌精,脍不厌细"这一句尤其为人熟知。本节通过追根溯源,结合孔子所处时代的饮食习惯、特点和思想文化,对比不同译本的翻译,试图评鉴不同译本的可取之处。

一、春秋战国时期的饮食思想

　　[原文]食不厌精,脍不厌细。　　　　　　　　　　(《论语·乡党篇第十》)
　　[释义一]孔子不会过分享用精细美味的粮米和鱼肉。　　(吴国珍,2015)
　　[释义二]吃饭不要过于追求精,食肉不要过于追求细。　(杨朝明,2012)
　　西周时期有着严明的饮食等级制度,饮食不仅仅是单纯的生理需求,还是政治体系的重要部分,所食之物往往体现着不同身份。而在礼乐崩坏的春秋战国,随着周王室的衰微,人们对待饮食不再循规蹈矩,彼时用来稳定统治秩序、淳化人伦关系的严格的饮食等级制受到严重破坏。虽然春秋战国时期政治混乱,但是民间经济出现了繁荣,普通百姓的食物种类丰富多样。当时的百家争鸣,也在某种程度上改变着人们对待饮食的看法。在此背景下,孔子在《论语》中详细记录自己的饮食礼仪,是为了教化民众。因此从《论语》中其他饮食相关的句子可以看出,孔子对待口腹之欲一向淡泊,比如"君子食无求饱,居无求安"(《论语·学而篇第一》),赞扬颜回"箪食瓢饮"的清贫生活,以"饭疏食饮水"为乐。凡是提到饮食礼仪,孔子主张不贪图口舌之欲,若非要将此句理解为孔子追求精细的食物,这便和他的态度极为不符。孔子作为当时重要的思想家,他的饮食思想自然也不会与时代背景背道而驰。在《论语》中,"食不厌精,脍不厌细"后面是,"食饐而餲,鱼馁而肉败,不食。色恶,不食。臭恶,不食。失饪,不食。不时,不食。割不正,不食。不得其酱,不食。肉虽多,不使胜食气。惟酒无量,不及乱。沽酒市脯,不食。不撤姜食。不多食"。这一整段是孔子提出的"十不食"这一概念,体现了他对于饮食原料选择有着严格的要求。

此外,《论语》中其他地方体现的孔子饮食态度大多是节制饮食、讲究礼仪、科学合理搭配食物、粗茶淡饭。杨伯峻将"食不厌精,脍不厌细"理解为"粮食不嫌舂得精,肉不嫌切得细",将孔子看作"追求精细的挑剔之人",显然和时代背景不符。

周粟(2007)曾总结过春秋战国时期人们主要的饮食思想:"只追求饮食享受,而不注重道德修养,则是一种如同禽兽一般的无德行为。"尽管没有了周王朝严格的饮食制度的约束,但当时大多数的思想家认为,不可肆意追求美味的食物,放纵自己沉溺于口舌之欲。各个诸侯国的执政者在经历过周王朝的衰败后也都意识到,饮食的奢靡会对国家的稳定和强盛造成影响。

二、英译对比探析

本小节主要选取吴国珍(2015)、森舸澜(2003)、刘殿爵(1979)、辜鸿铭(2011)、理雅各(1971)和沃森(2007)六位译者的译文进行对比分析。

[原文]食不厌精,脍不厌细。　　　　　　　　　　　　(《论语·乡党篇第十》)

英译一: (The Master) did not indulge in refined cereal or delicious meat.

(吴国珍,2015)

英译二: He would not eat in excess, even when presented with refined grain or finely minced meat.

(森舸澜,2003)

英译三: He did not eat his fill of polished rice, nor did he eat his fill of finely minced meat.

(刘殿爵,1979)

英译四: The following are the details which Confucius observed in matters of food and eating: In his food, he liked to have the rice finely cleaned and the meat, when stewed, cut in small pieces.

(辜鸿铭,2011)

英译五: He did not dislike to have his rice finely cleaned, nor to have his

mince meat cut quite small. （理雅各,1971）

英译六: He had no objection to polished rice or meat or fish finely cut up.

（沃森,2007）

(一)"厌"的英译

以上六个译本中,三位译者分别将"厌"译为"not indulge in"、"would not eat in excess"或"did not eat his fill of",表达"不会吃得很饱,不会纵容自己吃"之意;而另外三位译者译为"liked to"、"did not dislike to"和"had no objection to",表达"喜欢,不嫌弃"之意。"厌"字作为表达本句话观点的关键词,译者对其理解截然不同,想要判断哪种翻译更为合适,需要追本溯源。

"厌"通"厭",是"饱,满足"的意思,段玉裁注"饱足则人意倦矣,故引申为厌倦、厌憎、嫌弃"之意。因此,"厌"就有了"饱足"和"厌恶"两种意思。关于"食不厌精,脍不厌细"这句话里"厌"字的含义,秦汉时代,"厌"字通常是第一种意思。"食不厌精"就是"不肯饱饫"的意思。而孔子想要说的是,对于舂得很精的粮食和切得很细的鱼肉,都要按照平时的食量,不能贪图食物美味而过分饱足。杨伯峻(1958)将"厌"字理解成"嫌恶","食不厌精"变成了"吃饭不嫌米舂得细"。对此,吴国珍(2015)指出,"凡《论语》中讲到'厌恶'之意,几乎都用'恶'代之"。这也从侧面证明,"食不厌精"的"厌"应该理解为"饱食"。因而,将"厌"译为"not indulge in"、"would not eat in excess"或"did not eat his fill of"更为适恰。

(二)"食"的英译

各位译者对"食"的理解和翻译也有不同,将其译成"rice""cereal""grain",即"米"和"谷物"。这里需要注意的是孔子所处时代的主食。西周时期有严格的饮食等级标准,贵族阶层是"肉食者",平民庶人是"藿食者"。权力阶层主食粱稻,即上等的粟米和还未广泛种植的稻米,肉食范围广泛。平民阶层以粟菽为主,即普通的粟米和大豆,很少能吃到肉食。至唐代前期,粟仍是主要的粮食作物,国家征收地租地税,仍以粟为正粮。

此外,由于自然环境的不同,粮食作物的特点是南稻北粟。孔子身处鲁国,今山东省境内,当时主食应该是粟,而非稻米。因此,"食不厌精"的"食"翻译成"rice"不符合所处时代背景。而"cereal"和"grain"可以指称广泛的谷物,不会引起人们的误解,也尊重历史背景,因此更加合适。

(三)"精"的英译

对于"精"食的理解,译者分别用了"refined"、"polished"和"finely cleaned"三种表达方式。想要准确地传达原意,需要理解在当时何为"精细"

的粮食。粮食在烹饪之前,需要去皮扬壳。周代已有专门管理粮食舂凿加工的机构,对米的精度有不同标准要求,因此贵族和平民所食米粮精细程度也不相同。到了春秋战国时期,周王朝权势衰落,许多规定形如摆设,民间经济有所发展,百姓在饮食上也可以吃到贵族才能享用的珍馐。在这里"精"食是指那些精细程度很高的、之前贵族才可享用的"粱"米。

词典中"refined"的解释是"A refined substance has been made pure by having other substances removed from it、",即剥除了其他杂质后得到的比较纯净的物质。"polished"意为"shiny as a result of polishing",是指经过擦拭,表面光滑的状态;而"finely cleaned"是指精细的清洗。因此用"refined"更符合当时的食物处理工艺。

（四）句式的选择

"食不厌精,脍不厌细"只有八个字,运用重复的修辞手法,起到了既简短,又有所强调的效果。而不同译者为了还原这种效果,采用了不同的翻译策略,一种是合并原文,体现原文简短的特点;另一种是重复,突出强调作用。例如:吴国珍(2015)译作"did not indulge in A or B",沃森(2007)译作"have no objection to A or B"。两人都选择合译的策略以保持句子的简短。刘殿爵(1979)译作"did not eat his fill of A, nor did he eat his fill of B",还有理雅各(1971)翻译的"did not dislike to have A, nor to have B",则选择了还原重复的内容"不厌",来起到强调的作用。而森舸澜(2003)译文的"would not eat in excess, even when presented with A or B",则是将"不厌"挑出来表达,而后使用增译的方法,合并"精食"和"细脍"。这样既做到了突出本句的观点,又能确保句子不会过于冗长而破坏原文的简约句式。

此外,由于"食不厌精,脍不厌细"所在的一整段都是关于饮食禁忌的细节,辜鸿铭(2011)增加了一句"The following are the details which Confucius observed in matters of food and eating、"来概括后文,有提纲挈领的效果。

第二节　乡酒礼仪

"乡饮酒"或"乡人饮酒"是乡饮酒礼这一古礼体系中极为重要的宴饮风俗,指乡大夫作为主人设宴招待应举之人。在儒家看来,乡饮酒礼不仅仅是一种仪式,更是借以推广"尚齿、尊老、长幼有序"等礼仪内涵的重要方式。对于译者来说,单纯地表达出字面含义显然是不够的。本节在解释"乡饮酒之礼"

的渊源基础上,通过对比几个译本,分析如何处理文化负载词的翻译。

一、乡人饮酒的文化内涵

[原文]乡人饮酒,杖者出,斯出矣。 (《论语·乡党篇第十》)

[释义]行乡饮酒的礼仪结束后,(孔子)一定要等老年人先出去,然后自己才离开。 (吴国珍,2015)

从先秦时代开始,民间就有"乡饮酒"的风俗,后来在周王朝形成了繁冗的礼节,成为一种规范的礼仪制度。周正坤(2013)对于先秦时代的"乡饮酒礼"有详细的研究,他指出这种礼仪的源头是"西周春秋时期贵族之间的'燕飨礼'",也就是贵族款待宾客的礼仪。而在春秋末年的鲁国地区,乡里百姓中也有"乡人饮酒"的活动和习俗,但这种习俗此时并未能完全成为一种严格意义上的礼。不过儒家孔子等人关注到这一风俗,试图添加一些特定礼节来向民众推广"尊老""尚齿"等美德,以此来教化百姓,维护和规范乡里社会的长幼秩序。

由此可见,"乡人饮酒,杖者出,斯出矣"这句话的礼节看似简单,实则是孔子的言传身教。他想要通过自己等老年人都散去后再离开这个行为,向民众展示"尊敬长辈"的礼仪。"乡饮酒之礼废,则长幼之序失,而争斗之狱繁矣"也是在说明古代儒家所看重的,并不是礼仪的"形式感",而是礼节背后"尊老尚齿的态度"和"长幼有序的秩序感"。

根据当时的礼仪制度,在饮酒礼中,宴请者(通常是地方有名望之人)于岁末农闲之际,邀请乡中年高德劭者,通过一系列仪式、动作、礼节等,来尊敬、礼让、请教他们,以此来表明对这些老者在民众中权威地位的认可,以及对民间自有秩序的尊重,传达出一种"尚齿""尊老"的意义,从而达到使民"不争"的目的。

后来,孔子弟子传承其思想,总结编撰了《礼记》。其中《礼记·乡饮酒义》记载:"乡饮酒之礼:六十者坐,五十者立侍,以听政役,所以明尊长也。六十者三豆,七十者四豆,八十者五豆,九十者六豆,所以明养老也。民知尊长养老,而后乃能入孝弟。民入孝弟,出尊长养老,而后成教,成教而后国可安也。君子之所谓孝者,非家至而日见之也;合诸乡射,教之乡饮酒之礼,而孝弟之行立矣。"通过规定不同年龄不同层次的对待礼节,来教育民众在生活中要尊长养老,这正是为什么孔子认为"吾观于乡,而知王道之易易也"后来乡饮酒礼分为四类,分别是在举荐贤人、宴饮贤者、春秋习射和冬季蜡祭时举办。

二、英译对比探析

以下主要选取沃森(2007)、理雅各(1971)、吴国珍(2015)和森舸澜(2003)四位译者的译文进行对比分析。

[原文]乡人饮酒,杖者出,斯出矣。　　　　　　　　　(《论语·乡党篇第十》)

英译一: When drinking with the others of the community, he waited until the elderly people with canes had left before leaving.　　　　　　　(沃森,2007)

英译二: When the villagers were drinking together, upon those who carried staffs going out, he also went out immediately after.　　　　　　　(理雅各,1971)

英译三: On a local people's drinking ceremony, the Master would not be off until all the elderly had left.　　　　　　　(吴国珍,2015)

英译四: When attending village drinking ceremonies, he would leave only after the elderly people had left.

Note: Waiting to leave until one's elders have left is a basic dictate of ritual propriety. There is some commentarial debate over what specific ceremony is referred to here, but Cheng Shude is probably right in thinking that the passage refers to a whole class of ceremonies performed at the village level. Though formal occasions, village drinking ceremonies could apparently get out of hand; in the Record of Ritual, Zigong returns from observing the zha 腊 end of the year ceremony and complains to Confucius, "The people of the entire state behaved as if they were mad." As we learned in 10.8, Confucius never drank excessively, and we presume that his observation of ritual precedence even at the end of a long drinking ceremony was intended to set an example of moderation and discipline to others.

(森舸澜,2003)

（一）"乡"的英译

如上文所说,"乡人饮酒"就是一定的群体聚落或"社区"内的"乡人饮酒"之"礼"。关于"乡"的翻译,有 "village/villager""the others of the community" "local people"等几种译法,可以说都比较恰当。不过"village"强调的是美国以外的古老小村镇,听起来更加古朴,符合《论语》的年代感。关于"乡人饮酒"这四个字的翻译,部分译者是直接用英文表述为"和乡人一起喝酒",还有一部分译者翻译为"当地人喝酒的仪式"。这里的"乡人饮酒"虽然还只是孔子对于"乡饮酒礼"的初步构想,尚未形成严格的规范,但是在翻译的时候,为了让读者明白《论语》特意记载这句话的意义,将这种行为理解成"乡饮酒礼"的源头,采用补译的手法,增加"ceremony"的含义是可取之道。

但是增译之后很容易混淆这种礼仪的来龙去脉,因此更胜一筹的译法应当是森舸澜(2003)的翻译。他在原文之后增加了大段注释,不仅解释了何为"乡人饮酒",还解释了"乡人饮酒"成礼的目的,给读者展示了前人对于这句话的争议和他本人的观点,并且还将"蜡祭"(又称"腊日祭"或"腊八祭",是传统的岁末祭祀活动)文化加以引申。这样的注释虽然看起来很占篇幅,但是对于文化负载词的翻译,非常有必要。额外的注释不会影响原文简短有力的语言效果,又可以回答读者有可能产生的疑惑,一举两得。

(二)"杖者"的英译

首先我们来看看关于"杖者"的理解。《礼记·王制》记载:"五十杖于家,六十杖于乡,七十杖于国,八十杖于朝。"在古代,杖就是老人用以助行的拐杖,不同年龄的老人可以拄杖行走的范围不同。后来"杖者"就变成了老人的代称,属于修辞中的"借代"。比如"杖家之年"就是五十岁的代称。因此,在这里必须翻译出"杖者"这个词语后来的引申意义"the elderly people",至于字面意思"with canes"如果加在原文中,就会无意中缩小这个词语的含义,变成"拄着拐杖的老年人";如果又忽略了这个借代修辞的用意,不加以提及,读者就不会了解到"杖者"的由来。

这里为了兼顾修辞和含义的准确传达,英文可以是"the people old enough to use canes",或者是直接译为"the elderly people",并且在句子后面加上注释说明:"Chinese will use 'those who carry canes' to refer to all elderly people."。总之,不管是哪种译法,首先要忠实于原文含义。而理雅各(1971)的"those who carried staffs"显然属于错译。

(三)连词的运用

在翻译全句的时候,译者需要时刻记住这句话的真正目的是强调孔子十分重视长幼秩序。后半句"杖者出,斯出矣"的白话文是"只有等年老的长辈都散去了,我才会离开"。惜字如金的古汉语中很少有介词、连词等来表达显性的逻辑关系,而在翻译中,译者要充分发挥两种语言中具有优势的方面。在汉语中不能体现的前后时间逻辑关系,可以在英文中通过灵活运用连词等达到四两拨千斤的效果。以上几种译本中,译者运用了"not... until.../wait... until/only after"等连词来体现原句想要传达的先后顺序,可谓十分恰当。而理雅各由于对句子含义理解有误,所以其译文虽然也用了副词和介词"immediately after"来实现强调的效果,但反而是南辕北辙了。

第三节 射猎礼仪

射猎,是中国古代重要的生产生活方式之一。古人生产生活基本依托自然资源,加之对宇宙、世界、自然界的认知有限,因而对自然有着敬畏心理,这便有了对自然资源的保护意识。《论语》中谈及射猎礼仪时,既有着先民们朴素的人与自然共生的思想以及人们应当遵从自然道法的礼仪思想的体现,也有着仁爱之心的体现。

一、射猎文化的内涵

[原文]子钓而不纲,弋不射宿。 （《论语·述而篇第七》）

[释义]孔子只用(有一个鱼钩的)钓竿钓鱼,而不用(有许多鱼钩的)大绳钓鱼;他只射飞鸟,不射巢中歇宿的鸟。 （吴国珍,2015）

古时生产力低下,在山林中捕猎便成了贵族习战、娱乐健身的常规运动,以及普通民众谋生的一种手段。在长期的实践中,先民们逐渐发现了保护自然环境和资源的必要性和重要性,这一意识最终外化为由统治阶级以"礼"的形式出台的一系列保护规则。

儒学也对生态保护之法产生了一定的影响。从"月令"观念到"以时禁发",从"德泽于禽兽"到"唯人独能为仁义",都是儒家生态智慧对自然价值、自然规律的认识以及对道德规范的恪守。

在上例原文中,孔子之举体现的是"取物以节"的思想。正所谓"上天有好生之德",孔子重视仁道,主张人类应该遵从上天赋予自然的共存发展之道,心怀仁德。

事实上,早在孔子之前,不管是贵族的射猎游戏,还是平民的捕猎,都有着详细而严格的规定和限制。比如《史记·殷本纪》中就有商汤责成围猎时网开三面的记载,后演变为"田猎之法止于三驱"的礼法,即围猎时只围三面,留一面让部分鸟兽逃逸,以保证野生动物的可持续性生长;商周时期也已经有了细目渔网不入池塘、捕猎时不杀怀孕哺乳的母兽和幼兽等相关规定。周代的田猎礼法有非常具体繁复的规定。

从天人关系上说,"节"能避免人类过度索取自然资源,保障生态平衡,这亦是一种仁德体现,是一种仁者之心。这便是射猎文化的内涵所在。

二、英译对比探析

这句话虽然只有九个汉字,理解其大意不难,但具体到单个字意的理解,可能就会有失之偏颇之处,由此也可见翻译古代典籍之难。本小节主要选取理雅各(1971)、吴国珍(2015)和许渊冲(2005)三位译者的译文进行对比分析。

[原文]子钓而不纲,弋不射宿。 (《论语·述而篇第七》)

英译一:The Master angled, —but did not use a net. He shot, —but not at birds perching. (理雅各,1971)

英译二:The Master fished with a one-hook fishing rod but not a long rope with many hooks. He shot birds, but not those back in their nests. (吴国珍,2015)

英译三:The Master fished with a line, but not with a net. He shot at birds, but not at roosting ones. (许渊冲,2005)

(一)"钓"的英译

说到"钓鱼"的英译,大部分人脑海中的第一反应应该都是"fish",这无可厚非,这里吴国珍(2015)和许渊冲(2005)也都是采用了"fish"一词,再以"with"引领的介词短语具体描述钓鱼的方式,便于读者理解。但理雅各是个英国人,这时候母语的优势就十分充分地体现出来了:"angle"一词用得十分到位,因为这个词本身就带有"catch fish with a line and a hook"的意思,不需再做解释,因此,比另外两个译本省去数词,简单明了。这是优点,但选用"angle"一词也有不足。"angle"作"钓鱼"解可以算作是旧词新意,比较常用的是"角度"这一释义,普通读者若没有足够的词汇储备,看到这句话可能会觉得费解,所以这个译本对读者有一定要求,面向的群体可能会比较受限。

(二)"纲"的英译

"纲"指提网的总绳,一说"纲"借指渔网,可理解为以部分代整体,这里两种理解在译文中都有体现。吴国珍(2015)选用第一种解释,译为"a long rope with many hooks",细节交代得十分清楚。其他两位译者则采取后一种解释,选用"net",用词简单,表意明了。这里三个版本的英译各有侧重,孰优孰劣不好做定论,只看选取的标准是什么。同时,这也从侧面体现对原文的不同理解是如何影响英译文的呈现方式的。

(三)"宿"的英译

"宿"在这里的释义是指"归巢鸟"。三位学者分别译为"perching"、"back in their nests"和"roosting"。直观看上去,吴国珍(2015)的译法用词最多,用了四个单词去解释"归巢",但对读者的英文水平要求最低,略通英文的人即可看懂。至于理雅各(1971)和许渊冲(2005)选取的另外两个词,它们虽然都表示鸟正处于栖息状态,但二者在词义上有着细微的差别。"perching"是指鸟落在枝干或墙上栖息,可能正好窝就在这里,也可能只是短暂的停留,对应原文明确的"宿",可能显得有些模糊;而"roosting"指鸟或蝙蝠栖息在窝中,相比较而言,此译法更为贴近原文释义。

(四)句式的选择

首先,就句式而言,原文用语精简,较为短小,按照风格一致的原则,译文也应向之靠拢。而通过直观的观察可以发现,理雅各(1971)的译文使用了 16 个英文单词(不包括标点符号),而吴国珍(2015)则用了 26 个单词,许渊冲(2005)用了 20 个单词,最长的版本竟比最短的版本多出 10 个单词,数量悬殊。一求精简,一求平实,一居其中,这也是译者选择不同翻译策略的结果。

就字数而言,当然是理雅各(1971)的译本最为接近原文;而对仗方面,三位译者则各有千秋。原文除了"子"这一主语外,四字对四字,句式整齐,但细究内部,并不是严谨地字字相对。理雅各(1971)的两句译文都是在动词后用小短句进行补充,吴国珍(2015)则是名词并列,许渊冲(2005)是"with""at"引导的介词短语并列;依然是理雅各(1971)的译文最为接近原文,有相似的形式但并非严格对仗,而吴国珍(2015)和许渊冲(2005)的译文是刻意安排工整的对仗,不太必要。

 每课一句

不患人之不己知,患不知人也。(《论语·学而篇第一》)

Never mind others not knowing about you; just worry about your igno-rance of others.(吴国珍,2015)

📚 每课阅读与思考

请阅读以下论文,并回答思考题。

论文 1

——郭园兰,2021. 朱熹对《论语》"礼"的三维诠释[J].中国文化研究,(3):55-68.

论文 2

——罗丹,贾德江,2011. 目的论观照下的《论语》中"仁"和"礼"的英译——基于两个译本的对比研究[J].南华大学学报（社会科学版），（2）：
95-98.

思考题

1. 阅读论文 1，请思考：礼之于"理"的继承与发展是怎样的？
2. 阅读论文 2，思考"礼"的英译的发展变化有哪些。

参考文献

[1] 曹澄青，2016.先秦儒家生态智慧及其对我国生态文明建设的启示[D].南昌：江西农业大学.

[2] 辜鸿铭，2011.辜鸿铭英译《论语》[M].昆明：云南人民出版社.

[3] 郭园兰，2021.朱熹对《论语》"礼"的三维诠释[J].中国文化研究，（3）：55-68.

[4] 霍恩比，A. S. 2018.牛津高阶英汉双解词典[M].9 版.北京：商务印书馆.

[5] 罗丹，贾德江，2011.目的论观照下的《论语》中"仁"和"礼"的英译：基于两个译本的对比研究[J].南华大学学报（社会科学版），（2）：95-98.

[6] 王功龙，2000."食不厌精，脍不厌细"正诂[J].孔子研究，（1）：116-117.

[7] 吴国珍，2015.《论语》最新英文全译全注本[M].2 版.福州：福建教育出版社.

[8] 吴添汉，周桥，1998.新说文解字[M].上海：上海科技教育出版社.

[9] 许渊冲，2005.汉英对照论语[M].北京：高等教育出版社.

[10] 杨伯峻，1980.论语译注[M].2 版.北京：中华书局.

[11] 杨朝明，2012.论语诠解[M].2 版.济南：山东友谊出版社.

[12] 杨伯峻，1958.列子集释[M].上海：龙门联合书局.

[13] 英国柯林斯公司，2008.柯林斯高阶英汉双解词典[M].北京：商务印书馆.

[14] 周粟，2007.周代饮食文化研究[D].长春：吉林大学.

[15] 周正坤，2013.先秦两汉乡饮酒礼研究[D].南京：南京大学.

[16] Lau, D.C.（刘殿爵）. 1979. *Confucius：The Analects*[M]. Hong Kong：The Chinese University Press.

[17] Legge, J.（理雅各）. 1971. *Confucius：Confucian Analects，the Great Learning and the Doctrine of the Mean*[M]. London：Dover Publications.

［18］ Slingerland，E.（爱德华·森舸澜）. 2003. *Confucius Analects*［M］. Cambridge：Hackett Publishing Company.

［19］ Watson，B.（伯顿·沃森）. 2007. *The Analects of Confucius*［M］. Columbia：Columbia University Press.

第四课 礼的应用

子曰：不学礼，无以立。礼仪是一个人的立世之本，是内心情感的外化表现，一个人为人处世时礼仪是否周到可以充分体现出其修养水平的高低。礼仪的重要性不言而喻，其在社会生活的方方面面都有所应用。孔子作为儒家学派的代表人物之一，终其一生都在大力弘扬礼乐文化，并身体力行，亲身实践。

第一节 以礼待之

本节以"子见齐衰者"为切入点，探讨孔子在面对三类不同群体时的礼貌之举，阐释"以礼待之"的具体实施准则。并选取多个译本进行多层面辨析，探讨最为适恰的英译方法。

一、以礼待之的文化意蕴

[原文]子见齐衰者、冕衣裳者与瞽者，见之，虽少必作，过之，必趋。

（《论语·子罕篇第九》）

[释义]孔子遇见穿丧服的人、戴礼帽穿礼服的官员和盲人时，即使对方比他年纪轻，也一定要站起来；从他们面前经过时，一定要碎步疾走而过。

（吴国珍，2015）

孔子是礼乐文化的宣扬者和践行者。他对各类礼仪均十分熟悉，遇到什么人该行什么礼都明了于心，知礼、懂礼是前提，接着才会有实际行动中的遵礼、守礼。对于家有丧事者、尊贵者和眼盲者，即使对方比自己年轻，他都能以礼待之。

礼以达情，特定的礼仪能表现出施礼者的同情、尊敬和体谅等情感。孔子恪守各项礼仪，是出于内心对礼的尊崇，是心口合一、知行合一的表现，而非如做秀给别人看那般浮于表面,这自然而然就成为一种仁行。

"齐衰"一词是指古代丧服,读作"zī cuī",与现代发音有所不同。此种丧服用麻布制成,下摆缝齐,用于已嫁女哀悼父母,孙辈哀悼祖父母等,哀伤程度较高,仅低于"斩衰"。"斩衰"是指丧服下摆剪散,不缝齐,表示因哀痛而不注意外在形象之意,为最亲近者所穿,如子为父、妻为夫而穿等,哀伤程度最高。二者都属"五服"之内的亲属需要穿着的丧服。"五服"即"丧葬五服制",在古代丧礼中,生者与死者因宗亲关系的亲疏不同而穿着不同规制的丧服,而且守丧时间也不同。死者亲属在居丧期间穿的五种丧服包括斩衰、齐衰、大功、小功、缌麻,居丧者与死者的亲密程度依次递减,穿着的舒适程度依次递增。

着孝服是为了在葬礼仪式上对逝者表达尊敬和缅怀;而在日常生活中,也有很多向他人表达尊重和敬意的方式,"作"和"趋"就是其中的两种。"作"意指人突然站起。《周礼·夏官》中有大司马"以教坐作进退疾徐疏数之节"一句,可以看到"坐"与"作"相对,都是与他人相处时基本的礼节,以示尊重。至于"趋",许慎(2013)解释为"趋,走也。疾行曰趋,疾趋曰走",强调走路速度之快,《吕氏春秋·尊师》中讲到对待师长要"和颜色,审辞令,疾趋翔,必严肃",也是表现尊敬之意。

此外,"瞽者"对大多数人来说可能也是一个不甚熟悉的词语,它是指眼盲者,孔子将之与"齐衰者、冕衣裳者"并列,可见对其尊重程度。孔子尊重瞽者的原因目前还存在争议,《十三经注疏·论语注疏》中指出,孔子因同情,即"恤不成人"而礼遇瞽者,对应的是"哀有丧、尊在位",即对不同的群体,出于不同的原因以礼相待。而蔺文锐(2003)则认为,这一行为更深层的原因是孔子尊崇礼乐,乐官一般由瞽者担任,瞽乐官是春秋前后礼乐文化,尤其是乐文化的重要传播者和传承者,得到孔子的尊重。

其实无论是体恤弱者还是尊重职业,在今天的社会都值得提倡和宣扬,因此我们对争议点暂且不展开讨论。

二、英译对比探析

本小节主要选取理雅各(1971)、许渊冲(2005)和吴国珍(2015)三位译者的译文进行对比分析。

[原文]子见齐衰者、冕衣裳者与瞽者,见之,虽少必作,过之,必趋。

(《论语·子罕篇第九》)

英译一: When the Master saw a person in a mourning dress, or any one with the cap and upper and lower garments of full dress, or a blind person, on observing them approaching, though they were younger than himself, he would rise up, and if he had to pass by them, he would do so hastily.

(理雅各，1971)

英译二：Seeing a man in mourning or in ceremonial dress, or meeting with a blind man, though they were young, the Master would rise. Passing by them, he would quicken his steps.

(许渊冲，2005)

英译三：When the Master came upon a person in mourning clothing, a formally-dressed official, or a blind person, he would stand up even though they were younger than he was. Passing before such people, he would walk in small quickened steps.

(吴国珍，2015)

（一）"齐衰者"的英译

三位译者的翻译比较统一，都用了"mourning"一词去表现孔子哀有丧而敬之的情景。这类词语的翻译其实不难，只是需要查询词义，相比较于一词多义、特色词汇等情况，可以省去诸多的辨析和推敲环节。

（二）"冕衣裳者"的英译

"冕"是天子、诸侯、卿、大夫参加朝仪、祭祀等大典时所戴的礼帽，结合这点来看，"冕衣裳者"应该是借指身着华丽礼服的官员。理雅各（1971）的译文过于冗长，修饰部分的"with"短语就用了十一个单词，虽然用了"garments"这样的正式用词起突出强调的作用，但看了之后仍然让人觉得云里雾里，意会不到孔子行礼的理由。

许渊冲（2005）的译本也有些模棱两可：礼仪性的服饰是不是只有官员能穿呢？普通百姓在举行特定节日盛典时换上与平时不同、较为庄重的服装，这样的情况算不算呢？译为"ceremonial dress"指向不明，与其本意"身着华丽礼服的官员"有所出入，可能会造成误解。而吴国珍（2015）的译法就避免了此类问题，简单明确，两个词直接点出官员身份及官服打扮，交待得十分清楚。

（三）"趋"的英译

"趋"的本意是疾速而行，也指在别人面前礼貌性地小步快走，以示恭敬。这里应取后一释义。三位译者在译文中都表现出了"快走"这一动作，但只有吴国珍（2015）注意到了"小步"的限定。此处孔子是为了向对方表达自己的尊敬，"作"和"趋"都是这一心态的具体表现，因此"小步快走"才合情合理，不点出"小步"这一关键因素，试问大跨步从对方面前飞奔而过何以体现尊敬？辜鸿铭（2011）也曾翻译过这一句，他将其译为"respectfully quicken his steps"，也是一种值得采纳的思路；虽然没有点明小步，但副词起到了补充语义的作用，毕竟如果是不了解原文意涵的读者，看到"小步快走"也可能一时体会不到其中的尊敬之意，反倒不如直接点明。

（四）逻辑关系的呈现

除了词语上的"斤斤计较"，短语体现的前后文逻辑关系也是翻译时译者需要注意的问题。这里想要探讨的是"though"和"even though"的区别。这只是一个很小的知识点，相信在学习英语的过程中，每位学习者都曾经试图厘清这两者的区别，但在实际使用中，依然可能会出现错误。

"虽少必作"一句中的"虽……必……"对应现代汉语中的"即使……，也一定会……"的句式，对应英文中的让步状语从句。对方可能比孔子年长，也可能比孔子年轻，或者跟他年纪相仿，这几种情况都是有可能的，这里只是在假设其中一种情况（对方比孔子年轻），传达"即使对方比他年纪轻，孔子也一定要站起来"这一含义。若译文中使用"though"，则表明对方一定比孔子年轻，因为"though"有"despite the fact"的含义，亦即"though"之后一般是陈述客观事实，这显然不符合原文要表达的含义，至少是极大地缩小了原文意指的范围；而"even though"在引导让步状语从句时则表达把握不大或假设的事，可用虚拟语气。因此，我们认为，理雅各（1971）和许渊冲（2005）在这里用"though"略欠妥当，吴国珍将之处理为"even though"更符合逻辑。

第二节　恭而无礼

中国素有"礼仪之邦"的美称，我们在生活中也经常听到大家说"礼多人不怪"，那么是不是真的"礼多人不怪"呢？我们选取"恭而无礼则劳"来分析"礼"在应用中需要注意的"度"的问题，从中外四位译者的译文看他们对于"无礼"等词的理解并借此探讨上述问题。

一、恭而无礼的文化意蕴

[原文]子曰："恭而无礼则劳，慎而无礼则葸，勇而无礼则乱，直而无礼则绞。君子笃于亲，则民兴于仁，故旧不遗，则民不偷。"（《论语·泰伯篇第八》）

[释义]孔子说："谦恭而不以礼节制，就会徒添辛劳；谨慎而不以礼节制，就会拘谨畏缩；勇猛而不以礼节制，就会兴风作乱；直率而不以礼节制，就会尖刻刺人。居上位者如果厚待自己的亲族，仁风就会在百姓中盛行；如果不遗弃老朋友，百姓就不会冷漠。"

（吴国珍，2015）

礼是衡量"过"还是"不及"的一个"度"。根据吴国珍的解释，这句话中的

"无礼"似乎并不是我们现在常用的"没有礼貌"的意思。那我们先从"礼"看起,再去分析此处"无礼"何以理解为"不以礼加以节制"。通过对"恭而无礼则劳"的分析,可以体会到礼的应用广泛,对"无礼"的内涵会有更加透彻的理解,对于"礼多人不怪"这句话则会有新的认识,就像我们餐桌上的"劝酒文化",劝得过分了就会"礼多人也怪"。

礼的概念有狭义和广义之分。狭义的礼,主要指约定俗成的仪轨。而广义的礼则是一个无所不包的概念,是物质文化和精神文化之总名。中国的礼,特别是古礼,就是指这种最广义的形态。《论语》中所讨论的礼,大多取狭义的礼之形态。"礼"和"乐"密切结合,构成等级社会的礼乐制度,成为中国古代的典章制度、道德规范和最高行为准则,用以调节人与人之间的各种社会关系和权利义务。礼的施行,使不同地位的人行为得体,符合个人身份和地位。既然是规范,那么无论是"不达"还是"超出"这个规范都应当视为未能遵守礼制,即"无礼"。我们选句中的"恭""慎""勇""直"本都是孔子所提倡的品质,但是过犹不及,正如吴国珍(2015)所说,"做子女的一日为父母请安两次是恭敬,但也不是越多越好,假使一日请安五次,则儿女疲于奔命,父母不胜其扰,不但吃力不讨好而且违礼"。由此可见,礼是衡量过还是不及的一个度。

二、英译对比探析

本小节主要选取理雅各(1971)、许渊冲(2005)、吴国珍(2015)和韦利(1938)四位译者的译文进行对比分析。

[原文]子曰:"恭而无礼则劳,慎而无礼则葸,勇而无礼则乱,直而无礼则绞。君子笃于亲,则民兴于仁,故旧不遗,则民不偷。"(《论语·泰伯篇第八》)

英译一:The Master said, "Respectfulness, without the rules of propriety, becomes laborious bustle; carefulness, without the rules of propriety, becomes timidity; boldness, without the rules of propriety, becomes insubordination; straightforwardness, without the rules of propriety, becomes rudeness.

"When those who are in high stations perform well all their duties to their relations, the people are aroused to virtue. When old friends are not neglected by them, the people are preserved from meanness." (理雅各,1971)

英译二:Beyond propriety, said the Master, respect would lead to labor lost, caution to timidity, courage to violence, and even frankness would hurt. If cultured men are affectionate to their kins, then people will be inspired to do good. If old friends are not forgotten, then people will not be negligent. (许渊冲,2005)

英译三：The Master said, "Without the regulating of the rules of propriety, reverence turns out to be fatigue, cautiousness leads to timidity, boldness results in turbulence and straightforwardness causes offence. If the superior earnestly favor their clansmen, benevolence will prevail among the people. If they forget not their old friends, the people will not be indifferent to others." （吴国珍，2015）

英译四：The Master said, Courtesy not bounded by the prescriptions of ritual becomes tiresome. Caution not bounded by the prescriptions of ritual becomes timidity, daring becomes turbulence, inflexibility becomes harshness.

The Master said, When gentlemen deal generously with their own kin, the common people are incited to Goodness. When old dependents are not discarded, the common people will not be fickle. （韦利，1938）

（一）"无礼"的英译

对于"无礼"一词的翻译，能否准确传达该词的意义会影响到读者对于整句话的理解。根据上文分析，"无礼"主要有两种情况，一为"不及"，二为"过分"，此处应当取"过分"之意。理雅各（1971）译为"without the rules of propriety"，显然是采取了直译的翻译方法，只能说勉强通顺，但是还不够贴切。许渊冲（2005）译的"beyond propriety"就很到位，完全表达出了那种"过分"的意味。吴国珍译为"without the regulating of the rules of propriety"，在理雅各（1971）的译文基础上多了一个"regulating"，意为"to control by means of rules"，语义更完善一些，但是较许渊冲（2005）的译文仍是稍微逊色。韦利（1938）译为"not bounded by the prescriptions of ritual"，"bound"的英文释义中有一条"to form the edge of limit of an area"，意思是"形成边界或界限"，用在此处含有"限制行为以免过界"的意思，反之即为"过界/无礼"，所以韦利（1938）的译文也比较贴切。

针对该词的翻译，我们可以体会到译者翻译时首先要尽可能准确理解原文。

（二）"绞"的英译

关于"绞"一词，自古以来有很多种解释，主要存在以下两种说法：一种认为"绞"应该训为"急"，作"急忙，急切"解，如《论语注》有这样的记载："言此四者虽善，不以礼节之，亦不可行。绞，急也。"另一种认为"绞"应该训为"刺"，有"尖刻刺人，伤人"义，如杨伯峻（1980）注释为"尖刻刺人"之意，即，"心直口快，却不知礼，就会尖刻刺人"。

樊宁和王瑞钢（2019）两位学者在此两说基础上，进一步根据甲骨金文和传世文献对"绞"字的本义与引申义进行了考证,又从孔子的"礼"观出发做了详细的解诂,最终认为训为"刺"更符合孔子原意。我们选取的几版译文分别为"straightforwardness becomes rudeness"、"even frankness would hurt"、"straightforwardness causes offence"和"inflexibility becomes harshness",都表达出了"心直口快,却不知礼,就会尖刻刺人"的意思。

由此可见,一句话可以有多种不同的英文表达方式,分析其他译者的译文也是我们积累表达用语的过程。

（三）"君子"的英译

"君子"一词在《论语》中也经常出现,与现代汉语中的"君子"意义有所区别,因此也是翻译中的重难点之一。西周初期,周天子分封诸侯,建立诸侯国。诸侯国国君的儿子称为君之子,即君子。因君子普遍受到良好的教育,文化品位和修养水准高,故后世也将道德标准和品德修养很高的男性称为君子,将其视为道德楷模。

"君子"在现代汉语中几乎总是指道德水平高的或有绅士风度的男性。但在孔子之前,它更多地指"有位者",即居于官位的贵族,而正是孔子,创造性地赋予它道德意味,让它成为古代中国社会的人格典范,一直影响至今,成为普通人追求道德修成的目标。因此吴国珍（2015）将"君子"译为"the superior",兼有上级和优秀的含义,比较符合他们的身份和优良品格。理雅各译为"those who are in high stations",回译为"在高位者",体现出与下文"民"相对的身份特征,但没能同时表现出他们的教养,有一点不足。

许渊冲译为"cultured men","cultured"的意思是"well educated and able to understand and enjoy art,literature,etc.",即"有教养的,有修养的",虽然没有指明是"在高位者",但联系时代背景可知,当时能够受到良好教育、接触文学艺术的多是贵族。韦利（1938）译为"gentlemen",指"a man who is polite and well educated,who has excellent manners and always behaves well",可见"gentlemen"更侧重于行为举止得体、有绅士风度,没能体现身份特征。所以翻译时最好能联系上下文,尽力找出一个能体现原文多重含义的词语。

（四）"偷"的英译

该句中"偷"和现代汉语中的意思相去甚远,吴国珍（2015）注释为"淡薄,薄情",译为"be indifferent to others","indifferent"意思是"having or showing no interest in",回译为"漠不关心,不感兴趣",意思贴切。理雅各译为"meanness",回译为"卑劣,劣等",比较之下会发现"meanness"的语义似乎有些过头,不太恰当。许渊冲译为"be negligent"。"negligent"的英文释义中有一条"failing to give enough care or attention，especially when this has se-rious results"，回译为"因疏忽而造成过失"，语义上更偏向于"失职"，与原文所要表达的"人情淡薄"有些偏差，故"negligent"一词不太合适。韦利将之译为"not be fickle"，"fickle"一词用于指人的品质时意为"often changing their mind in an unreasonable way so that you cannot rely on them"，即"反复无常的，靠不住的"，用来形容"冷落旧友"的人正合适。

从以上分析可见，翻译时针对某一词寻求不同的译法固然有助于打开思路，但也不可为此标新立异，以致翻译偏离原文本意。

（五）修辞手法的运用

《论语》中很多章节都使用了排比的修辞手法，把结构相同或相似、意思密切相关、语气一致的词语或句子成串地排列以达到一种加强语势的效果。排比的使用将句与句之间层层递进的关系表达得十分充分，从而提高了语言的表现力和说服力。本节的选句就使用了排比的手法，通过重复"无礼"一词及相应的句式结构说明"恭""慎""勇""直"做得过分的后果，显得条理清晰，有说服力。下面我们看一下译者是如何在翻译中实现这种效果的。

理雅各采取的仍是直译的方法，并未改变原文句式结构，将"without the rules of propriety"重复了三遍，虽然这样也达到了强调的效果，但是不免有些烦琐。而许渊冲（2005）和吴国珍（2015）将需要强调的部分，即"beyond pro-priety/without the regulating of the rules of propriety"置于句首，不仅起到强调的作用，还免去了重复造成的烦冗。而且，许渊冲在后面的排比句式中用到了连接词"and even"，更加凸显了译文层层递进的效果。韦利（1938）则采用了反复的手法，用两个"not bounded by the prescriptions of ritual"连接前后部分，强调的同时也在一定程度上避免了烦冗。

上述分析说明在翻译中既要保留源语的修辞效果，又要考虑到目标语适应性的问题。

第三节　从礼到仁

春秋时期，礼乐崩坏，社会秩序混乱。孔子因此向往西周初期的井然有序，声称要追随西周的礼乐制度，以恢复秩序，寻求天下的安定。而孔子所推崇的"礼"并不仅仅是将西周时期的"礼"简单地照搬过来，他赋予"礼"新的内核，那就是"仁"。本节主要分析"仁"与"礼"的关系，以及译本中对原文的理解有哪些独到或偏差之处。

一、礼与仁的文化意蕴

[原文]子曰:"人而不仁,如礼何?人而不仁,如乐何?"

(《论语·八佾篇第三》)

[释义]孔子说:"一个人没有仁德,礼对他来说有什么意义呢?一个人没有仁德,音乐对于他来说有什么意义呢?" (吴国珍,2015)

"礼"与"乐"是制度文明,"仁"是人们内心的道德规范。孔子在这一句中指出仁是礼、乐的核心与根本,没有仁德之心的人,对礼与乐的问题也无从谈起。从维护社会秩序的角度来说,"礼"主要有两个方面,一方面是外在的制度,也就是"礼制";另一方面是内在的观念,即"道德"。社会结构稳定依托于礼制。血缘关系有亲疏远近,等级关系应上下分明,各阶层才能和谐相处。

孔子是礼的继承者与改革者。他是一个新旧交替时代的温和改良主义者,他没有全盘否定或是完全抛弃周礼,而是采用了"礼"与"仁"相结合的方法。本来,礼的主要内涵包括两方面,一是区分上下尊卑,使之有区别;二是协调上下尊卑、亲疏远近使之更和谐。前者侧重"分",后者侧重"合",而且后者的核心就是慈爱仁厚之心。

这种"仁"的思想,在孔子以前没有得到足够的认识和使用。如郭沫若(1982)所说:"仁字是春秋时代的新名词,我们在春秋以前的真正古书里面找不出这个字,在金文甲骨文里也找不出这个字。这个字不必是孔子所创造,但他特别强调了它是事实。"孔子说,"仁者爱人",所以"仁"可以简单概括为要对人有爱心,是由血缘而不断向外拓展的爱。在孔子看来,维护社会秩序不能仅依靠等级森严的秩序,还要有温馨的仁爱;不能光靠形式上的礼节,还要有内在的道德意识。

这种从"礼"到"仁"的转变日渐凸显了"仁"作为内心的道德规范对于"礼"的核心作用,也就是突出了"仁"。自此,"仁"就成了"礼""乐"的内在精神,至于"礼""乐",则是内心情感的自然流露,是"仁"的外在表现,也是培养和巩固"仁"的思想的重要途径。这意味着,如果一个人不仁,就失去了做人的根本,即使行礼,也是虚礼,即使奏乐,也是虚荣。这种虚礼虚乐没有敬爱和和谐的实际内容,自然就失去了侍奉神和善待人的作用。

杨伯峻把这句话解读为"做了人,却不仁,怎样来对待礼仪制度呢?做了人,却不仁,怎样来对待音乐呢?",明明是白话文,读起来却有些晦涩,只能判断出大概是批评不仁之人对礼乐态度不恭的意思。而吴国珍(2015)的注释是

"孔子说：'如果说一个人没有仁德，礼对他来说有什么意义呢？如果一个人没有仁德，音乐对他来说有什么意义呢？'"，结合涩泽荣一(2010)的理解，我们就更能明了"礼"与"仁"的意蕴。孔子实际上是在说，不是从本心流出的礼乐，不能起到安定社会、和谐亲友的作用。我们且看译者们是如何理解并翻译这句话的。

二、英译对比探析

本小节主要选取许渊冲(2005)、安乐哲(1998)、吴国珍(2015)和森舸澜(2003)等四位译者的译文进行对比分析。

[原文]子曰："人而不仁，如礼何？人而不仁，如乐何？"

(《论语·八佾篇第三》)

英译一: If a man is not good, said the Master, what is the use for him to perform the rites? If a man is not good, what is the use for him to perform music?

(许渊冲,2005)

英译二: The Master said: "What has a person who is not authoritative (ren 仁) got to do with observing ritual propriety (li 礼)? What has a person who is not authoritative got to do with playing of music (yue 乐)?"　　(安乐哲, 1998)

英译三: The Master said, "If a man is virtueless, what does propriety mean to him? If a man is virtueless, what does music mean to him?"　　(吴国珍,2015)

英译四: The Master said, "A man who is not Good—what has he to do with the ritual? A man who is not Good—what has he to do with music?"

(森舸澜,2003)

(一)"仁"的英译

这句的核心词是"仁"，它本指人与人之间相互友爱、互助、同情等，后来演化为古代一种含义极广的道德范畴，形成了包括孝、悌、忠、礼等内容的伦理思想结构，没有确切的定义，只能根据不同语境理解其内涵。相应地，许渊冲(2005)和森舸澜(2003)选择了英文中一个内涵相当广泛的词，那就是"good"。"good"的英文解释中与人的品质相关的有"morally right；behaving in a way that is morally right/able to do something well/following strictly a set of rules or principles/showing or getting approval or respect/willing to help；showing kindness to other people"，主要是用于形容积极正面的品格。

很显然，在翻译中使用"good"一词给读者留下了很大的余地去品味。在原文中"仁"的内涵比较广泛的情况下，可以将其用目标语言中一个相对应的词替代,这个词对目标语言读者的影响和原文中的表述一致。

安乐哲(1998)把"仁"翻译为"authoritative",意为"showing that you expect people to obey and respect/that you can trust and respect as true correct",回译为"命令式的,专断的,有权威的",这个解释似乎与"仁爱"的意思相去甚远。但这种理解方式并非独一无二,另一位译者森舸澜(2003)持有类似的观点:"Although it serves as a general statement concerning the relationship of internal disposition to Confucian practice (cf. 3.12 and 17.11), this comment is probably more specifically directed at the head of the Ji Family and the other leading families of Lu criticized in 3.1 and 3.2."。这句话出现在谴责季氏三家的前二章之后,故安乐哲(1998)将"不仁"理解为统治者"不能使人信服,没有权威"也有一定的道理。

吴国珍(2015)译为"virtueless",是从道德层面去理解"仁",因为"virtue"的意思是"behavior or attitudes that show high moral standards/a particular good quality or habit",指"道德高尚,品行正直"。他和安乐哲一样,都是以精确的语言来译原文的模糊语言,这种译法虽有可取之处,但它缩小了原文"仁"的语义,把"仁"这个含有多种意义的文化概念局限于某一种特定的理解。

(二)"礼"和"乐"的英译

另外两个特有的文化概念词是"礼"和"乐"。从词的本身意义来讲,几位译者在"乐"的翻译上没有差别,"礼"则被分别译为"the rites/ritual propriety (li 礼)/propriety/the ritual",大致都是围绕"礼仪法度"这个理解来翻译的。不同的是,安乐哲在其后补充了"礼"这个文化专有名词在源语中的形式和拼音。译者出于对这类词翻译语义不够完善的考虑,直接在后面补充它的原文形式,或单独注释讨论,方便读者进一步查询或探析,这种译法叫注释法,也是译者在译含有文化名词的文本时经常会用到的方法。另外,从搭配角度来讲,吴国珍(2015)和森舸澜(2003)分别将"礼""乐"直译为"propriety/the ritual"和"music",而许渊冲和安乐哲都采用了增译法,在"礼"和"乐"前面加上了动词,构成"perform the rites/perform music"和"observing ritual propriety/playing of music",这样使得句意更加完整。

(三)句式的选择

从四位译者的译文句式结构上来看,中英文在语言结构方面存在一些差别。汉语句式结构多线型流动,形式零散,结构上无焦点,这一点在《论语》这样的语录体散文集中尤为突出。而"英文句法结构逻辑严密,组句规范,层次分明"。"在句法形态上,汉语句式以分句平行铺排为主,较之于英语,语气连贯但显得较为松散,缺乏显性语义标记;英语则多以动词为焦点,以 SV 结构为主干构成全句中心,全句围绕这一 SV 中心结构进行空间搭架,显得结构严谨。"(赵雪莲,2010)以此来划分,我们选取的译文可分为两类:许渊冲、吴国珍保留了原文短句并排的句式,并按原文顺序进行翻译,以条件状语从句或定语从句引出讨论的先决条件,即"人而不仁",读者一看就很容易明了该句强调的要点,再加上原文并不长,所以译文读起来不会让人感到逻辑复杂;安乐哲则采用了英文紧密的句式结构,这是他作为以目标语为母语的学者的考量,也许比较适合英语读者的阅读习惯,但长长的一串读起来不是那么朗朗上口,并不适用于《论语》这类富有韵律美的古籍,所以在翻译时还要考虑到原文语言风格。

每课一句

君子有三畏:畏天命,畏大人,畏圣人之言。(《论语·季氏篇第十六》)

A man of virtue holds these three in awe:destiny,the superior and the words of sages.(吴国珍,2015)

每课阅读与思考

请阅读以下论文,并回答思考题。

论文 1

——钱亚旭,纪墨芳,2013.《论语》英译之差异的定量研究——以威利英译本和安乐哲、罗思文英译本中的"仁"为例[J]. 山西大学学报(哲学社会科学版),(2):83-87.

论文 2

——杨平,2008.《论语》核心概念"仁"的英译分析[J]. 外语与外语教学,(2):61-63.

思考题

1. 结合本课第三节"从礼到仁",阅读论文 1,思考仁与礼的关系是什么,如何在英译中体现该关系。

2. 仔细阅读论文 2 中 9 个"仁"的英译版本,思考各版译文有哪些不同及其原因是什么。

参考文献

［1］ 樊宁，王瑞钢，2019.《论语·泰伯》"绞"字解诂［J］.常熟理工学院学报，（3）：97-102.

［2］ 葛兆光，2002.中国经典十种［M］.上海：上海书店出版社.

［3］ 郭沫若，1982.郭沫若合集［M］.北京：人民出版社.

［4］ 霍恩比，A. S. 2018.牛津高阶英汉双解词典［M］.9 版.北京：商务印书馆.

［5］ 蔺文锐，2003.孔子与瞽者［J］.孔子研究，（1）：110-113.

［6］ 英国柯林斯公司，2008. 柯林斯高阶英汉双解词典［M］.北京：商务印书馆.

［7］ 钱亚旭，纪墨芳，2013.《论语》英译之差异的定量研究：以威利英译本和安乐哲、罗思文英译本中的"仁"为例［J］.山西大学学报（哲学社会科学版），（2）：83-87.

［8］ 涩泽荣一，2010. 日本人读《论语》［M］.北京：中国工人出版社.

［9］ 王琪，2018.汉字文化教程［M］.北京：商务印书馆.

［10］ 吴国珍，2015.《论语》最新英文全译全注本［M］.2 版.福州：福建教育出版社.

［11］ 谢谦，2018.国学词典［M］.成都：四川辞书出版社.

［12］ 许慎，2013.说文解字［M］.北京：中华书局.

［13］ 许渊冲，2005.汉英对照论语［M］.北京：高等教育出版社.

［14］ 杨伯峻，1980.论语译注［M］.2 版.北京：中华书局.

［15］ 杨平，2008.《论语》核心概念"仁"的英译分析［J］.外语与外语教学，（2）：61-63.

［16］ 赵慧娟，2018.《论语》文学性研究［D］.银川：北方民族大学.

［17］ 赵雪莲，2010. 从英汉句式结构差异看汉语四字排比结构的英译处理：从《与宋元思书》的英译说开去［J］.中国商界，（11）：273-274.

［18］ 邹昌林，2000.中国礼文化［M］.北京：社会科学文献出版社.

［19］ Ames, R. T.（安乐哲）. 1998. *The Analects of Confucius*［M］. New York：Ballantine Books.

［20］ Legge, J.（理雅各）. 1971. *Confucius：Confucian Analects, the Great Learning and the Doctrine of the Mean*［M］. London：Dover Publications.

［21］ Slingerland，E.（爱德华·森舸澜）. 2003. *Confucius Analects*［M］. Cambridge：Hackett Publishing Company.

［22］ Waley，A.（亚瑟·韦利）. 1938. *The Analects of Confucius*［M］. London：George Allen & Unwin Ltd.

第五课 小结

外国译者和本国译者在翻译中国典籍时均有各自的优势和不足：外国译者掌握丰富的母语词汇，有着天然的表达优势，但他们对汉文化的了解总有一些盲区，影响了他们对原文的理解；本国译者大多精通古汉语和本国语言文化，查阅古籍文献也更便利，但是所掌握的外语语汇毕竟不如外国译者。如果在典籍翻译中两者能够进行合作，实现优势互补，无疑能够使典籍翻译的质量大为提高。

第一节 文化差异对英译的影响

《论语》微言大义，每一句短短的叙述都凝结着中国古代文化的精髓，翻译时不可不细加体察，字斟句酌。进行典籍外译时，需要充分考虑到中外文化差异，多站在目标语读者的角度去感受阅读体验和交际效果，才能使文化的传播更有效。

一、文化背景差异

《论语》英译折射出中英文化背景差异对翻译的影响。在汉语文化典籍外译过程中，对此问题的关注尤为重要。研究探讨不同译者的译本，可以对今后的典籍外译有所启发。

（一）射礼文化

虽然箭术之道不分国界，但射礼却是中国古代礼乐文化的产物，它不是普通的体育竞技活动，而是被赋予了丰富政治和文化内涵的活动。中国古代的射礼有着隆重而严谨的仪节规程，这也是西方射箭比赛所不具备的。因而西方译者在翻译时不免要多查阅一些古籍资料、多一些考证；否则，对一些细节，仅凭本土经验和想象，难免导致翻译不到位甚至误译的情况。当然，即便是本国译者,在翻译时同样需要多方查证。毕竟射礼文化在当代几近绝迹,译者只能从古籍中重温其文化魅力。但是,身在本国,所能获取的资料终究要丰富一些。

例如,在"射礼"一节中,"揖让而升,下而饮"中的"升"的英译涉及对中国古代射礼文化背景的理解。"升"字的后面其实省略了"比赛的场地"等信息,翻译时需要补上才完整。说到射箭比赛,大多数人想到的场地应该是在露天开阔的运动场上,或者草坪上。但中国古代射礼进行的场所有固定的安排,射位是设在"堂"(大厅,殿堂)上,箭靶则设在堂正南方三十丈远之处,射手和箭靶不是像现代比赛那样处于同一空间区域。因此,有的译者译为"archery-ground",有的译为"archery range",都是依靠现代常识,与中国古代的实际情形并不相符。

(二)饮酒文化

中外文化背景的差异也体现在饮酒文化上,包括所饮酒的不同、饮酒方式的不同等方面。

例如,同样在"射礼"中,"揖让而升,下而饮"中的"饮"字。若简单处理,直译为"drink",便缺乏有关细节。若要提高翻译的效果,让译文读者更进一步了解射礼,并领会饮酒这一环节在射礼中的意义,从而领会君子之风,那就要进一步增补译词,完善细节。据《仪礼·乡射礼》记载,射礼中的饮酒部分包括两个方面:一是比赛中的负方射手要喝罚酒,二是比赛结束后集体宴饮。原文的"饮"既可能指前者,也可能指后者。韦利译为"the subsequent drinking-bout",即"随后的酒宴",沃森译为"the wine drinking at the end",都是指后一种;但也有其他译者译为"forfeit of drinking""penalty cup"等。如何取舍,见仁见智。值得一提的是,"wine"指的是果酒,而中国古人饮用的多为粮食酿造的酒,这就是译者把本土文化移植到译文中的归化现象。

再如,在"恭而无礼"中,我们体会到对"恭而无礼则劳"的原文、译文的分析,包括琢磨译者为何这样翻译,能够帮助我们对原文有更加准确的理解,使我们更加透彻地理解礼的作用以及"无礼"的内涵。对于"礼多人不怪"这句话也可以有新的认识,就像餐桌上的"劝酒文化",劝得过分了就会"礼多人也怪"。

(三)谦让文化

中国古代文献中的"争",负面意义居多,往往与"乱"并联出现。物质利益之争,容易产生"乱",破坏社会秩序。与"争"相对的是"让"。"让"是中国传统文化的优良品质,尧舜禹的禅让、孔融让梨等都被传为佳话。儒家经典《礼记》

有"尚辞让,去争夺""君子尊让则不争",《荀子》有"争之则失,让之则至"。因此中国传统文化提倡谦让,反对竞争,这才有"君子无所争"的说法。但是西方文化对"争"有着截然不同的认识,他们不回避竞争;"争"源自人的动物性本能,是人类生存发展的需要,也是个人能力的体现,即使不是积极的意义,至少也没有负面色彩。

当然,任何社会都存在人因为一己私利而过度竞争、引发恶劣后果的情形,这是共性。因此在翻译"争"这个概念时应着重突出其负面因素。不同译者采用各种与"争"相关的近义词汇,但能贴近原文意义的并不多。此外,英语中有"谦虚"(modest)"谦卑"(humble),唯独没有"谦让"。在缺少对应词的情况下,译者基本上是采用如"让路""尊敬"等能够表达相似含义的他义词来代替。

二、文化意象差异

下面我们将提取前文分析中比较具有代表性的文化意象进行阐释。

(一)"拱手"意象

中西方见面行礼的方式不同,中国古代盛行拱手礼,而在西方诸国握手者有之,拥抱者有之,招手者有之……因无法完全对应,只能找相近者代替,传达出"礼敬"之意,至少让目标语读者阅读时能获得与源语读者大致相当的感受,但如此一来目标语读者也就无法领略原汁原味的中国传统文化了。

(二)"君子"意象

中国有"君子",西方有"绅士",尽管二者不乏相似之处,其内涵仍有不小差异,因此翻译时能否直接套用,还要视语境而定。如本单元第四课第二节讨论的"恭而无礼"中,"君子笃于亲,则民兴于仁;故旧不遗,则民不偷。"在这样的语境中,将"君子"译为"gentleman"就不够贴切,因为此句尤为强调君子的道德底蕴,这恰恰是西方"绅士"概念所不具备的。

(三)"《关雎》"意象

《关雎》是《诗经》开篇第一首,描写男子对女子的追求,所传达的情感是遇见心上人的喜悦和思而不得的伤感,是人类欲望和感情的自然流露。无论如何翻译"《关雎》",译者都需要在不影响译文长度的情况下,增加注释说明《关雎》的出处地位,即"丰厚翻译",指翻译时强调注释、评论等手段,让原文所存在的文化语境得以再现,作者的思想精髓能够更丰富全面地还原(张德福,2017)。

第二节　英译策略及评析

本节主要从英译策略赏析和英译策略评析两个方面探讨。

一、英译策略赏析

由于《论语》中含有多个中国古代独有的文化现象和意象,加上古汉语和现当代英语在语言特点和形式上存在巨大差异,严格的直译几乎难以实现。在本单元关于礼仪文化的英译中,几位译者采用了增译、意译、归化等策略,以下举例说明。

（一）增译

在英译过程中,译者不仅要准确地传达原文的意思,还要追求语言的美感,即因句子排列和长短产生的语言效果。汉语因为词义丰富,词性多变,通常言简意赅,尤其是古汉语,寥寥数字就能传达许多信息,而英文则不然。在中译英的过程中,尤其是古汉语译成英文时,译者不仅要翻译出原文的含义,还需要尽力做到简明扼要,还原句子古朴简洁的美感。这时就需要寻找合适的翻译技巧,比如增译等来达到与原文同样的语言效果。

在翻译"礼,与其奢也,宁俭"中的"礼"时,译者大都采用了增译法。理雅各(1971)翻译为"in festive ceremonies",意为"在喜庆的典礼上",与后面的丧礼相对,试图通过增译使译文语义更具体、清楚。但是按照"原文有其意,但无其词,译文宜增补;增词不增意"(连淑能,2006)的原则,理雅各(1971)的增译有误译之嫌。虽然后文提到了丧礼,前文也未必就是指"喜庆的典礼",也可以包括丧礼这样的场合,因为丧礼也当宁俭毋奢。韦利(1938)翻译为"in ritual",指"在各种典礼仪式上",并在翻译后面的丧礼时前面增加了"in the particular case of",表明丧礼是前面泛指的礼仪中一个特定仪式。许渊冲(2005)翻译为"in ritual performance",意为"在礼仪的执行中"。吴国珍(2015)翻译为"when holding a ceremony",意为"举行仪式时"。这三位译者的方法都是在目标语语法规则的框架下进行了增译,但没有超出原文的意思。

（二）意译

在翻译富含文化负载词的古文,尤其是《论语》这类经典作品时,译者必须时刻保持警惕,明确翻译目的是向不了解中国文化的外国人传达字里行间的文化内涵;抱着这样的心态理解原文时,就不仅要看字面意思,更需要明白文字背后的思想内涵,这才是翻译的核心。不要轻易简化难以解释的部分,而应采用意译等方式来解释清楚。在寻找恰当的翻译技巧时,译者需要灵活地发挥两种语言的优势,使得译文实现更好的表现效果。

例如,针对"必也射乎"这句带有推测意味的省略句,两位外国译者韦利(1938)和沃森(2007)均采用了意译的方法。如前所述,韦利巧妙地以回应假想的反驳的方式呈现译文;沃森(2007)则以插入语"诚然"作为引导表示让步,结合下句"But even ...",形成先让步后强调的句式。二者均通过意译的方式呈现对原文的理解,对原文文意进行补充。

(三)归化

英译中往往涉及译者把本土文化移植到译文中的归化现象。在"君子无所争。必也射乎!揖让而升,下而饮。其争也君子"的翻译中,典型的归化译法诸如将"君子"译为"gentleman"、将"揖"译为"bow"、将"揖让"的"让"译为"deference"(尊重),这都是将中国古代独有的文化现象译成英语读者所熟知的母语文化中的概念。此种译法的优势在于使译文更为自然流畅易读,但也存在某种程度的缺陷,即目标语读者无法领略源语文化。

二、英译策略评析

《论语》作为我国先秦时期的儒家哲学经典著作,作为一部语录体散文集,属于文化典籍,在对外翻译中,最重要的是准确传达原文的思想文化内涵,其次是尽可能地保留原文的文学艺术性。在传达原文深刻的思想内涵方面,本国译者似乎更具优势,这是由于本国学者深谙古汉语和中国古代文化。以本单元第一课"林放问礼"为例,通过分析我们可以看到,两位外国译者(里雅各、韦利)虽然都是西方知名汉学家,对中国文化有着浓厚的兴趣,也曾对其进行深耕,但毕竟中西方文化不同根,其中一位译者甚至未曾到过中国,而且,在其所处的时代,能参考的文献资料极为有限,因此易产生理解上的偏差,其中韦利译本的这个问题较为突出。

尽管中外学者对翻译的标准有不同的提法,但使译文忠实于原文和清晰流畅几乎是所有译者的共识。以忠实而论,理雅各、许渊冲和吴国珍的译文基本忠实于原文,而韦利的译文则存在局部误译的情况。在风格上,两位中国译者(许渊冲、吴国珍)的译文显得更为简洁,而两位外国译者(里雅各、韦利)的译文显得更为古雅。这可能与译者所处的时代不同有关,毕竟语言的风格总是随着时代而变迁,这也是重译典籍的意义所在。就译文的清晰流畅程度而言,由于原文句式简单,并无艰深晦涩之处,因此各译文也都较为流畅,可读性强。

　　译者对原文的理解影响了其英译策略的选择和译文的呈现方式,面向的群体也在很大程度上左右着译文的风格。因此在处理中国古代典籍外译的问题上,译者应该细致查阅相关文献,明确原文含义,并考虑到面向的读者,或直译加注释,或力求简洁易懂,选择适合的翻译策略和方式,才能在典籍外译的过程中起到宣传中华优秀传统文化的作用。遇到在汉语理解方面有争议的古文时,译者第一件事是正确地理解原文的含义。这需要追根溯源,寻找字义最初的理解,必要时需要结合句子所处的文化语境。

　　此外,译者不仅需要着眼于一个句子,还需要总结原文作者对相同事物的整体看法,然后再返回本句,确定这句话在语境中的准确含义。只有保证汉语理解不出差错,才能用英语准确表达原作者的观点态度,否则很容易"失之毫厘,差之千里"。许渊冲(2005)认为,"好的翻译要注重中西语言文化的融通和互鉴,译文应该表达出两种语言中的优势部分"。古汉语简明扼要,原文语言优势要多于译文的情况下,译者就需要发挥原文的语言优势,忠实于原文的形式和内容。

　　综上,本节总结三个要点:第一,全面深入理解原文含义是翻译的基础。中国经典著作的文化语境往往比较复杂,译者需要下功夫了解把握国内以往学者的评注,再开始尝试翻译。第二,典籍外译的阅读人群大多是没有中国文化基础的普通读者。在这种情况下,译者可以多多运用"丰厚翻译"思想,采用注释评论和增译等手段,力求展现原文的文化语境。第三,关于古文的语言形式。由于古代汉语"一词多义"的先天优势,句子大多对仗整齐、词微意丰。译者需要在翻译时有所取舍,让英文尽量简洁或者是有并列平衡的美感。

 每课一句

　　知之者不如好之者,好之者不如乐之者。(《论语·雍也篇第六》)

　　It is better to love knowledge than just to know about it ; it is even better to find fun out of knowledge than just to love it.(吴国珍,2015)

　　📖 每课阅读与思考

　　请阅读以下论文,并回答思考题。

论文

——刘白玉,扈珺,刘夏青,2011. 中国传统文化元素翻译策略探讨——以《论语》核心词"仁"英译为例[J]. 山东外语教学,(1):96-100.

思考题

1. 不同《论语》译本对"仁"的英译有所不同,其中的发展与变迁脉络是什么?

2. 在中国式现代化视域下,"仁"的英译还有哪些可遵循的原则、可探索的策略与方法?

参考文献

[1] 郭沫若,1982.郭沫若全集[M].北京:人民出版社.

[2] 连淑能.2006.英译汉教程[M].北京:高等教育出版社.

[3] 刘白玉,扈珺,刘夏青,2011. 中国传统文化元素翻译策略探讨:以《论语》核心词"仁"英译为例[J]. 山东外语教学,(1):96-100.

[4] 纽马克,2001.翻译问题探讨[M].上海:上海外语教育出版社.

[5] 吴国珍,2015.《论语》最新英文全译全注本[M]. 2版.福州:福建教育出版社.

[6] 许渊冲,2005.汉英对照论语[M].北京:高等教育出版社.

[7] 张波,姚颂平,2018."以德引争":中国古代体育竞赛的秩序关怀及其当代价值:以射礼为例[J].成都体育学院学报,(5):60-65.

[8] 张德福,2017.森舸澜《论语》英译本的"丰厚翻译"[J].外语学刊,(5):111-116.

[9] Legge, J.(理雅各). 1971. *Confucius:Confucian Analects,the Great Learning and the Doctrine of the Mean*[M]. London:Dover Publications.

[10] Waley,A.(亚瑟·韦利).1938. *The Analects of Confucius*[M]. London:George Allen & Unwin Ltd.

[11] Watson,B.(伯顿·沃森).2007. *The Analects of Confucius*[M]. Columbia:Columbia University Press.

第三单元

祭祀文化

  祭祀,是古人对天地神祇和祖宗的礼拜,是统治阶级通过天、地、神明、祖先寻求权力的不二途径。祭祀之礼繁杂多样。本单元第一课介绍了祭祀所体现的阶级性,包括祖祭、神祭和禘祭;第二课阐释了祭祀的规范性,包含祭鬼、丧祭和告朔;第三课重点分析了古人对祭祀的态度,囊括虔心、敬而远和真心;第四课从社会教化、治国理政和人文教化三方面展示了祭祀的重要性;第五课基于前四课的具体英译分析总结了译者背景和目的对英译过程的影响,并进行了英译策略评析。

第一课　祭祀的阶级性

讲到"礼"，不得不提到祭祀。《礼记·礼运》称，"夫礼，必本于天，肴于地，列于鬼神"。到了商代晚期，祭祀礼逐渐走向制度化，在典礼仪式方面有了较为成熟的表现。阶级性是祭祀礼仪的一个重要特征。祖祭、神祭和禘祭均体现了祭祀的阶级性。

第一节　祖祭

本节选取了《论语》有关祖祭的内容，从多个层面探讨和辨析语言文字层面的内在因素和历史文化背景等外在因素对译者理解原文和再现原文的影响。

一、祖祭的文化内涵

[原文]三家者以《雍》彻。子曰："'相维辟公，天子穆穆'，奚取于三家之堂？"

（《论语·八佾篇第三》）

[释义]三家以《雍》这首乐曲来结束自己的祭祖仪式。孔子说："（《雍》里说）'助祭的是诸侯，天子严肃静穆地在那里主祭。'这一幕怎能出现在三家的庙堂里呢？"

（吴国珍，2015）

上句中讲述的是春秋时期鲁国"三桓"联合执政争权夺利，在祖祭仪式中做出了有违礼制与身份的事情，结果招致灭亡。因为上行下效，执政者的行为会招致后来者对之施以同样的无礼行为。许多朝代的更迭皆是如此。这便体现了祖祭阶级性与礼制的重要。

在古代，统治阶级祭祀天地，百姓祭祀先祖，各有其阶级礼制。在孔子看来，统治阶级祭祀天地是统治阶级祈求得到"君权天授"的背书，向百姓彰显其有着"以德配天"的合法统治地位，而百姓祭祀先祖，是孝道的表现与延续。孔子认为,一个人在家孝敬父亲、尊重兄长,在外就不会违逆上级、不会谋反犯上。

于整个社会形态来说,任何时期都要有共同遵守的秩序、规范和礼仪,这些秩序和礼仪规范甚至需要有一定的阶级性与强制性,才能使得社会发展处于规制与稳定之中。

二、英译对比探析

本小节主要选取理雅各(1971)和辜鸿铭(2011)两位译者的译文进行对比分析。

[原文]三家者以《雍》彻。子曰:"'相维辟公,天子穆穆',奚取于三家之堂?"

(《论语·八佾篇第三》)

英译一: The three families used the YUNG ode, while the vessels were being removed, at the conclusion of the sacrifice. The Master said, "'Assisting are the princes;—the son of heaven looks profound and grave';—what application can these words have in the hall of the three families?"　　　　(理雅各,1971)

英译二: The members of the same powerful family mentioned above concluded the service in their chapel by chanting the hymn used only on occasions of imperial worship. Confucius remarked on it, saying: "The words of the hymn begin—

Surrounded by his nobles and princes,

August the Son of Heaven looks;

Now what is there in the chapel of this noble family to which those words of the hymn can be applied?"　　　　(辜鸿铭,2011)

(一)"《雍》"的英译

"《雍》"为《诗经·周颂》中的一篇,是古天子祭祀宗庙毕撤俎豆时所奏的乐章,亦是撤膳时所奏的乐歌(杨伯峻,1980)。理雅各(1971)将《雍》译成"YUNG ode"。"ode"表示"颂歌",即赞美祝颂的诗歌,与祭祀的氛围不相符。此外,理雅各(1971)在第一句中增译了"while the vessels were being removed"来说明在祭祀过程中什么时候会用到《雍》这首乐歌。辜鸿铭(2011)则采取归化的策略,用"hymn"一词指祭祀的乐曲。

(二)"诸侯"和"天子"的英译

"诸侯"是古代分封制中各封地的最高统治者的统称。对于"诸侯"的英译,理雅各(1971)译为"princes",辜鸿铭(2011)译为"nobles and princes"。"prince"的释义之一为"a male monarch of a small state, actually, nominally, or originally subject to a king or emperor"。因此,辜鸿铭(2011)译文中的 "nobles"应删去,将"诸侯"译为"prince"即可。

对于"天子"的英译,两位译者均译为"the son of heaven"。中西文化不同,"the son of heaven"对应《圣经》中"天父的儿子",与《论语》中的"天子"并不能完全对应。倘若直接译为"emperor",正好可与前文的"诸侯"相对应。

(三)"庙堂"的英译

"庙堂"指太庙的明堂,是古代帝王祭祀、议事的地方。理雅各(1971)将"庙堂"译为"hall",不够准确。"hall"的词义太过宽泛,不能准确对应"庙堂"这一与中国祭祀文化相关的专有名词,也让《论语》中传达的具有中国特色的祭祀文化尽失。辜鸿铭(2011)采取了归化策略,将"庙堂"译为"chapel"(教堂),运用西方宗教文化中的术语来解释或替代"庙堂"这一具有中国特色的文化专有名词,虽然充分考量了西方读者的文化背景,但在语义上并不完全对等。

(四)句式的选择

下面对比两个译文中"三家者以《雍》彻"的句式。原文意义为"用……来结束"。"用"和"结束"这两个动词之间具有逻辑关联。理雅各(1971)将"用"和"结束"分别译为"used"和"at the conclusion of the sacrifice"。但是,名词结构"at the conclusion of the sacrifice"无法体现"used"的目的,将原文中的逻辑关联弱化了。辜鸿铭(2011)使用了"conclude…by"的典型英文结构,更符合英文表达习惯;同时,该句式结构将"结束祭祀礼仪"置于"by"之前,引出"吟唱"这个动作,让读者明白吟唱是为祭祀服务的,使得句式结构比较紧凑,逻辑更为清晰。

值得注意的是,《雍》是一首乐曲,孔子说话时引用了《雍》的内容,即"相维辟公,天子穆穆(助祭的是诸侯,天子严肃静穆地在那里主祭)"。辜鸿铭(2011)也将引用的内容译成了乐曲的形式,采取诗歌等特有的倒装句式,并押韵,使得西方读者对于《雍》会有一个更好的了解。

对于"奚取于三家之堂?"的英译,根据原文和吴国珍(2015)的汉释,最后一句是反问句。理雅各(1971)相应地译为反问句,大意为:"在三家的庙堂里,这些话有什么样的作用呢?"但这与原文意思大相径庭。辜鸿铭(2011)译文中的反问语气并不明显也并不强烈,且该句较为冗长,不方便读者阅读。对于这一句的翻译,译者务必与原文一致,将反问句句式译出,而且需要准确地传达原文的意思。

第二节　神祭

本节选取了《论语》中有关神祭的内容。从神祭的内涵阐释出发，通过具体的译例对比分析，探究实现更好英译的策略。

一、神祭的文化内涵

[原文]季氏旅于泰山。子谓冉有曰："女弗能救与？"对曰："不能。"子曰："呜呼！曾谓泰山不如林放乎？"　　　　　　（《论语·八佾篇第三》）

[释义]季孙氏去祭祀泰山。孔子对冉有说："你难道不能劝阻他吗？"冉有说："不能。"孔子说："唉！难道说泰山神还不如林放知礼吗？"（吴国珍，2015）

在这里，孔子抨击了季孙氏僭越礼制的行为。与前文所谈及的祖祭相同，神祭也有着其阶级性。在古代，祭祀泰山是天子和诸侯的礼规。季孙氏是鲁国的大夫，违背礼制，祭祀泰山，却没有思考过神知礼且是礼制的最高阶层，必定不会接受他这样的无礼行为。

《礼记·祭统》说："凡治人之道，莫急于礼。礼有五经，莫重于祭。"祭祀，是古人对天地神祇和祖宗的礼拜，是统治阶级通过天、地、神明、祖先寻求权力背书的不二途径。神有天神地祇，祭神是对天地神祇的敬畏。

儒家对神持理性态度。祭祀是跟神交流的活动，孔子并不迷信神，而是更多地从社会功能来看待这个问题。他说过："祭如在，祭神如神在。"在他看来，人们应当严格遵守神祭的礼制。

二、英译对比探析

本小节主要选取理雅各（1971）和辜鸿铭（2011）两位译者的译文进行对比分析。

[原文]季氏旅于泰山。子谓冉有曰："女弗能救与？"对曰："不能。"子曰："呜呼！曾谓泰山不如林放乎？"　　　　　　（《论语·八佾篇第三》）

英译一：The chief of the Chi family was about to sacrifice to the T'ai mountain. The Master said to Zan Yu, "Can you not save him from this?" He answered, "I cannot." Confucius said, "Alas! Will you say that the T'ai mountain is not so discerning as Lin Fang?"　　　　　　（理雅各，1971）

英译二：The head of the powerful family of nobles mentioned in section 1 of this chapter was going to offer sacrifice on the top of the Great T'ai Mountain [an imperial prerogative]. Confucius then said to a disciple who was in the service of the noble, "Can you not do anything to save him from this?" "No," replied the disciple, "I cannot." "Ah, then," answered Confucius, "it is useless to say anything more. But really, do you think that the Spirit of the Great Mountain is not as Linfang?"

(辜鸿铭,2011)

（一）"旅"的英译

"旅于泰山"曾被误读为"旅行去泰山"，于是存在误译"The head of the Ji family is setting out on a journey to Mount Tai to offer sacrifices"。在古汉语中，"旅"作为动词使用时，可表示"陈列祭品祭祀"之意。如《周礼·春官·大宗伯》中"国有大故，则旅上帝及四望"，意为"国家有凶灾，就旅祭上帝和望祀四方名川大山"。因此，"旅"为"祭祀山川"之意。译者首先要正确理解"旅"的真正含义，才不致错译误译。理雅各（1971）和辜鸿铭（2011）都正确理解了"旅"的意思，并未误读。

（二）"救"的英译

理雅各（1971）和辜鸿铭（2011）的译文都存在误译，将"救"理解为"救助"之意，译为"save...from"。若理解为"救助"之意，则与前后文内容毫无逻辑关联，无法讲通。这句话中的"救"实则是"制止，阻止，劝阻"的意思。可见，有些普通词汇在某些文本类型或特定的语境下呈现不常见的意义，译者必须做好译前准备，认真查询，绝不可凭思维定式自行理解。

（三）"季氏"的英译

春秋晚期，鲁国政权落入"三桓"手中，而"三桓"中，尤以季孙氏势力最为强盛。孔子辅佐过季孙氏家族中的三代人。季桓子死后，其儿子季康子接班主政鲁国，他为让孔子再回鲁国，先提拔冉求（即冉有）做家臣，随后让冉求请回孔子。该例句中出现了冉有这个人物，可以断定这里的"季氏"就是指"季康子"。翻译时译者应该明确指出这一点，才能让读者清楚事件的来龙去脉和其中的人物关系。

理雅各（1971）将这里的"季氏"理解成了"季孙氏之首"，译为"the chief of Chi family"。"Chi family"中的"Chi"应该是采用了威妥玛式拼音法，这种音译法会让大部分外国读者甚至很多国内读者无法理解其真正含义。辜鸿铭（2011）将"季氏"理解为"有权势的贵族家庭之首"，将其译为"the head of the powerful family of nobles"，没有直接将"季氏"译出，而是用解释性文字替代，比较有特色，而且说明了这里的"季氏"就是本章第一部分出现的"季氏"，这样便显得上下文具有连贯性,读者阅读时也不易混淆;不足之处在于弱化了"季氏"作为中国文化特色名词的色彩,从而使译文在风格上没能和原文对等。

（四）"呜呼"的英译

对于"呜呼"一词,理雅各(1971)译为"alas",很准确地对应了英文中的感叹词,意为"唉(表悲伤、遗憾、恐惧、关切等等)",比较地道,也传达了话语语气,保留了原文的语体风格,使得孔子与弟子谈话的画面呈现在读者眼前。辜鸿铭(2011)将其译为"ah",后面增译了"it is useless to say anything more",进一步解释了孔子发出这个语气词的原因和表达的意思。但是"ah"意为"啊(表惊奇、高兴、赞赏、同意或不同意)"。辜译实际上并没有做到原文与译文在内容上的对等,读者看到"ah"这个词起初可能会以为孔子接下来要赞叹什么,而实际上孔子在这里是唉声叹气,表示无奈。可见,翻译时,一个小小的语气词也不容忽视。

（五）"冉有"的英译

对于"冉有"的翻译,理雅各(1971)译为"Zan Yu",后面的"Yu"采用了威妥玛式拼音法,而辜鸿铭(2011)译为"disciple"。"disciple"表达"门徒或弟子"之意,可以使外国读者很快就明白冉有是孔子的门徒。可以说,辜鸿铭(2011)的归化策略运用到位。但是,孔门七十二贤性格不一,各有特色和专长,如在德行方面表现突出的有颜渊、仲弓等;在语言方面表现突出的有宰我、子贡等;处理政事能力较强的有冉有、子路等。辜鸿铭将他们泛化译为"disciple",读者很难对他们进行区分,容易混淆不同人物。

（六）"泰山"的英译

原文中的"泰山"是指"泰山之神",理雅各(1971)将其译为"the T'ai mountain",即"泰山"。但是,"泰山"是一座山,怎么会知礼或不知礼呢?又怎么能和林放相比呢?这显然不准确。辜鸿铭(2011)充分理解到了"泰山"的意思,将其译为"the Spirit of the Great Mountain","神"对应"Spirit"。但是,"泰山"被泛化成了"the Great Mountain"。虽然其后添加了注释"an imperial prerogative",但仍弱化了中国地点专有名词的专有性,让外国读者无法理解为什么要选择泰山进行祭祀,不如将其译为英文中对应的"god",西方读者一读便知是"神"的意思。

（七）"泰山不如林放"的英译

理雅各(1971)译为"the T'ai mountain is not so discerning as Lin Fang",增译了原文没有的"discerning",间接说明了林放是怎样一个人。辜鸿铭(2011)的译文中没有出现任何形容词,读者便无法知晓林放是怎样一个人且孔子为什么要在这里比较泰山之神和林放,以及孔子这样做比较是想传达什么样的思想。因此,辜鸿铭(2011)应加注解释林放是什么样的人,使读者知晓孔子在这里做比较的用意。同时,应当将"知礼"译出来,不妨译为"does the god of the Tai Mountain cannot rival Lin Fang in terms of knowing about the rules of propriety?"。

对于该句句式,理雅各(1971)用"will you say that…?",辜鸿铭(2011)用"do you think that…?",都没能传达原文的反问语气,也不能体现孔子的批判态度。

另外,辜鸿铭(2011)对"林放"的翻译并不符合现在的人名翻译规则。目前通行的做法是,中文名字翻译成英文时,要按照汉语拼音来书写,姓和名的首字母要大写,其中,名字的拼音写在一起。所以,应将连字符去掉,再将"放"这个字的拼音的首字母大写,即"Lin Fang"。

第三节　禘祭

本节选取了《论语》中有关禘祭的内容。"禘",即禘礼,指古代一种极为隆重的大祭之礼,只有天子才能举行,体现了禘祭的阶级性。本节将从禘祭的文化内涵出发,进行多层面分析,探究如何实现对等英译。

一、禘祭的文化内涵

祭祀分为不同的等级,其中"禘"属最高级别。"或问禘之说。子曰:'不知也。知其说者之于天下也,其如示诸斯乎!'指其掌。"(《论语·八佾篇第三》)当被问及祭祀的重要性时,孔子对此不做具体的回答,而是指着他的手掌说,真正懂禘礼的人,治理天下就会像把东西放在手掌上展示出来那么容易。这强调了禘礼对于治理国家的极大作用。从这个角度来看,祭祀不仅仅是一种宗教行为,也是一种政治活动。鲁国国君违背礼制的行为将破坏社会等级秩序,不利于社会的稳定和政权的巩固,将危及统治。孔子对此严厉批评,表达强烈的不满,也从侧面体现了孔子对周礼是非常崇尚的。

[原文]子曰:"禘自既灌而往者,吾不欲观之矣。"(《论语·八佾篇第三》)

[释义]孔子说:"对于行禘礼的仪式,从第一次献酒完成后,我就不愿意再看下去了。"

(吴国珍,2015)

对于该句的理解,学者们存在分歧。孔子这句话的背景为:周公有辅佐周成王的功劳,成王特赐以禘祭之礼,故周公封地的鲁国历代国君可举行禘祭,即以周公配天进行祭祀。但是,为什么在第一次献酒后,孔子就不愿再看下去了呢?

杨伯峻(1980)认为,因为周公旦对周朝有功勋,周成王特许他行禘礼,从此以后鲁国国君都沿用此惯例而行禘礼。那这样一来,鲁国国君行禘礼就不算僭越的行为,而是合情合理了。显然,杨伯峻(1980)的这一说法无法解释孔子为什么在第一次献酒完后便不想再观看。

另有学者刘伟(2018)提出,"即便得到周天子的特许,但作为臣子应该严格恪守为臣之道,周公旦有功勋可以举行'禘'礼,而周公旦的后人就不应该再享受这一特权。所以孔子认为,鲁国国君这样做不符合为臣之道,也就不愿意再往下观看了"。这种说法只能告诉读者,孔子从始至终都不愿看这场祭祀,而事实上是孔子在第一次献酒之后才表示不愿观看。

那么,到底为什么孔子在看完第一次献酒之后就不想再看了呢?对此,孔子十世孙孔安国有个解释:鲁僖公及鲁闵公都是鲁庄公的儿子,僖公是庶子但年长,闵公是嫡子但年幼,庄公传位给闵公,让僖公辅佐闵公。后来闵公死了,僖公继位。等僖公死了,要在宗庙上排列神主牌位时,主管祭祀的官员为了拍僖公儿子文公的马屁,把僖公的牌位放在闵公的牌位之前,这叫逆祀,破坏了上下等级名分。孔安国认为这是孔子不愿再观看的原因(吴国珍,2015)。这种解释最为合理。因为按照周礼,举行禘祭之时,祭祀者要先向太祖神主献酒,第一次献酒之后,再祭祀其他的先祖;享祀其他祖先时,要按照尊卑亲疏的顺序进行。

二、英译对比探析

本小节主要选取理雅各(1971)和辜鸿铭(2011)两位译者的译文进行对比分析。

[原文]子曰:"禘自既灌而往者,吾不欲观之矣。"(《论语·八佾篇第三》)

英译一: The Master said, "At the great sacrifice, after the pouring out of the libation, I have no wish to look on." (理雅各,1971)

英译二: Confucius remarked, "At the service of the great Ti sacrifice [the 'Mass' in ancient China], I always make it a point to leave as soon as the pouring of the libation on the ground is over." (辜鸿铭,2011)

（一）"曰"的英译

理雅各(1971)将"曰"译为"said",传达了"曰"的基本释义"说,说道";而辜鸿铭译为"remark"。"remark"的英文释义为"to give a spoken statement of an opinion or thought",用于此表示对"禘"礼进行谈论或评论,体现出了孔子的身份和地位。

（二）"禘"的英译

理雅各（1971）将"禘"译为"the great sacrifice",这种译法泛化了"禘"的含义,没有将"禘"作为中国祭祀文化中的特色专有名词译出,无法凸显"禘"的唯一性和隆重性,即,只有天子才能举行这一级别的祭祀。辜鸿铭（2011）采取了威妥玛式拼音法将其译为"Ti",且在后面增加了注释"Mass"。"Mass"在基督教文化中是一项非常重要的仪式,其英文释义为"the celebration of the Christian Eucharist, especially in the Roman Catholic Church"。其中,"Eucharist"意为"圣餐",也称"神交圣礼",是基督教的主要仪式之一,也是一种特殊的崇拜仪典。运用西方宗教文化中的术语来解释或替代中国特色文化中的专有名词,这种译法一定程度上可以让西方读者更直接地明白"禘"仪式的隆重性;但不足之处是,西方读者会以为"禘"就是指"圣餐",甚至可能认为前者是后者的附庸,如此一来,中国祭祀文化的特色便丢失了。

（三）"灌"的英译

"灌"——本作"裸",为祭祀中的一个节目。古代祭祀,用活人代受祭者,这活人便叫"尸体"。"尸"一般用幼小的男女。第一次献酒给尸,使他（她）闻到一种配合香料煮成的酒的香气,叫作"裸"（杨伯峻,1980）。理雅各（1971）和辜鸿铭（2011）都将"灌"意译为禘礼中的第一次献酒。在禘祭时,要把祭祀的酒先献给尸（巫祝,此时扮演被祭祀者）,让他把酒洒在地上,求周公的魂魄降于他身上,接受后裔的供奉（吴国珍,2015）。辜鸿铭（2011）增译了"on the ground",强调了献酒时要将酒洒在地上这个细节,更为具体。但是,"灌"是整个仪式中的第一次献酒,理雅各（1971）和辜鸿铭（2011）都漏译了"第一次"。这样一来,读者便会以为整个仪式中只有这一次献酒,很容易将后面出现的献酒或整场祭祀的其他环节和前面的环节混淆。

（四）连词的使用

对于时间连词的使用,理雅各（1971）用"after",非常符合原文的意思;辜鸿铭（2011）用"as soon as",意为"一……就"。虽然用该连词使得整个句子结构很紧凑,符合英语句式的特征,但是,该连词的使用使得动作上过于紧凑。从内容上看,原文没有说一献完酒孔子就不愿看下去。根据上面对于孔子不愿再观看下去的第三种解释,在第一次献酒完成后,孔子看到主管祭祀的官员为了讨好文公而把僖公的牌位放在闵公的牌位之前,破坏了礼制,孔子才不愿

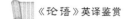
观看。辜鸿铭(2011)用的连词不准确,使译文没有和原文内容对等。

（五）"吾不欲观之矣"的英译

对于"吾不欲观之矣",理雅各(1971)和辜鸿铭(2011)的译文都存在误译。理雅各(1971)将其译为"I have no wish to look on",即"我不愿意观看",没有传达"继续看下去"的意思;而辜鸿铭(2011)将其译为"I always make it a point to leave"。该译文增译了"leave",显然不准确:孔子只是说,不愿再看下去,并未表意要离开。综合考虑,一定要将"继续"译出,才能传达出孔子态度转变的过程,体现他对"逆祀"这一行为的批评,也凸显这一部分中表明的祭祀阶级性的主题。

 每课一句

诗三百,一言以蔽之,曰,"思无邪。"(《论语·为政篇第二》)

The Book of Poetry with all its three hundred poems may be summed up in just one line:"With no evil thoughts."(吴国珍,2015)

每课阅读与思考

请阅读以下论文,并回答思考题。

论文

——刘伟,2019.身份认同:《论语》中的祭祀认知问题[J].孔子研究,(2):75-82.

思考题

1. 结合本课内容,从论文中对祭祀的认识这一角度切入,讨论如何看待《论语》祭祀文化中的"自我"与"他者"身份。

2.《论语》祭祀文化中的"自我"与"他者"身份在文化跨语言传播时如何再现?

参考文献

[1] 辜鸿铭,2011.辜鸿铭英译《论语》[M].昆明:云南人民出版社.

[2] 李喆,2020.商周祭祖礼的前兆:上古祖先崇拜意识发展概观[J].山东理工大学学报,(1):62-68.

[3] 刘伟,2018.《论语》中的"祭祀"意蕴探微[J].世界宗教文化,(5):

148-154.

[4] 刘伟，2019.身份认同:《论语》中的祭祀认知问题[J].孔子研究,(2)：75-82.

[5] 霍恩比，A. S. 2018.牛津高阶英汉双解词典[M]. 9 版. 北京:商务印书馆.

[6] 英国柯林斯公司，2008. 柯林斯高阶英汉双解词典[M].北京:商务印书馆.

[8] 吴国珍，2015.《论语》最新英文全译全注本[M]. 2 版.福州：福建教育出版社.

[9] 杨伯峻，1980.论语译注[M]. 2 版. 北京：中华书局.

[10] Legge，J.(理雅各). 1971. *Confucius：Confucian Analects，the Great Learning and the Doctrine of the Mean*[M]. London：Dover Publications.

第二课　祭祀的规范性

中国的祭祀礼仪从上至下施行,有君王树立权威的政治考虑,包括祭天,祭地,宗庙之祭,祀先师、先王、圣贤,另一方面也有教化民风的社会考虑,包括五祀(对门、户、井、灶、中霤这五种与人们日常生活密切相关的事物进行的祭祀活动)、高禖之祀(祈求子嗣的祭祀活动)等。《礼记·祭统》记载道:"凡治人之道,莫急于礼。礼有五经,莫重于祭。"祭祀源于对鬼神和自然的敬畏,具有极强的规范性,本课将从祭鬼、丧祭和告朔三个方面阐述其规范性。

第一节　祭鬼

本节选取了《论语》中有关祭鬼的内容来阐释祭祀的规范性。从祭鬼的文化内涵出发,阐述祭祀时应当遵循的礼仪,并对译本进行多层面辨析。

一、祭鬼的内涵

"祭鬼"与上一课中提到的"祖祭"内涵一致。但是,"祖祭"体现的是祭祀的阶级性,"祭鬼"体现的是祭祀的规范性,两者的视角不同。《寄许京兆孟容书》中记载道:"想田野道路,士女遍满,皂隶佣丐,皆得上父母丘墓。""祭鬼"这一风俗经久不衰,具有其历史文化、教育与政治价值。中国人多会选择春节、清明、鬼节等特殊节日祭鬼,祭祀活动包括最常见的烧纸钱元宝、供奉鲜花祭品、放河灯和炸鞭炮等。人们相信在这一天能为死去的亲人送去钱财,让他们在另一个世界过得富足,并保佑子孙后代。这种独特的祭祀方式有着东方文化烙印,也是中华文化中不可或缺的组成部分。

孔子曾做出"生,事之以礼;死,葬之以礼,祭之以礼"(《论语·为政篇第二》)的教导,赋予祭祀以"报本、追远、崇德"的价值。古代历届君王都对祭祀活动极为重视,甚至对官员专门下达休假的指令,令其祭祀先祖。从小处讲,祭祀是百姓对先人养育教导之恩的缅怀；上升到社会国家，则是树立起礼仪规范，引导民风向善之举。按照儒家的观念，"祭者，教之本也已"，祭祀是维持伦理教化、培植孝道的重要手段。恰如曾子所言："慎终追远，民德归厚矣。"（《论语·学而篇第一》）。由此看来，祭祀的礼仪应具有规范性。

[**原文**]子曰："非其鬼而祭之，谄也；见义不为，无勇也。"

（《论语·为政篇第二》）

[**释义**]孔子说："不是自己的先人却加以祭拜，那是谄媚。关键时刻不能挺身而出，那是怯懦。"

（吴国珍，2015）

孔子这句话的历史语境是：当时古代某些统治者为了达到某些目的，有祭祀他人祖先的行为，这种做法在后代屡见不鲜，例如，后晋石敬瑭称辽国皇帝为"父皇帝"，自己为"儿皇帝"。这种为私利而谄媚的行为，便是"所祭非其鬼"。孔子对这种胡乱祭祀、不敬祖先、无视孝道的行为表示谴责，因为古人对于祭祀的对象也是有限制的。

自古祭祀对象分为三类：天神、地祇、人神。天神称祀，地祇称祭，宗庙称享。《左传·僖公十年》中曾记载"神不歆非类，民不祀非族"，意思是：神明不享受别族的祭品，百姓也不祭祀别人的族类。也就是说，古人在祭祀方面对种族之分尤其严格，甚至某些神明都只有固定品级身份的人才可祭祀，即天神地祇由君主祭，诸侯大夫祭山川，士庶祭祖先和灶神。任何违背祭祀规范的祭祀行为都是对礼或孝道的亵渎。

二、英译对比探析

本小节主要选取吴国珍（2015）、理雅各（1971）和安乐哲（1998）三位译者的译本进行对比分析。

[**原文**]子曰："非其鬼而祭之，谄也。见义不为，无勇也。"

（《论语·为政篇第二》）

英译一：The Master said, "Offering sacrifices to irrelevant ghosts is being flattering. Failing to take action at the critical moment shows a lack of courage."

（吴国珍，2015）

英译二：The Master said, "For a man to sacrifice to a spirit which does not belong to him is flattery. To see what is right and not to do it is want of courage."

（理雅各，1971）

英译三：The Master said, "Sacrificing to ancestral spirits other than one's own is being unctuous. Failing to act on what is seen as appropriate (yi 义) is a want of courage."

（安乐哲，1998）

（一）"鬼"的英译

在上文中，"鬼"当指先祖（或神明），而非民俗意义上的鬼魂。吴国珍（2015）将"非其鬼"译为"irrelevant ghosts"，读者可能很费解：不相关的鬼是指哪些呢？是指生前不认识的鬼么？很明显译者没有细究"鬼"的确切中文含义，而是大而化之地选用了普通词汇进行翻译。理雅各（1971）则运用了从句解释祭祀人与被祭祀人之间的从属关系，将"鬼"译作"spirit"，较之英译一处理得稍稍好一些，但还是无法直观地让读者意识到鬼就是死去的先祖亲人。其第一句开头宜去掉"for a man"，后面的"him"宜改为"one"，会使整个句子更为简洁。安乐哲（1998）则更加具象化地选用了"ancestral spirits"这一表达，直观准确。

（二）"义"的英译

"义者，宜也"，指事情要适合做才去做，现指行为要符合义理。很多人将后半句同现今的"见义勇为"联系起来，将"见义"看作"知义"，实则理解错误。吴国珍（2015）意译为"关键时刻不能挺身而出，那是怯懦"，将"见义不为"转为"failing to take action at the critical moment"。单独来看虽解释得通，但整体分析来看，和前一句"所祭非其祖"的文本内容不太关联。同时，"critical moment"的出现让人摸不着头脑。理雅各（1971）以"what is right"译"义"，以"want of courage"译"无勇"，比较恰当，暗示了所祭非其祖是错误的做法，是懦弱的体现。安乐哲（1998）将"义"译为"what is seen as appropriate"也是极其合适的。

第二节　丧祭

有关祭祀规范的语录是儒学经典《论语》的重要部分，其翻译将在传播中国传统文化的过程中发挥重要作用。本节选取了《论语》中关于丧祭的内容进行具体讨论。

一、丧祭的文化内涵

[原文]去丧，无所不佩。非帷裳，必杀之。羔裘玄冠不以吊。

（《论语·乡党篇第十》）

[释义]服丧期满，脱下丧服后，便可佩带各式装饰品。如果不是礼服，一

定要裁去多余的布。不穿着羔羊皮袍和戴着黑色帽子去吊丧。

（吴国珍，2015）

此句着重讲述丧葬祭祀期间穿着服饰的规范和禁忌。古代丧葬祭祀作为礼仪中一大类，在身份等级、服饰规格以及祭品方面都有严格的规定。自周朝起才形成明确的丧服制度。丧家必须穿戴丧服，后人为逝去的长辈穿丧服是为表示孝意和哀悼。同时，每个家族成员根据自己与死者的血缘关系，按照"五服"制度穿戴符合规格的服饰，称为"遵礼从服"。

一方面，"五服"的划分是根据服丧轻重，包括丧服做工粗细、服丧周期长短加以区分，分为五等：斩衰、齐衰、大功、小功和缌麻。其中斩衰最上，用于重丧。取最粗的生麻布制作，不缉边缝，出殡时披在胸前；男子还须加用丧髻（髻系丧带），俗称披麻戴孝。也就是说，死者与服丧者关系越亲密，丧服的样式和材料越加粗劣，这是中国服饰中所运用的"反饰"手法，以此显示出生者的哀痛。丧服颜色多为白色，称为"素缟"。朱熹（1983）曾注曰："丧主素，吉主玄。"人们认为白色是"血色耗尽，毫无生命"的象征，预示死亡。丧礼中穿黑色是被禁止的，"羔裘玄冠"中羔裘是指黑色羔羊皮衣，因此，"羔裘玄冠不以吊"的祭祀规范也就不言而喻了。

另一方面，"君子不以绀緅饰，红紫不以为亵服"，后天颜色的修饰，被认为是一种"伪"，是礼之末也。古代清麻脱胶和丝帛漂练之后，自然呈现白色，是最为粗浅的处理方式所得到的布料。因此，无论是从颜色，还是质地、工艺的角度来说，中国人以麻的纯色——白色为丧服颜色，体现了为礼之本的"著诚去伪"精神。《礼记·玉藻》曾道："古之君子必佩玉……凡带，必有佩玉，唯丧否。"古人认为玉是有德行的象征，能够辟邪祈福，所谓"君子如玉"更是赋予玉一切美好的品质；佩玉配饰甚至成为了君子的一项必行之事，唯一要取下玉饰的时候是处于丧葬时期。玉饰金石等事物，行走之时会发出叮叮当当的声响，清脆愉悦的碰撞声与肃穆沉郁的丧葬仪式格格不入。在葬礼这种场合，一切都应以素为上，戴着全套参加宴会才适合的炫彩夺目的装饰，别人会觉得你心情愉快，不是真心来悼念死者的。

祭祀朝拜时穿的礼服，称"帷裳"，和平时常衣的制作不同。由于是正式衣着，所以要求用整块布料制作，多余的部分也不允许裁剪、折起来，这才会有"非帷裳，必杀之"的规定。裳又分前裳和后裳。帷裳虽有泛指裙子的意思，但如果说用帷裳代指围在裙子外边的一层围裙就大错特错了。《日讲四书解义》曰："衣必有裳也。朝祭之服，取其方正，其下裳则用正幅，如帷幔然，谓之帷裳。然人身之腰为小，故于两傍为襞积，有衣褶，而无杀缝也。若非正服之帷裳,则不用襞积,而旁有斜裁倒合之杀缝矣。以其杀于下齐者一半,故谓之杀缝。其制上窄下宽,取其省约而不妄费也。其丰俭各有所宜如此。"

非祭祀朝拜的礼服,即普通的周朝服饰被称为"深衣",是将上下衣裳缝在一起。《乡党图考》曰:"深衣,裳无襞积,必有两旁斜裁倒缝之衽,方能上狭下广。意当时或有不用斜裁而作襞积于裳者,故特记非帷裳必杀之。"

二、英译对比探析

本小节主要选取辜鸿铭(2011)、苏慧廉(1910)、理雅各(1971)和吴国珍(2015)四位译者的译文进行对比分析。

[原文]去丧,无所不佩。非帷裳,必杀之。羔裘玄冠不以吊。

(《论语·乡党篇第十》)

英译一: When not in mourning, he may dress any ornaments or appendages on the girdle of his dress. His under-garment, except when it is worn as an apron (like the Free Masons now) on State occasions, he should always have cut pointed on the upper part. On a visit of condolence he should never wear a suit of lamb's fur or a dark hat.

(辜鸿铭,2011)

英译二: When out of mourning he omitted none of the usual ornaments. His skirts, all save his Court skirt, he always shaped toward the waist. He did not pay visits of condolence in dark lamb's fur or a dark hat.

(苏慧廉,1910)

英译三: When he put off mourning, he wore all the appendages of the girdle. His undergarment, except when it was required to be of the curtain shape, was made of silk cut narrow above and wide below. He did not wear lamb's fur or a black cap on a visit of condolence.

(理雅各,1971)

英译四: When he is off mourning, he may wear any kind of adornment. In making a robe, he will have some unwanted cloth cut off unless it is a formal robe. He does not wear a lamb fur coat or a black hat on a visit of condolence.

(吴国珍,2015)

(一)"佩"的英译

吴国珍(2015)与苏慧廉(1910)将"饰品"简单译为"adornment"或"ornaments";理雅各(1971)和辜鸿铭(2011)则进一步增加"of the girdle"或"on the girdle of his dress",如此一来,译文传达的画面和古人将玉饰佩戴在腰间的形象十分接近,既表达出了意思,又详尽地呈现了当时的社会风貌。

（二）"帷裳"的英译

辜鸿铭（2011）将"帷裳"译为"an apron（like the Free Masons now）on State occasions"，用了注释的方式，将西方常见的宗教组织礼服类比"上朝和祭祀礼服"，是为了帮助读者在理解上跨越东西文化差异；但用"apron"（围裙）类比帷裳仍然不太合适，因为共济会围裙与帷裳形状大不相同，共济会围裙大多为圆角单片围裙，而中国古代祭祀用的帷裳则一分为二，单片布料制作，四四方方，不会对边角进行修饰。虽然在帮助读者理解帷裳方面运用类比能够起作用，但是这样的翻译仍存在对中国古代服饰描述失真的弊端。

（三）"必杀之"的英译

辜鸿铭（2011）将"必杀之"处理成"he should always have cut pointed on the upper part"，这不准确，因为深衣上下都是需要裁剪的。苏慧廉（1910）译文则更为清晰准确，"shaped towards the waist"表达出了在腰处的缝合是常服和帷裳制作的本质区别。从理雅各（1971）的译文中可以得知，他了解周朝常规服饰的制作规范——周朝百姓在制作衣物时，会在节俭的基础上对上下衣进行裁剪，形成上窄下宽的样式。"curtain shape"和"cut narrow above and wide below"形成对比，描绘出常服与祭祀礼服制作规范的差别，是清晰又保留原味的翻译处理。吴国珍（2015）的译文没有介绍服饰的差别，十分直观地用"unwanted cloth"表明常服可裁剪、帷裳不可的差别，读者在对周朝服饰文化了解不清晰的情况下也能很直观地理解文义。

（四）"玄冠"的英译

羔羊皮袍和玄冠不能穿戴的理由在于丧葬祭祀时忌黑色，所以辜鸿铭（2011）用"dark blue hat"以及苏慧廉（1910）用"dark hat"不够准确。"玄冠"在英文里没有对应的称谓，只能尽量用西方已有的帽子形式进行套用。《通典》曾记载："委貌冠上小下大，长七寸，高四寸，前高广，后卑锐，无笄有缨，形如覆杯，皂色绢为之。"也就是说形状像杯子，无檐。四位译者用"hat"和"cap"来翻译"玄冠"。典型的帽类可以包括被称为"冠部"的头顶覆盖部分和被称为"檐部"的突缘。帽子"cap"指的是无檐帽和带部分檐的鸭舌帽一类，"hat"指礼帽或全檐的帽子，因此玄冠选用"cap"要贴切得多。

（五）句式的选择

对于第一句"去丧，无所不佩"的翻译，辜鸿铭（2011）与吴国珍（2015）都使用了情态动词，明确传达出孔子对这类丧葬礼仪的态度和看法，这翻译方法十分贴合语录体的表达方式。苏慧廉（1910）对这部分的翻译采用了与原文表达类似的双重否定陈述方式"omitted none of…"，也不失为一种新奇又恰当的处理。相比之下,理雅各(1971)的译文更偏向白话,简单易懂,但是保留中国文化色彩的能力也相应减弱。

第三节　告朔

告朔礼仪形成于周朝,在朔日进行。本节选取了《论语》有关告朔的内容来阐释祭祀的规范性,并以文化内涵的阐释为基础,选取不同译者的译文加以评析,观其优劣,唯以借鉴。

一、告朔的内涵

《周礼・春官・大史》中有记载:"颁告朔于邦国。"《论语注》曰:"天子颁朔于诸侯,诸侯藏之祖庙,至朔,朝于庙,告而受行之。"古籍中对告朔的细节有:"玄端而朝日于东门之外,听朔于南门之外。"《礼记・玉藻》记载:"诸侯玄端以祭,裨冕以朝,皮弁以听朔于大庙。"由此,可推断"告朔礼"实际上是几部分礼仪的总称:首先,是王每年冬季向各位诸侯下发明年一整年的历书,此过程称"颁朔"。历书主要用于指导农事、参谋生活、选定良辰吉日,更兼有颁布第二年政事的作用。其次,各诸侯王受政令并将其存放于各宗庙,在每月朔日,行告庙听政(亦称视政)与月祭之礼。

[原文]子贡欲去告朔之饩羊。子曰:"赐也! 尔爱其羊,我爱其礼。"

(《论语・八佾篇第三》)

[释义]子贡提出免掉每月初一日祭祖庙用的活羊。孔子说:"赐,你爱惜那只羊,我却爱惜那种礼。"

(吴国珍,2015)

此句描述了孔子与其弟子子贡关于是否将活羊作为告朔礼中的祭祀物品的讨论。"告朔"与"饩羊"是例句中两个文化意象。

"朔"字大概在战国时期才慢慢成形。许慎(2013)解释道:"朔月一日始苏也。"意思是每月第一日(某月的农历初一)人们开始观察到月亮从无到有。"朔"字的诞生是古代劳动人民智慧的结晶,它象征着古代人民推算历法的一种进步。在天文知识尚不发达的古代,人们只能通过肉眼观察天体来寻找规律。他们将月亮从极细的弯月变成一轮圆月的时间定为一个月,朔日就是这种天体运行周期的第一天,"一月一朔"便渐渐成为古人计算历法的月计量单位。

对告朔礼的进行顺序,历史上学者们大致有两种看法:一类学者认为告朔与月祭（又称朝享）是告朔礼的两个不同部分，古人先进行告朔、听朔，最后入宗庙行月祭；另一类学者则认为月祭是告朔的一部分，应该是先行月祭仪式，再行告朔、听朔部分。虽然这一争论仍然存在，但对于"告朔"的解释，各学者的意见是十分统一的。

简言之，农历每月初一为朔日。根据周朝制度，天子每年秋冬之交，把第二年的历书颁发给诸侯，告知该年有无闰月即每月的初一在哪一日，称为"颁告朔"。诸侯接受历书，藏于各自祖庙，每逢初一则宰一只羊，祭于祖庙，称为告朔。

"饩羊"是告朔礼中的一部分。"饩"在古汉语词典中有作名词与动词之分：名词的"饩"意为，供给别人的粮食或饲料或者牲口、生肉；用作动词则有"赠送（食物）"的意思。因此，"饩羊"即是专指诸侯根据告朔礼来祭祀神灵的祭祀礼。古代告朔礼仪有着鲜明的尊卑之分，王与诸侯除了服饰和被允许祭祀的对象不同之外，在供奉的牲畜种类上也有所区别。皇《疏》中有云："礼，天子每月之旦，居于明堂，告其时帝布政，读月令之书毕，又还太庙，告于太祖。诸侯无明堂，但告于太庙。并用牲。天子用牛，诸侯用羊。"由此看来，天子进行宗庙祭祀的地点在明堂，祭品为牛，而诸侯入自家祖庙告朔，只可用羊。

这里需要特别说明的是，"饩羊"指的是宰而未烹的祭祀用养，又叫腥羊。朱熹作"生牲"解，杨伯峻据"生"字作"活羊"解。但皇侃《论语义疏》认为"生"通"腥"。又据郑玄的"腥曰饩，生曰牵"，则活羊当作"牵"，且以活羊祭祀似不当，故饩羊当为腥羊，指宰杀了但还没有烹煮的羊，供祭祀用。因此，杨伯峻的现代汉语译文应该为：子贡提出去掉每月初一告祭祖庙用的羊。孔子说："赐，你爱惜那只羊，我却爱惜那种礼。"

除此以外，"爱礼"与"爱羊"观点背后的深层启示也值得一提。

"爱物（羊）"与"爱礼"的不同价值观念冲撞的背后，是当时社会对于礼的延续的不同思考，也表达出孔子迫切希望通过重拾礼法改变春秋时期礼崩乐坏的混乱社会政治的想法。这一例句涉及丰富的社会背景与文化意象，从中引发的"物质与精神对信仰的重要性"这一问题更是值得深思。从根本上来讲，这种情况的出现是由于祭祀等奠定政治基础的重要礼仪规范在人们心中不再神圣不可侵犯。"爱其羊"或是"爱其礼"的权衡所聚焦的不仅是某个祭祀程序的小小一环，还是礼仪所伴生的政治在高位者心中的分量。

因此，例句所说的"爱其礼"更多指的是期望各诸侯严格遵循"告朔之礼"，以求维护皇权的至高无上。《论语》中，"爱人"是爱字最常出现的搭配，意为爱护，即用仁爱之心对待他人，例如："君子学道则爱人，小人学道则易使也。"除此之外,"爱"字常用的释义还有喜爱:"爱之欲其生,恶之欲其死。"本节例句"尔爱其羊,我爱其礼"中的"爱"表达的是爱惜、重视之意。爱惜礼法与爱惜牺羊的争论来源于当时的社会现实背景,《论语义疏》记载:周朝自鲁文公开始,就省去了告朔礼,但月祭环节的饩羊却仍然保存。礼仪荒废,但仍保留"饩羊"传统,在子贡等人眼中无疑是奢侈浪费,省去名存实亡的礼仪的耗费似乎顺理成章。"爱羊与否"是根据对礼法的重视程度来决定的。

"尔爱其羊,我爱其礼"中讨论的告朔礼就是处于情感精神缺失的社会背景之下。此时孔子的观点似乎有了转变,转而倾向于保留礼仪精神衰败后留下的仪式,借物质延长礼仪的"寿命"。因此不难推断,孔子内心对礼仪规范的定位是随着社会现实在改变的:对于盛行的礼仪,精神上领悟礼仪的本质乃是最高境界,也是最值得弘扬的做法;但对政治混乱、国君无能、礼乐崩坏的时代来说,已经衰微的礼想要流传,只能倚靠具化的外物,以求在世人眼中留下印记,等日后他人有心恢复这种礼仪时,就不至于无迹可寻。

二、英译对比探析

本小节主要选取辜鸿铭(2011)、理雅各(1971)、苏慧廉(1910)和吴国珍(2015)四位译者的译本进行对比分析。

[原文]子贡欲去告朔之饩羊。子曰:"赐也! 尔爱其羊,我爱其礼。"

(《论语·八佾篇第三》)

英译一:A disciple wanted to dispense with the sheep offered in sacrifice in the religious ceremony held at the beginning of every month. "What you would save," said Confucius to him, "is the cost of the sheep; what I would save is the principle of the rite."

(辜鸿铭,2011)

英译二: Tsze-kung wished to do away with the offering of a sheep connected with the inauguration of the first day of each month. The Master said, "Ts'ze, you love the sheep; I love the ceremony."

(理雅各,1971)

英译三: Tzu Kung wished to dispense with the live sheep presented in the Ducal Temple at the announcement of the new moon. The Master said: "Tzu! You care for the sheep. I care for the ritual ceremony."

(苏慧廉,1910)

英译四: Zigong (Duanmu Ci) wished to save a sacrificial live sheep from the sacrificial ceremony on the first day of each month, but the Master said, "Oh, Ci, you cherish the sheep, but I cherish the rites."

(吴国珍,2015)

（一）"去"的英译

辜鸿铭（2011）、苏慧廉（1910）和理雅各（1971）分别将"去"译为"dispense with"和"do away with"。这两个词组都有"去掉"的意思，但是从词典释义来看，前者更侧重于"某物不需要存在，是多余的"之意，后者则有"废除"之意。鉴于子贡与孔子更多的是在私下讨论减少式微的礼仪的物质耗费，子贡认为饩羊是白白浪费资源，是不大必要的，而并非在抉择废除告朔礼，因此，两者比较之下，"dispense with"更加合适。吴国珍（2015）选用"save"取"省下，留下"之意，译回中文即为"省下祭祀中的一只用于祭祀的活羊"。这样一来就过于具体化了，似乎是某一次活动中子贡想要省去当时用于祭祀的一只羊，可能导致不了解背景的读者产生疑问：是不是还有剩余的羊仍然被用于祭祀呢？而实际上师徒两人讨论的"告朔之饩羊"应该是告朔礼的一种常态。

（二）"饩羊"的英译

"饩羊"是本例中的一个重点词，根据钱穆（2002）的解释，"凡牲，系养曰牢，烹而熟之曰飧，杀而未烹曰饩"。因此，这里的羊实际上是指被杀死还未煮熟的羊，苏慧廉（1910）与吴国珍（2015）将其翻译成"live sheep"不太恰当。辜鸿铭与理雅各没有对羊的状态加以描述，这样的处理未尝不可，但倘若想要极尽翔实地表达出"饩羊"的本意可以在其后添加括号加以解释。

（三）"告朔"的英译

"告朔"英译的不同之处，一在于作者是否清晰表达出"朔"字。辜鸿铭（2011）的"at the beginning of every month"有些模糊，未像理雅各（1971）与吴国珍（2015）的译文清晰地指出"the first day of each month"。苏慧廉（1910）的译文"of the new moon"还原了"朔"字的来源，即通过观察月亮圆缺，得出一月大约为 30 日。

二在于译者如何解释"告朔礼"这种仪式。辜鸿铭（2011）译文仍旧是删繁就简，将告朔礼称为"religious ceremony held at the beginning of every month"。辜鸿铭未对文化意象进行尽可能细致的还原，而是简洁清晰地解释出事物大概的原貌，虽然在一定程度上会遗失部分文化色彩，但是却能相应减少错译。而理雅各（1971）和苏慧廉（1910）对告朔选取的中心词分别是"inauguration"和"announcement"，前者在字典中的意思是："就职典礼；开始，开创；开幕式"，意思与原文不符，后者则更多指"公告；宣告；发表；通告"，与告朔中的"颁布政令，宣告历法"大致相符，是可行的。

（四）"爱"的英译

上文分析过"爱"是取"爱惜，重视"之意。辜鸿铭（2011）将"爱"译为

"save"不失为十分精妙的译文,一字双关:第一个"save"取"省下""节省"之意,说的是子贡想省下一头羊的无谓耗费;第二个"save"取"留存""保留"之意,表达了孔子对礼的严格遵循与期盼礼仪长存之心。前后"save"同形不同义,完美契合了原文意思,同时,在译文中,子贡的"save"的宾语前加入"said Confucius to him",增加了孔子话语中语重心长的意味;"the cost of the sheep"与"the principle of the rite"的对称结构既清晰准确地紧扣原文,又保持了与原文句式的一致。后面三位译者选用"love"、"care for"和"cherish",虽意思解释得通,但仍然差了些许韵味。

 每课一句

知者乐水,仁者乐山;知者动,仁者静;知者乐,仁者寿。(《论语·雍也篇第六》)

The wise find pleasure in waters while the virtuous take delight in mountains. The wise are active, the virtuous tranquil. The wise are happy, the virtuous longevous.(吴国珍,2015)

每课阅读与思考

请阅读以下论文,并回答思考题。

论文1

——Kim, M. S. 2014. The Meaning of "Love"(*Ai*) in the *Analects* [J]. *Sungkyun Journal of East Asian Studies*,(2):257-278.

论文2

——赵婷婷,龙仕文,2022.《论语》中祭祀词汇英译的对比研究——以辜译本与许译本为例[J].湖北第二师范学院学报,(5):85-90,108.

思考题

1. 阅读论文1,思考除了人际意义上的爱、宗教教义上的爱,《论语》中的"爱"的第三重意义是指什么,《论语》中"爱礼"内涵还可以从哪个层面解读。

2. 本课第三节,我们学习到"告朔"礼阐释了祭祀的规范性。结合论文2,思考"祭"的英译与"告朔"英译有什么样的语义关联。

参考文献

［1］辜鸿铭，2011.辜鸿铭英译《论语》［M］.昆明：云南人民出版社.

［2］钱穆，2002.论语新解［M］.北京：生活·读书·新知三联书店.

［3］吴国珍，2015.《论语》最新英文全译全注本［M］.2版.福州：福建教育出版社.

［4］许慎，2013.说文解字［M］.北京：中华书局.

［5］杨伯峻，1980.论语译注［M］.2版.北京：中华书局.

［6］英国柯林斯公司，2008.柯林斯高阶英汉双解词典［M］.北京：商务印书馆.

［7］赵婷婷,龙仕文，2022.《论语》中祭祀词汇英译的对比研究：以辜译本与许译本为例［J］.湖北第二师范学院学报,（5）：85-90,108.

［8］霍恩比，A. S. 2018.牛津高阶英汉双解词典［M］.9版.北京：商务印书馆.

［9］朱熹，1983.四书章句集注［M］.北京：中华书局.

［10］Ames，R. T.（安乐哲）.1998. *The Analects of Confucius*［M］. New York：Ballantine Books.

［11］Kim，M. S. 2014. The Meaning of "Love"（Ai）in the *Analects*［J］. *Sungkyun Journal of East Asian Studies*,（2）：257-278.

［12］Legge，J.（理雅各）.1971.*Confucius：Confucian Analects，the Great Learning and the Doctrine of the Mean*［M］. London：Dover Publications.

［13］Soothill，W. E.（苏慧廉）.1910. *The Analects of Confucius*［M］. Tokyo：The Methodist Publishing House.

第三课　祭祀的态度

祭祀的态度指的是孔子对祭祀参与者提出的在祭祀活动中应遵循的内心情感规范。本课将从"虔心"、"真心"和"敬而远之"三个方面具体阐释孔子对于祭祀的态度。

第一节　虔心

本节重点分析《论语》中体现孔子虔心对待祭祀的内容。通过探讨虔心的具体内涵，从多个层面进行译本辨析，寻求更为适恰的英译。

一、虔心的文化内涵

孔子提倡，对待鬼神要"虔心"，要"尊敬"，要"有诚意"。请看下例：

[原文]祭如在，祭神如神在。子曰："吾不与祭，如不祭。"

（《论语·八佾篇第三》）

[释义]祭祀祖先就要像祖先真在面前一样，祭神就要像神真在面前一样。孔子说："如果我没有亲自参加祭祀，那就跟我没有举行祭祀一样了。"

（吴国珍，2015）

对于不亲身前往而是请人代替祭祀的行为，孔子持否定态度，同时批判了祭祀流于外在形式而不注重内心诚意的现象。古人认为玉器、丝帛、钟鼓有通灵的作用，所以祭祀时总离不开这类物品。但针对当时的人在祭祀中重形式轻诚意的现象，孔子提出了有力的质疑和批评："礼云礼云，玉帛云乎哉？乐云乐云，钟鼓云乎哉？"（《论语·阳货篇第十七》）这种质疑和批评是非常难能可贵的。

孔子对祭祖的态度是非常理性和务实的。一方面，孔子主张适可而止。应做好人世间的实事，不应在鬼神这些虚无的东西上浪费时间和精力，一味祈求神灵保佑而放弃自身努力；另一方面，孔子认为，祭祀祖先要像祖先真的在面前那样虔诚，要亲身参与、专注用心，有诚意，以显示对祖先的恭敬和诚意。

二、英译文对比探析

本小节主要选取柯大卫（1828）、辜鸿铭（2011）和许渊冲（2005）三位译者的译本进行对比分析，具体如下：

原文： 祭如在，祭神如神在。子曰："吾不与祭，如不祭。"

（《论语·八佾篇第三》）

英译一： Sacrifice to ancestors as though they were here. Worship the gods as though they were present. Confucius said, I do not worship as if I were not worshiping.

（柯大卫，1828）

英译二： Confucius worshiped the dead as if he actually felt the presence of the departed ones. He worshiped the Spiritual Powers as if he actually felt the presence of the Spiritual Powers. He once remarked, "If I cannot give up heart and soul when I am worshiping, I always consider as if I have not worshiped."

（辜鸿铭，2011）

英译三： Sacrifice to the dead as if they were living, and to the divinities as if they were present. If I do not think they are present, said the Master, I had better not sacrifice at all.

（许渊冲，2005）

（一）"祭"的英译

以上译本对"祭"的解释无外乎两种，分别是"sacrifice"和"worship"。"sacrifice"和"worship"的释义分别为"to kill an animal or a person and offer it or them to a god, in order to please the god"（宰杀动物或人献给神灵，以此取悦神灵）和"to show respect for God or a god, especially by saying prayers, singing, etc. with other people in a religious building"（在宗教场所与众人通过祷告、歌唱等方式向上帝或某位神灵表达尊敬）。此处原文中的"祭"意为祭祀，用"sacrifice"更为恰当。

（二）"神"的英译

"神"指的是神灵，柯大卫（1828）、辜鸿铭（2011）和许渊冲（2005）分别将其译为"the gods"、"the Spiritual Powers"和"the divinities"。辜鸿铭（2011）的"the Spiritual Powers"译法首字母大写，未免让读者误以为是某位具体的神灵，这与原文不相符。

（三）"如在"的英译

对于"如在"一词，以上译文分别译为"as though they were here""felt the presence of the departed ones""as if they were living"。前二者皆可说得过去，最后者"as if they were living（就好像他们活着似的）"与原文意思相去甚远，十分不可取。

（四）"不与祭"的英译

原文中的"不与祭"指的是没有亲自参加祭祀。上述几位译者皆对原文意思产生了错误理解。首先，柯大卫（1828）译文中"do not worship"（不祭祀）所在的整个末句的翻译与原文意思大相径庭，令读者不知所云；其次，辜鸿铭（2011）将整句译为"If I cannot give up heart and soul when I am worshiping"（不全心全意祭祀），完全曲解了原文的本义；最后，许渊冲（2005）将"不与祭"译为"do not think they are present"（认为他们不存在）更是与原文相去甚远。

第二节　敬而远

本节重点分析"敬鬼神而远之"的内容。通过探讨对待祭祀的态度，从多个层面进行译本辨析，寻求更为对等的英译。

一、敬而远的内涵

[原文]樊迟问知，子曰："务民之义，敬鬼神而远之，可谓知矣。"

（《论语·雍也篇第六》）

[释义]樊迟问孔子怎样才算是智。孔子说："专心做好该为老百姓做的事，尊敬鬼神但不要过分亲近它们，这就可以说是智了。"　　（吴国珍，2015）

樊迟乃孔子七十二贤弟子之一，姓樊名须，字子迟。"知"同"智"，即智慧。"务"的意思是从事、致力于。"义"有两个角度的含义：在一般语境中（如本句）意为合宜、合理的事；若用于较高的道德层面，则意为正义、公正。"务民之义"有两种解读：一是"使人民走向义"（杨伯峻，1958）；二是"专心做好该为老百姓做的事"（吴国珍，2015）。"敬鬼神而远之"这句话的意思是，要尊敬鬼神，即祖先和天地神灵，但要适可而止，不可沉湎其中。

孔子回答弟子樊迟什么是"知"，从侧面反映了孔子对待鬼神的态度——"敬"而"远"，适可而止。如前所述，在儒家看来，对鬼神的祭祀、敬重是必要的，因为这有助于社会秩序的稳定；与此同时，儒家又不主张对鬼神的沉迷、亵渎,反对一味祈求神灵保佑而放弃自身努力。或者说,沉迷就是一种亵渎。真正的敬重,是按照礼仪来进行的,是要通过礼仪来表现的,是要把对鬼神的尊敬限制在理性、合理的范围内。所以,孔子希望樊迟引导百姓以合理的方式面对鬼神,这就是一种治道。

二、英译本对比探析

本小节主要选取柯大卫(1828)、苏慧廉(1910)、安乐哲(1998)和宋德利(2010)四位译者的译本进行对比分析,具体如下:

[原文]樊迟问知,子曰:"务民之义,敬鬼神而远之,可谓知矣。"

(《论语·雍也篇第六》)

英译一: Fan Che asked what constitutes knowledge? Confucius replied, to perform fully the duties due to men, to reverence the Gods, and keep at a due distance from them, may be called knowledge.

(柯大卫,1828)

英译二: When Fan Chih asked what constituted wisdom (Wisdom), the Master replied: "To devote oneself earnestly to one's duty to humanity and, while respecting the spirits of the departed, to avoid them, may be called wisdom (Wisdom)."

(苏慧廉,1910)

英译三: Fan Chi inquired about wisdom (zhi 知). The Master replied, "To devote yourself to what is appropriate (yi 义) for the people, and to show respect for the ghost and spirits while keeping them at a distance can be called wisdom."

(安乐哲,1998)

英译四: Fan Chi asked something about sensibleness. Confucius said, "Whatever you do, you should submit to the public will. You respect religion but keep yourself far away from it. This can be considered sensibleness." (宋德利,2010)

(一)"知"的英译

"知"通"智",乃"智慧"之意。以上译本分别将"知"译为"knowledge"、"wisdom"和"sensibleness"。"knowledge"的英文释义为"the information, understanding and skills that you gain through education or experience"(通过教育或经历所获得的信息、理解和技巧),不符合原文意思。"wisdom"意为"the ability to make sensible decisions and give good advice because of the experience and knowledge that you have"(依据自身拥有的经历和知识,做出明智决定、给出合理建议的能力),用在此处完全正确。"sensibleness"的意思是"the ability to make good judgement based on reason and experience

111

rather than emotion"（依据理性和经验而非感性做出正确判断的能力），更偏向于对事物的理性判断。因此，此处"知"译为"wisdom"最为恰当。

（二）"务民之义"的英译

"务民之义"的意思是"专心做好该为老百姓做的事"。柯大卫（1828）将其译为"to perform fully the duties due to men"（全心全意履行百姓应尽的义务），与原文不符。苏慧廉（1910）将其译为"to devote oneself earnestly to one's duty to humanity"（全心全意为人类服务），勉强符合原文意。安乐哲（1998）将其译为"to devote yourself to what is appropriate（yì 义）for the people"（全心全意地做对百姓适宜的事情），略有不妥。"appropriate"的意思相当于"suitable"或"proper"，"义"在这里虽然的确意为"合宜、合理的事"，但倘若译者如此翻译，未免有些直接，让读者无法明白其更深层的具体含义。宋德利（2010）将其译为"submit to the public will"（屈从于公众意志），则与原文意思相去甚远。

（三）"远"的英译

"远"指的是不要过分亲近鬼神或祈求他们的庇佑，柯大卫（1828）和安乐哲（1998）分别将其译为"keep at a due distance from them"和"keeping them at a distance"都是符合原文意思的。但苏慧廉（1910）和宋德利（2010）分别将"远"译为"avoid them"和"keep yourself far away from"，与原文意思有偏差。

第三节　真心

本节重点分析体现孔子真心对待祭祀的原文及英译。通过探讨"真心"的具体内涵，从多个层面进行译本辨析，以寻求更为适恰的英译。

一、真心的文化内涵

[原文]子曰："礼云礼云，玉帛云乎哉？乐云乐云，钟鼓云乎哉？"

（《论语·阳货篇第十七》）

[释义]孔子说："礼呀礼呀，难道指的仅仅是玉帛之类的礼器吗？乐呀乐呀，难道指的仅仅是钟鼓之类的乐器吗？"　　　　　　　　（吴国珍，2015）

上文中，"礼云"的"云"是语气词，相当于"啊""呀"等。"玉帛"指的是玉器和皮帛，是古代祭祀中除食物外最常用的祭品。《左传》载，"牺牲玉帛，弗敢加也"。《墨子·尚同》云，"其事鬼神也……圭璧币帛不敢不中度量"。除此之外,石荣传(2005)也提到,西周用玉制度可分为三:一是仪式用玉,二是配饰用玉,三是丧葬用玉。由此可见玉帛在古代祭祀活动中的重要地位。因"玉"的罕见、"帛"的珍贵,"玉帛"便成为礼乐制度下贵族祭祀活动中才会见到的祭祀用品,平民百姓则几乎是无法接触到。

"钟鼓"是古代举行典礼和祭祀时所用的乐器,其使用有着十分严格的限制。西周乐制是配合着"礼"而施行的,可称其为"礼乐谐配",分为"乐教""诗乐""乐舞""用乐""乐悬"五个方面。乐悬制度即悬挂钟磬类乐器的制度,等级严格,不可僭越。根据乐悬制度,"钟鼓"亦是贵族才能享用的。

《尚书》曰:"周公摄政,一年救乱,二年克殷,三年践奄,四年建候卫,五年营成周,六年制礼作乐,七年致政成王。"周公制礼作乐,"乐至则无怨,礼至则不争",稳定了社会关系,促进了国家和谐。而至春秋,分封制瓦解,礼乐崩坏,封建礼制遭受了巨大的冲击。在祭祀方面,人们则越来越不讲求真心诚意,反倒是认为只要祭祀必备的礼器和乐器准备妥当,便能当作"祭祀"了。

这里实际上就是当时"礼乐崩坏"这一时代背景下,孔子对祭祀活动中出现的重形式、轻诚意的不正之风发出的斥责。孔子认为,"玉帛"和"钟鼓"这类礼乐器要有,但不能过分看重这些形式上的器具,而不对祭祀本身注入真情实感,忽略了祭祀本身的真正意义。由此反映出孔子对待祭祀的第三个态度——反对形式主义,注重真情实意。

二、英译本对比探析

本小节主要选取柯大卫(1828)、理雅各(1971)、辜鸿铭(2011)、韦利(1938)和刘殿爵(1979)五位译者的译本进行对比分析。

[原文]子曰:"礼云礼云,玉帛云乎哉? 乐云乐云,钟鼓云乎哉?"

(《论语·阳货篇第十七》)

英译一: Confucius said, every one calls out Presents! Presents! but are the mere gems and silks (without respect) presents? Every one calls out Music! Music! but is the mere ringing of bells and drums (without harmony) music?

(柯大卫,1828)

英译二: The Master said, "'It is according to the rules of propriety,' they say. —'It is according to the rules of propriety,' they say. Are gems and silk all that is meant by propriety? 'It is music,' they say. —'It is music,' they say. Are bells and drums all that is meant by music?"

(理雅各,1971)

英译三: Confucius was once heard to say, "Men speak about Art! Art! Do you really think that merely means painting and sculpture? Men speak about music! Music! Do you think that means merely bells, drums, and musical instruments?"

(辜鸿铭,2011)

英译四: The Master said, "Ritual, ritual! Does it mean no more than presents of jade and silk? Music, music! Does it mean no more than bells and drums?"

(韦利,1938)

英译五: The Master said, "Surely when one says 'The rites, the rites,' it is not enough merely to mean presents of jade and silk. Surely when one says 'Music, music,' it is not enough merely to mean bells and drums."

(刘殿爵,1979)

（一）"礼"的英译

前一单元中,我们已经对"礼"的英译做了许多讨论。近代学者王国维（1959）提到,豊,"象二玉在器之形。古者行礼以玉",这里的"礼"字的本义乃事神致福也。以上五个译本中,柯大卫（1828）将"礼"译为"presents",意为"礼物"。很显然,译者未曾仔细研读原文、深究字义,而是将"礼"误解为现代汉语中"礼物"之义,进而将"玉帛"错译为"gems and silks（without respect）",颇为不妥。理雅各（1971）将"礼"译为"the rules of propriety"。"propriety"的英文释义为"moral and social behavior that is considered to be correct and acceptable",这一译法在意思上无误。但吴国珍（2017）点评理雅各"the rules of propriety"这一译文是抽象概念,无法与"玉帛"直接发生联系,须将其具体化为与之关系极为密切的"典礼、祭礼"。辜鸿铭（2011）译为"art",意为"艺术"。"art"的英文释义众多,但经查无任何一义与祭祀相关。并且,译者还将"玉帛"译为"painting and sculpture"（绘画和雕塑）,完全偏离了原文。韦利（1938）和刘殿爵（1979）分别译为"ritual"和"the rites",之前我们也对此二词做过讨论,此二词的英文释义分别为"a series of actions that are always performed in the same way, especially as part of a religious ceremony"（仪规,礼节）,"a ceremony performed by a particular group of people, often for religious purposes"（仪式,典礼）,皆符合原文意思,是恰当的译文。然而,两位译者却将"玉帛"误译为"presents of jade and silk"。

（二）"云"的英译

"云"在此句中,非名词"云朵",非动词"说",而是语气助词,相当于"啊""呀"。柯大卫（1828）、辜鸿铭（2011）和刘殿爵（1979）将"云"分别译为"everyone calls out"、"men speak about"和"surely when one says"。很显然,

三位译者皆将"云"当成了动词,理解成了"说",属于误译。

（三）句式修辞的运用

原文分别使用了反复、对偶和反问三种修辞手法。

"礼云礼云"和"乐云乐云"运用了反复的修辞手法。柯大卫（1828）译为"every one calls out Presents！Presents！"和"Every one calls out music！Music！"。理雅各（1971）译为"'It is according to the rules of propriety,'they say.—'It is according to the rules of propriety,'they say."和"'It is music,'they say.—'It is music,'they say."。辜鸿铭（2011）译为"Men speak about Art！Art！"和"Men speak about Music！Music！"。韦利（1938）译为"Ritual，ritual！"和"Music，music！"。刘殿爵（1979）译为"Surely when one says'The rites，the rites,'"和"Surely when one says 'Music，music,'"。

从修辞对等的角度来看,以上译文中,韦利（1938）的译文最佳,不仅高度还原了原文的句式,而且在语气和节奏上也十分轻快紧凑,通过两个单词的简短反复,更容易起到强调和突出作用。理雅各（1971）的译文在意思上虽然没有出错,但却选择将原文短短四字译为完整的长句,使译文在音韵美和节奏感上略逊一筹。

对偶是用字数相等、结构相同、意义相对的一对短语或句子来表达两个相对、相近或相同的意思的修辞方式。原文上下两句形成了对偶。五个译文基本都还原了这一修辞手法。

反问是用疑问语气表达与字面相反的意思,达到增强语气、发人深省的效果。原文包含了两个反问句。除了刘殿爵（1979）的译文,其余四个译本都还原了反问句。刘殿爵（1979）对两个问句的处理为："it is not enough merely to mean presents of jade and silk"和"it is not enough merely to mean bells and drums",将反问语气转换为了陈述语气。然而,并不是所有的调整都是合宜的。正如此例,原文通过两个反问句,突出孔子对目前祭祀中出现的不正之风的不满和强烈斥责,增强了语气,达到了发人深省的修辞效果。若将其译为陈述句,则只是简单地表明了孔子的观点,即认为"玉帛"和"钟鼓"并不能代表祭祀的全部,却并未传达出这一观点背后所包含的浓厚的思想感情。

每课一句

君子怀德,小人怀土。（《论语·里仁篇第四》）

A superior man holds to morality，while a petty man clings to his lo-

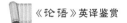

tus land .(吴国珍,2015)

 每课阅读与思考

请阅读以下论文,并回答思考题。

论文

——戴薇,2022.《论语》中宗教思想关键词的英译探讨——以"天""命""鬼""神"的英译为例[J]. 湖北第二师范学院学报,(4):53-58.

思考题

1. 结合本单元第二、三课所学,思考如何理解《论语》中的"鬼""神"文化内涵。

2.《论语》中"鬼""神"的英译应如何体现其文化内涵及文化语境?

参考文献

[1] 陈戍国,陈雄,2019. 从"周因殷礼"到"周文郁郁":西周宗法礼乐制度的建构[J]. 湖南大学学报,(4):114-120.

[2] 戴薇,2022.《论语》中宗教思想关键词的英译探讨:以"天""命""鬼""神"的英译为例[J]. 湖北第二师范学院学报,(4):53-58.

[3] 辜鸿铭,2011. 辜鸿铭英译《论语》[M]. 昆明:云南人民出版社.

[4] 霍恩比,A. S. 2018. 牛津高阶英汉双解词典[M]. 9版. 北京:商务印书馆.

[5] 石荣传,2005. 三代至两汉玉器分期及用玉制度研究[D]. 济南:山东大学.

[6] 宋德利,2010. 论语汉英对照[M]. 北京:对外经济贸易大学出版社.

[7] 王国维,1959. 观堂集林[M]. 北京:中华书局.

[8] 吴国珍,2015.《论语》最新英文全译全注本[M]. 2版. 福州:福建教育出版社.

[9] 英国柯林斯公司,2008. 柯林斯高阶英汉双解词典[M]. 北京:商务印书馆.

[10] 吴国珍,2017. 论语:平解·英译(汉英对照)[M]. 北京:北京出版社.

[11] 许渊冲,2005. 汉英对照论语[M]. 北京:高等教育出版社.

[12] 杨伯峻,1980. 论语译注[M]. 2版. 北京:中华书局.

[13] 杨伯峻,1958. 列子集释[M]. 上海:龙门联合书局.

［14］ Ames，R. T.（安乐哲）. 1998. *The Analects of Confucius*［M］. New York：Ballantine Books.

［15］ Collie，D.（柯大卫）. 1828. *The Chinese Classical Work Commonly Called the Four Books*［M］. Malacca：The Mission Press.

［16］ Lau，D.C.（刘殿爵）. 1979. *Confucius：The Analects*［M］. Hong Kong：The Chinese University Press.

［17］ Legge，J.（理雅各）. 1971. *Confucius：Confucian Analects，the Great Learning and the Doctrine of the Mean*［M］. London：Dover Publications.

［18］ Soothill，W. E.（苏慧廉）. 1910. *The Analects of Confucius*［M］. Tokyo：The Methodist Publishing House.

［19］ Waley，A.（亚瑟·韦利）. 1938. *The Analects of Confucius*［M］. London：George Allen & Unwin Ltd.

第四课　祭祀的重要性

　　我国传统文化中的祭祀文化历史悠久,原始的祭祀文化是随着氏族社会中对自然的崇拜兴起的;到了春秋时期,生产力发展,祭祀文化也随之进步和丰富,且有了更深刻的文化内涵。从社会层面来看,祭祀有教化的功能;从国家层面来看,祭祀有助于治国理政;从个人层面来看,祭祀可以使人获得一定的心理慰藉。

第一节　社会教化

　　本节着重对比分析《论语》中体现祭祀对社会教化起重要作用的内容,并从多个层面探讨和辨析对其更为适恰的英译。

一、社会教化的内涵

　　[原文]曾子曰:"慎终追远,民德归厚矣。"　　　　　　（《论语·学而篇第一》）
　　[释义]曾子说:"谨慎地料理父母的丧事,时时不忘怀念自己的祖先,民风就会趋于淳厚。"　　　　　　　　　　　　　　　　　　　　　（吴国珍,2015）
　　对《论语》中曾子所言的这一句话,尽管不同注本的诠释不尽一致,但也没有明显的差异。

　　首先,关于"慎终"的解读。慎者,诚也,谨也。无论是"诚"抑或是"谨",都指向的是一种态度。杨伯峻(1980)注本指出,"终"字是指父母的死亡。杨伯峻(1980)还援引刘宝楠(1957)注本,指出,"慎终"的内容主要是指"附身(装殓)、附棺(埋葬)的事必诚必信,不要有后悔",可解释为"认真办理父母的丧事"。

　　其次,对于"追远"的解读,不在于"追",而在于"远"。朱熹(1983)将"追远"诠释为"祭尽其诚",并指出:"远者,人之所易忘也。"刘宝楠(1990)也将"追远"解释为"言凡父祖已殁,虽久远,当时追祭之也"。而杨伯峻(1980)则将"追远"解释为"祭祀尽其敬""追怀、祭祀历代祖先"。

"民德"的源头在于"道",而直接体现"德"者则在圣贤而非君王——尤其是在春秋战国时期。所以朱熹(1983)将之解释为"下民化之,其德亦归于厚"是不够确切的——朱氏很显然将"德"视为上者(在位者,与下民相对应)的"先有",而非圣贤者的品质。"归厚"之"归"是以一种上行下效的方式演进的,从这一层面来理解"归厚",是为了凸显和强调《论语》以及儒家的教化之功能。

综上,儒家非常重视丧葬和祭祀之礼,将其作为个人孝道的展现,并认为祭祀之礼可以培养一个人对父母的尊敬和对祖先的孝敬之情。孝是忠的基础,一个人若不能对父母尽孝,是不可能为国尽忠的。

二、英译文对比探析

本小节主要选取理雅各(1971)、辜鸿铭(2011)、苏慧廉(1910)和许渊冲(2005)四位译者的译本进行对比分析。

[原文]曾子曰:"慎终追远,民德归厚矣。"　　　　　　(《论语·学而篇第一》)

英译一:The philosopher Tsang said, "Let there be a careful attention to perform the funeral rites to parents, and let them be followed when long gone with the ceremonies of sacrifice;—then the virtue of the people will resume its proper excellence."　　　　　　(理雅各,1971)

英译二:A disciple of Confucius remarked, "By cultivating respect for the dead, and carrying the memory back to the distant past, the moral feeling of the people will waken and grow in depth."　　　　　　(辜鸿铭,2011)

英译三:The philosopher Tseng said: "Solicitude on the decease of parents, and the pursuit of this (them) for long after, would cause an abundant restoration of the people's morals."　　　　　　(苏慧廉,1910)

英译四:If a ruler regrets the death of his parents, said Master Zeng, and never forgets his ancestors, then people would follow him in doing good.(许渊冲,2005)

虽然四位译者对本句中丧葬祭祀对于全社会民德教化的作用这一原意都把握无误,但对例句细节的理解还存在出入,因而导致不同译本中的遣词用句有一定差异。

(一)"慎终"的英译

上文中已阐明,"慎终"指谨慎地对待父母的丧事。理雅各(1971)译为"let there be a careful attention to perform the funeral rites to parents",意思

与原文较为贴合;辜鸿铭(2011)译为"cultivating respect for the dead",即"培养对死者的敬意",不贴合原文中主要针对父母葬礼提出的尽孝道的要求的意思;苏慧廉(1910)译为"solicitude on the decease of parents","solicitude"主要是关心、挂念的意思,与原文父母亡故的语境不太贴合;许渊冲(2005)译为"regrets the death of his parents","regret"一词也有哀悼之意,但其做后悔之意更为常见。

(二)"追远"的英译

"追远"指举办追念古代先祖的祭祀活动。理雅各(1971)译为"let them be followed when long gone with the ceremonies of sacrifice"(在祭祀仪式结束后还要持续进行丧葬仪式),是对原文进行了字面上的直接理解,导致译文偏离原文语义。辜鸿铭(2011)译为"carrying the memory back to the distant past"含义过广,"distant past"未能体现对先祖的追忆。苏慧廉(1910)译为"the pursuit of this (them) for long after"。"pursuit"为"追求"之"追"而非"追忆"之"追",而代词"this"或"them"指代"the decease of parents"或"parents",并不是指古代先祖,是对原文意思的误读。许渊冲(2005)译作"never forgets his ancestors"并非对"追远"的直译,而是曲折达意,但较为准确地体现了原文意思。

(三)"民德"的英译

对于"民德"一词,辜鸿铭(2011)与苏慧廉(1910)都选用了"moral"(道德)一词,理雅各(1971)选用了"virtue"(德行、美德),均为与原文几无出入的直译;而许渊冲选择了"doing good"这一含解释意味的短语,将"民德"概括性地理解为行善举,恐不够严谨。

(四)"归厚"的英译

"归厚"一词,理雅各(1971)将"归"字译为"resume"(重归),偏重一个"重"的含义;辜鸿铭(2011)则将"归厚"翻译为"唤醒并加深(百姓的道德)意识",其偏重从"未启蒙"到"唤醒"之意;苏慧廉(1910)添加了关联词"cause",并选用了"restoration"(重归),将"慎终追远"与"民德归厚"的关系做了一个妥善的衔接,不失精妙;许渊冲(2005)则在句首添加了"统治者"这个主语,为整个句子的语境添加了一个"统治者作为表率"的前提,虽与下文追随(统治者)行善举之意相呼应,但整个句子因为主语的添加而相较于原文多出了一种"统治者的举动引发民众效仿"的意味。

第二节　治国理政

传统祭祀文化,除了上一节中提到的具有增强社会教化的功能,还具有一定的政治性。据此,我们将列举《论语》中从国家层面分析祭祀作用的选段,对其不同版本的英译进行分析。

一、治国理政的内涵

[**原文**]或问禘之说。子曰:"不知也,知其说者之于天下也,其如示诸斯乎!"指其掌。　　　　　　　　　　　　　　　　　　(《论语·八佾篇第三》)

[**释义**]有人问禘祭的道理。孔子说:"我不知道;懂得这一道理的人,他对于治理天下,好像把物件摆在这里一样容易吧。"他一面说,一面指着手掌。

(杨伯峻,1992)

关于上文语境,学界普遍认为孔子是在委婉地感叹鲁国举行天子才能举行的禘礼有僭越之嫌,而同时此句也侧面体现出孔子认为熟知禘礼的人应当是通晓治理天下之道的。我们在本单元第一课第三节的学习中已对禘礼做了详细的讨论。在此,我们进一步拓展了解这一礼仪与治国理政之间的重要关联。

《礼记》有云,"明乎郊社之礼、禘尝之义,治国其如示诸掌乎""禘尝之义大矣",可见在古代,禘祭之礼被视作掌握即能理解治国维稳之道的重要仪式。

孔子认为,禘祭是一套祭祀礼仪,更是一套治理国家的原则。禘祭者们若想把天下治理好,必须真正理解"禘祭"的含义,否则,一切都只是枉谈。孔子站在治理国家的原则问题的高度来论述禘礼,可见禘礼之重。原文中,孔子指着自己的手掌说:"知其说者之于天下也,其如示诸斯乎!"足见孔子深知禘礼。只是由于鲁国君臣在行禘祭时有僭越、失礼之举,而孔子作为鲁国臣子不便明说,才言道"不知也",是为尊者讳。

禘祭是殷周时代的一种重大礼仪,其过程对主祭者、参与者、观礼者、祭祀程序、礼器和祭品做出严格规定。禘祭最初的举办者是周王,祭祀对象是主祭者的先祖和先考,举行场所通常是在天子太庙或宜庙。后来公侯也可以在公侯祖庙举行禘祭。

首先,禘祭规格极高,仪式神秘,有着宗教色彩。在宗法制时代,统治者通过这个仪式向臣子昭示国家政权的神秘性和合法性,以此达到增强统治集团内部的认同感和凝聚力的目的。

其次,禘祭严格规定祭祀权力,即主祭人和祭祀对象(即先祖先考)的等级和排列次序,彰显了长幼有序的宗法伦理,强调了君臣有别的政治秩序,有利于稳定统治集团内部秩序、确认职权。

最后,在等级森严的规定下,在盛大隆重的仪式、庄重肃穆的氛围中,参与者们能够受到极大的精神震撼和情感熏陶,其对政权的珍视与对君主的忠诚由然而生,各安其职的权责意识得到强化,进而政治态度更加恭敬、庄重、审慎。

总之,禘礼的作用近似现代宪法、政府组织法和行政法等,其道德规范、政治制度、宗法伦理与丰富的政治伦理内涵所体现的精神是治理天下的根本。这样的礼制思想能使君臣各尽其职、政令畅通、秩序井然,也能让四民晏然、天下太平。

二、英译对比探析

本小节主要选取理雅各(1971)、辜鸿铭(2011)、苏慧廉(1910)和许渊冲(2005)四位译者的译本进行对比分析。

[原文]或问禘之说。子曰:"不知也,知其说者之于天下也,其如示诸斯乎!"指其掌。 (《论语·八佾篇第三》)

英译一:Some one asked the meaning of the great sacrifice. The Master said, "I do not know. He who knew its meaning would find it as easy to govern the kingdom as to look on this" ——pointing to his palm. (理雅各,1971)

英译二:Somebody asked Confucius for the meaning of the great Ti sacrifice mentioned above. "I do not know," answered Confucius. "One who understands its significance will find it as easy to rule the world as to look at this," pointing to the palm of his hand. (辜鸿铭,2011)

英译三:When some one asked the meaning of the Quinquennial Sacrifice, the Master replied: "I do not know. He who knew its meaning, would he not find himself in regard to the whole Empire as if he were looking upon this?" ——pointing to his palm. (苏慧廉,1910)

英译四:Asked about the imperial sacrifice, the Master said, "I do not know it. Those who know it may see an empire as clearly as his palm." (许渊冲,2005)

(一)"禘"的英译

首先,在对本句中孔子与人谈论的禘礼的翻译上,四位译者的翻译不尽相同。本单元第一课第三节已介绍禘礼是古代一种极为隆重的大祭之礼,只有天子才能举行(杨伯峻,1980),并且对"禘"的英译做过初步讨论。这里,我们加深一下对"禘"及其英译的认识。"禘"为形声字,字从示、从帝,"帝"意为"原始的""最初的","示"为"先祖序列","示"与"帝"联合起来表示"祭祀先祖"。理雅各(1971)将"禘礼"翻译为"the great sacrifice",未能体现禘祭作为只有天子才能举行的王室祭典的特征。辜鸿铭(2011)将"禘礼"视作一种表示祭典的专有名词,翻译为"the great Ti sacrifice",反而可能使读者对"Ti"这个词语的意思产生疑惑。苏慧廉(1910)则将其翻译为"the Quinquennial Sacrifice",字面意思为每五年举办一次的祭典。据史料记载,每五年举行一次的宗庙大祭为殷禘,因此与《论语》所述时期的禘祭不同。许渊冲(2005)将"禘"译为"the imperial sacrifice",以目标语读者容易理解和接受的方式诠释了"禘"这一文化负载词的准确意思。

(二)"说"的英译

对"说"一词的翻译,几位译者的处理也有差别。理雅各(1971)与苏慧廉(1910)均处理为"He who knew its meaning",相较于许渊冲(2005)简单处理成"Those who know it"而言意思要更加精确,且与句首"asked the meaning of"前后对应;而辜鸿铭(2011)译作"significance",意思较为局限。"知其说"所指的应当不仅仅是禘礼的重要性,还涵盖禘礼的筹办等事项。

(三)句式的选择

对于"……之于天下也,其如示诸斯乎"的句式,苏慧廉(1910)与其他三位译者不同,选择以反问的句式"would he not find…"来表达,语气中的对话感和孔子身为人师的训导感更为强烈。许渊冲(2005)翻译该句时与其他三位译者的不同主要体现在对"……其如示诸斯乎!"的翻译。这里的"示"字为假借字,同"置",作"摆"之意,或同"视",作"了如指掌"之意。理雅各(1971)、辜鸿铭(2011)和苏慧廉(1910)基本都采用直译的形式,按照原文翻译成"'治理国家会容易得就像看着这儿一样',(说着)一边指着他的手掌",而许渊冲则将这一短句融入主句,将译文稍作改变,整合成更容易理解的文意:"他会对一个国家了如指掌"。

(四)"天下"的英译

四段译文中对"天下"一词的翻译各有不同。理雅各(1971)将其翻译为"govern the kingdom",最贴合语境。辜鸿铭(2011)则译成了"rule the world",未免夸大其词,与原文意思不符。苏慧廉(1910)和许渊冲(2005)选择的"empire"一词与孔子所在的春秋战国时期诸侯割据的小国概念不同,没有

那么贴合本段中"天下"一词的原意。在中华思想文化术语库中已经使用拼音"tianxia",这样的尝试也为当代译者提供了某种选择和思考的方向。

第三节　人文教化

作为祭祀参与者的孔子并不需要确认所祭祀的先祖神灵是否真实存在,而只是需要一个这样的仪式、流程,这样一种行为、状态,对自我内心信奉的神灵做出追寻、思考。本节选取了《论语》有关祭祀的人文教化功能的内容,从多个层面探讨和辨析,寻求更为适恰的英译。

一、人文教化的内涵

除前两节提及的祭祀活动在社会层面上的教化功能,以及在国家层面上具有的政治性,孔子还将祭祀活动的本质视为一种人文教化。孔子认为祭祀应注重内在真情的投入,并从中获得一种对人性崇高的心灵的追寻。祭神之本质不是祭外在的神灵,而在于人自身心中存在的神性。

[原文]子疾病,子路请祷。子曰:"有诸?"子路对曰:"有之。《诔》曰,'祷尔于上下神祇。'"子曰:"丘之祷久矣。"　　　　　　　　（《论语·述而篇第七》）

[释义]孔子病情严重,子路要祷告求神。孔子说:"这样做有用吗?"子路说:"有的。《诔》文上说,'为你向天地神灵祈祷。'"孔子说:"可我孔丘很久以来都一直在祈祷呀。"　　　　　　　　　　　　　　　　　　（吴国珍,2015）

孔子不谈论怪异、暴力、变乱、鬼神,偶有提及,并不是为了提倡之,更不会做正面的介绍。他往往是为了阐述某些道理才顺便提到,关注的还是人,这是一种人本主义的智慧。

要巩固人本思想,强调人的作用,除了厘清人与鬼神的关系,还必须厘清人与命的关系,因为把人的一切说成必须由命来支配,人就会失去能动作用。实际上,儒家思想的基本特征是强调天人一体,浸透着浓厚的社会伦理意识。从殷人的天帝和鬼神崇拜,到周人的敬天保民,儒学的天人观实际已经逐步发生了转向,天帝鬼神的权威渐趋失落,经过春秋时期的社会动荡,随着"人"的意义的凸显,人们把注意力更多地集中到修人事与求"人和"上来。在这个过程中,孔子对人本思想的强化功不可没,也正是他,把后世的儒家引上了正确的道路。

与宗教不同,儒学是"入世"的,是对人的入世教育,教育人如何为人处世,以仁义礼智信廉耻等伦理道德为主,去追求人际与社会的和谐。儒家的人本思想使人脱离虚幻的世界,从依靠救世主到依靠人本身的主观意志去生活,依靠人的主观努力去奋斗,这就是儒学最具现实意义的地方。

二、英译对比探析

本小节主要选取理雅各(1971)、辜鸿铭(2011)、苏慧廉(1910)和许渊冲(2005)四位译者的译本进行对比分析。

[原文]子疾病,子路请祷。子曰:"有诸?"子路对曰。"有之。《诔》曰:'祷尔于上下神祇。'"子曰:"丘之祷久矣。"　　　　　　　（《论语·述而篇第七》)

英译一: The Master being very sick, Tsze-lû asked leave to pray for him. He said, "May such a thing be done?" Tsze-lû replied, "It may. In the *Eulogies* it is said, 'Prayer has been made for thee to the spirits of the upper and lower worlds.'" The Master said, "My praying has been for a long time." (理雅各,1971)

英译二: On one occasion when Confucius was sick, a disciple asked that he would allow prayers to be offered for his recovery. "Is it the custom?" asked Confucius. "Yes," replied the disciple, "in the *Book of Rituals for the Dead* it is written, 'Pray to the Powers above and pray to the Powers below.'" "Ah," said Confucius then, "my prayer has been a long—lifelong—one." 　　(辜鸿铭,2011)

英译三: Once when the Master was seriously ill Tzu Lu asked leave to have prayers offered. "Is there authority for such a step?" asked the Master. Tzu Lu replied, "In the litanies it is said, 'We pray to you, spirits celestial and terrestrial'." The Master answered, "My praying has been for long." 　　(苏慧廉,1910)

英译四: When the Master was very ill, Zi Lu asked leave to pray for him. The Master said, "Did the ancients pray?" Zi Lu said, "Yes, it is said in the *Book of Prayer* that we may pray to the divinities above and below." The Master said, "Then I have been praying for a long time." 　　(许渊冲,2005)

(一)"有诸"的英译

关于"有诸"的英译,理雅各(1971)译为"May such a thing be done?",表示"是否能进行祈祷",是对原文问询这种做法根源的本意的误读;辜鸿铭(2011)将"有诸"译为"Is it the custom?",虽与原文形式不尽相同,但是,译出了询问为病人祈祷这一行为来源的意思;苏慧廉(1910)将该句翻译成了"Is there authority for such a step?",与原文意思大相径庭;许渊冲(2005)则对句意进行了补充,变为孔子问"Did the ancients pray?",与辜鸿铭采取的策略类似,也能还原出原文意思。

（二）"诔"的英译

四位译者在对"诔"的翻译上选择了不同的用词。理雅各（1971）所选的"eulogy"一词较为正式和书面化,包含"颂词"和"悼词"双重含义;辜鸿铭（2011）将"诔文"译为"the *Book of Rituals for the Dead* ",这与原文中"诔"所表示的祈祷文之意有出入,系理解错误导致的误译,与原文孔子只是卧病在床的情景不符;苏慧廉（1910）将诔文翻译为"litany",意为"连祷文",多为冗长的祷告文,或指英国国教公祷书里的连祷文,与原文所指的古代诔文文体不同,不太符合原意;许渊冲（2005）所用的"*Book of Prayer*"则更能准确体现"诔文"作为祈祷文的意思。

 每课一句

躬自厚而薄责于人,则远怨矣。（《论语·卫灵公篇第十五》）

He who is strict with himself and lenient with others will be free from resentment.（吴国珍,2015）

每课阅读与思考

请阅读以下论文,并回答思考题。

论文

——刘伟,2018.《论语》中的"祭祀"意蕴探微［J］.世界宗教文化,（5）:148-154.

思考题

1.阅读以上论文,结合本课第一节所学,谈一谈如何理解"社会教化"。

2.曾子曰:"慎终,追远,民德归厚矣。"理雅各与苏慧廉对"归厚"一词的英译有所不同,如何从社会风气层面来理解其中的不同?

参考文献

［1］辜鸿铭,2011.辜鸿铭英译《论语》［M］.昆明:云南人民出版社.

［2］刘宝楠,1957.论语正义［M］.北京:中华书局.

［3］刘伟,2018.《论语》中的"祭祀"意蕴探微［J］.世界宗教文化,（5）:

148-154.

[4]　吴国珍，2015.《论语》最新英文全译全注本[M].2 版.福州：福建教育出版社.

[5]　许渊冲，2005.汉英对照论语[M].北京：高等教育出版社.

[6]　杨伯峻，1980.论语译注[M].2 版.北京：中华书局.

[7]　杨伯峻，1992.四书(英汉对照 文白对照)[M].理雅各，英译，刘重德，罗志野，英文校注.长沙：湖南出版社.

[8]　朱熹，1983.四书章句集注[M].北京：中华书局.

[9]　霍恩比，A. S. 2018.牛津高阶英汉双解词典[M]. 9 版. 北京：商务印书馆.

[10]　英国柯林斯公司，2008.柯林斯高阶英汉双解词典[M]. 北京：商务印书馆.

[11]　Legge，J.(理雅各). 1971. *Confucius：Confucian Analects，the Great Learning and the Doctrine of the Mean*[M]. London：Dover Publications.

[12]　Soothill，W. E.(苏慧廉). 1910. *The Analects of Confucius*[M]. Tokyo：The Methodist Publishing House.

第五课　小结

　　译者是翻译的主体,然而翻译的主体长期以来受到忽视,译者处于边缘化地位。随着翻译研究中"文化转向"的出现,翻译的主体才逐渐受到重视,对不同译本的评价也不再只停留在语言文字层面上,而开始从文化、历史和社会等很多层面去考虑制约翻译的外在因素。比如由于生活经历、社会背景、知识储备、社会地位、个人翻译偏好以及文化习俗的影响,不同的译者在翻译同一个文本时会采取不同的翻译策略,译本之间便会产生差异。

第一节　译者背景与目的的影响

　　译者是原文的读者,也是译文的作者,在翻译过程中起到了关键的桥梁作用。译者的身份标识和知识结构等因素都在影响着翻译过程中的一系列翻译行为和最终的译本产出。

一、译者背景的影响

　　从研究者层面上看,在对一部翻译作品进行鉴赏评析时,要充分考虑到译者的身份背景等因素,力求对译本进行客观、全面的分析。本节我们将通过重点分析理雅各、辜鸿铭、苏慧廉和许渊冲这四位译者的文化背景,体会译者文化背景对翻译风格的影响。

　　理雅各是近代英国著名汉学家,曾任香港英华书院校长、伦敦布道会传教士,是第一个系统研究、翻译中国古代经典的人。理雅各翻译中国古代经典的初衷纯粹是为了更好地传播西方宗教文化:将翻译的《论语》提供给传教士阅读,以便他们学习中国文化,然后找到进行传教的入口。因此,理雅各在翻译时,主要采用异化的方法,忠于原文,保留中国文化的精髓。但是,理雅各在翻译时,即他所处的 19 世纪末,西方对汉学经典的译介引入基本不是以欣赏为目的的,汉学彼时也是方兴未艾的学科。作为传教士出身的汉学家,他对中国文化了解得并不深入,所以他并不能透彻地理解原文,译文往往不免有误译现象。他甚至没有注意到汉英两种语言的差异,拘泥于中文句式,这种"句式对等"使得译文不自然通顺;对于长篇的文段也多是选择在保留原意的情况下以分条目列举的方式呈现成英文,有时会让读者如坠雾里,从而无法准确理解《论语》。

辜鸿铭生于南洋,其母为洋人,但长辈的叮嘱使其不曾忘记自己的汉人身份,长期学习与成长于中西方思想文化的交融熏陶之下。辜鸿铭学贯中西。据其《论语》英译本序中所言,其翻译的初衷是认为时代发展后理雅各的《论语》译本逐渐显现出不少缺憾,当时正是需要真正了解中华历史与文明的汉人去重新翻译表达《论语》一书的时候。因而辜鸿铭在翻译时多采用意译,"得义忘形",使译文语义更为细腻连贯。辜鸿铭还善于通过副文本,如序、注等方式积极介入译本,旁征博引,增强译者与目标语读者的交流。他在整个英译本中数次引用或转述歌德、华兹华斯、丁尼生、爱默生、伏尔泰等人的作品与观点,或以评注的方式将《论语》中的中国文化以西方读者便于接受的方式说明和诠释。

苏慧廉与理雅各同为传教士,但他生活的时代在理雅各之后数十年。其于1906年左右进行《论语》翻译工作的主要原因之一就是认为"理雅各博士的译本对于教育程度有限的读者来讲过于艰深,他的译本对于当今的英国读者来说也是年代久远的读本"(张萍,2015)。为了更新译本,并让更多普通读者能够了解到中国文化,苏慧廉决定自己进行《论语》的翻译工作。苏慧廉个人对孔子及《论语》的评价较高,认为"他(指孔子)的相伴有裨于品格建造"(张萍,2015)。对中国文化更强的认同和更加深刻的个人见解,使得苏慧廉翻译时兼用异化与归化两种译法并将二者很好地中和,依据语境灵活地采用合适的翻译策略。

许渊冲的译作在时间上要比上面提及的三位译者晚上许多。在这数十近百年间,东西方翻译理论蓬勃发展,在翻译原则和翻译策略的讨论上百家争鸣。许渊冲独树一帜的翻译风格强调大幅度地发挥译者主观能动性,其《论语》译本也明显可见地体现了他"三美""三化""三之"的翻译理论,他的译文有高度发挥译者主观性的一面。综上来看,许渊冲的译文虽在四种译本中是省略删改较多的,但仍能使译文在简短的前提下提炼出原文的主要意思。相比之下,许渊冲对《论语》的了解自是比西方汉学家更多,译文语言表达上也较辜鸿铭版更为凝练。

二、译者目的的影响

译者是翻译活动过程中最积极、最主动的因素。译者具有能动性，其能动性分别表现在以下三个方面：第一，能动地理解原文；第二，具有自己的翻译原则；第三，能动地表达译文。因此，从译者层面上讲，译者应当积极发挥自己的主体作用，依据翻译目的，最大程度地贴合读者的需要，尽力达到可读性和准确性的平衡统一。一个好的译本的诞生，首先要求译者能够正确地理解原文，在此基础上，依据其目标读者的需求，采取适当的翻译策略和原则，发挥自己良好的语言能力，最后实现生动贴切的译本产出。

理雅各(1971)曾这样说明自己翻译中国典籍的原因："为了让世界了解中国这伟大的帝国，尤其是为了顺利开展我们在中国的传教事业并获得永久的成功，这样的学术研究是必不可少的……将孔子所有的著作翻译并加上注释出版，会为未来的传教士们开展传教工作带来极大的便利。"理雅各作为19世纪英国著名传教士和汉学家，起初他来中国的目的是传播福音，其翻译和研究中国典籍的目的是了解中国文化，最终更好地为传教服务。为了重点突出《论语》的语言特色，理雅各翻译时多采用直译的方法，注重尽可能多地保留原文形式。他的翻译为其他西方传教士和汉学家进一步了解儒家文化提供了便利，但同时理雅各因为是较早接触中国传统典籍的一批译者，其在翻译《论语》等著作时还存在一些没能理解原文本意的情况，导致其英译本向西方传播的中国传统文化和儒家思想等存在一定局限性和错误。

辜鸿铭翻译《论语》主要有两个目的：一是西方人翻译的《论语》质量不是很高。西方的传教士和汉学家翻译儒家经典不过是应时之需，他们短期内并不能对中国文化做一个透彻的了解，因此译文中误解曲解、死译硬译和断章取义的现象俯拾即是，这样很容易导致西方人对中国人和中国文明产生偏见。二是希望让中国文化和中国精神得到更好的传播。因为他精通英汉两种语言，对两国文化都有透彻的了解，所以，在翻译时，他能够准确地理解原文，加之对英国语言、文化和思维的掌握，他主要采取归化和意译的翻译策略，不仅译出原文的意思，还再现原文的风格，译文自然流畅，努力向西方读者靠拢。辜鸿铭译本与苏慧廉、理雅各译本相比字数最多，在句式的处理上与用词上略显反复。然而，翻译《论语》最重要的是能够正确传递儒家文化，并令其最大程度地为西方读者所接受。辜鸿铭能够用西方读者熟悉的词句来翻译汉语中特有的词和文化现象，降低了文化陌生感，便于理解。但由于过早地、长时间地接触西方文化，较晚才开始学习汉语，辜鸿铭对《论语》中某些文化现象也存在理解误差,进而使其译文也出现了一些错译。

作为传教士,苏慧廉翻译《论语》的目的是使基督教徒领略到中国传统的儒家思想,最终实质是文化侵略和思想侵略。苏慧廉的译文受西方中心主义思想的影响,颇具基督教文化至上的色彩。站在西方读者的角度来说,相较于理雅各译本的重直译和辜鸿铭译本的高度归化而言,苏慧廉译本在尽可能传达出原文含义的同时又能灵活地发挥译者的主观性,使成品更流畅、更符合当代普通英语读者的阅读习惯。

许渊冲号称"诗译英法唯一人",其译文讲究的是语言的流畅、对仗和音韵美,注重将文学翻译提高到艺术创作水平。许渊冲(2012)在《再谈中国学派的文学翻译理论》一文中提出"知之、好之、乐之"。这"三之论"可以算是文学翻译的"目的论",即翻译的主要目的一共可以分为三个层次:译文首先要使读者知道原文说了什么,这是译文的最低要求;其次要使读者喜欢译文,这是中等要求;最后要使读者感到有趣,这是最高要求。

译者不同的素质,包括不同的价值观、不同的知识水准和不同的理论倾向带来了翻译的多样性。也正因此,译者们解决翻译难题时也都依据各自不同的背景、不同的翻译目的,从而使译文呈现出不同的形态。

第二节　英译策略及评析

本小节将从英译策略赏析和英译策略评析两个方面进行探讨。

一、英译策略赏析

(一)语义翻译和交际翻译

交际翻译是英国翻译理论家纽马克(Peter Newmark)提出的一种翻译模式,与之相对的是语义翻译。交际翻译以目标语读者为导向,注重信息的传递,只保留原文功能而非其遣词造句的形式。而语义翻译不仅重视原作者原意,而且重视原文形式。辜鸿铭(2011)将《论语·八佾篇第三》中"季氏旅于泰山……"中的"季氏"理解为"有权势的贵族家庭之首",将其译为"the head of the powerful family of nobles"。他抛开了原文的细节描写,直接传递原文想要传递的信息,这应属于交际翻译策略。但是纽马克(2001)认为,对于文学、哲学等表达性语篇,形式和内容一样重要,或形式和内容密切结合无法分离,就适合采用语义翻译策略。《论语》就属于这一类语篇,其表达简洁凝练,一词一句都蕴含着深厚而独特的文化内涵,试图抛开形式传达意义,效果往往大打折扣,因此,宜以语义翻译策略为主。

（二）丰厚翻译

"丰厚翻译"是译者安乐哲(1998)最为明显的风格。

[原文]樊迟问知,子曰:"务民之义,敬鬼神而远之,可谓知矣。"

（《论语·雍也篇第六》）

英译:Fan Chi inquired about wisdom (zhi 知). The Master replied, "To devote yourself to what is appropriate (yi 义) for the people, and to show respect for the ghost and spirits while keeping them at a distance can be called wisdom."

（安乐哲,1998）

安乐哲的"wisdom（zhi 知)"和"appropriate（yi 义)"的翻译,采用三重翻译的异化翻译策略,十分直观、鲜明地将源语文化展现给目标语读者,但同时也不可避免地使目标读者对译文产生几分陌生感。

（三）阐释性策略

《论语》的英译过程中必然会存在许许多多文化障碍,如《论语·八佾篇第三》中的"或问禘之说"。"禘"为一种典型的承载着特定文化信息的词语,在两种语言文化的交际中可能难以找到精确的对应方式。此时最为恰当的方法便是在尽量精确的前提下突出其"类概念意义",以目标语读者容易理解和接受的方式诠释"禘"这一文化负载词的准确意思。

二、英译策略评析

理雅各、苏慧廉这两位具有西方传教士背景的译者侧重还原原文,希望将所传达的信息显性化,并且以将中国文化介绍给本国汉学家、传教士为目的。理雅各的翻译是典型的"学术翻译",直译的痕迹更为明显,逐字逐行紧贴原文行文结构翻译,尽可能还原原文意义。这种译法有时不免显得过于晦涩,遭到了一些批评。批评者中就有辜鸿铭。辜鸿铭认为理雅各的译文句式冗长、行文僵硬,因此他在自己翻译《论语》的过程中便规避了这些缺陷,还将一些可省略的专有名词和概念特意省去了(如未被经常提及的孔门弟子统一以"disciple"代称等),呈现出了一种归化程度较高的翻译。苏慧廉为了保证译本在目标语国家的可读性和传播程度,使其取得一定的社会效益,采用了合乎目标语读者文化背景和理解习惯的更"归化"的翻译方法。苏慧廉的翻译策略趋向于"厥中",不完全倾向于源语,也不过于倾向于目标语,而是在两端之间寻求动态平衡,努力保存原作风味,既避免了留下生硬翻译的痕迹,又能让读者感受到原作的意蕴,重构了源语的社会历史文化环境,便于读者接受。

辜鸿铭(2011)和许渊冲(2005)偏重发挥主观性进行意译,对原文文意进行补充,而非直译。辜鸿铭曾在他的《论语》英译本的序中写道:"……想借此表达一个愿望:即受过教育的有头脑的英国人,但愿在耐心读过这本译书后,能引起对中国人现有成见的反思,不仅修正谬见,而且改变对于中国无论是个人,还是国际交往的态度。"由此可以见得,辜鸿铭追求源语与目标语间的"灵活对等",因此采用意译的方法,积极地为不熟悉中国文化的西方读者着想,希望能够将对儒家经典的正确理解传递出国门,获得当时外国读者的认同。许渊冲对于古籍的翻译重在"文学性",其译文往往能够给人一种文学艺术的美感,但这也恰恰在某种程度上暴露了许译的不足之处——某些时候因刻意追求译文的文学韵味而弱化了翻译的准确性和完整度。

综上,典籍翻译中,译者对译文背景知识的了解程度可能会影响译者对词句的处理方式:是翔实具体,还是简单抽象,但并非越翔实或者越浅显就更占优势,而是要考虑面向的读者。对于初次接触《论语》的外国读者来说,简单浅显的白话式陈述会帮助他们走进儒家文化;而对于已经有粗浅了解的爱好者来说,稍微具体而翔实一些的译本会更加具有挑战性,更能给予他们不一样的感触。典籍翻译与普通文本翻译一样,既有着译者个人可延展的空间,也有着了解读者需求与接受度的必要,同时还有着原文作者与注疏作者的思想空间,这是其文本特点所在,也是译者在翻译时需要特别考量的层面。

 每课一句

君子怀刑,小人怀惠。(《论语·里仁篇第四》)

A superior man holds to legal laws, while a petty man clings to his benefits.(吴国珍,2015)

📚 每课阅读与思考

请阅读以下论文,并回答思考题。

论文 1

　　——崔永禄，1999.理解的困惑与译者的意图——阅读《论语》两个译本的札记[J].外语教学，(1)：20-24.

论文 2

　　——倪蓓锋，2008.译者目的与译本多样化——以《论语》为例[J].华中科技大学学报(社会科学版)，(3)：102-106.

思考题

1. 结合本课内容与以上论文，探讨《论语》译者的翻译目的有哪些。

2. 翻译目的对译者翻译策略的选取与运用有哪些影响？从语篇的哪些层面能够考察这些影响？

参考文献

[1] 崔永禄，1999.理解的困惑与译者的意图：阅读《论语》两个译本的札记[J].外语教学，(1)：20-24.

[2] 端木敏静，2018.亦文亦质，且释且译：英国汉学家苏慧廉《论语》翻译研究[J].浙江外国语学院学报，(2)：76-82.

[3] 辜鸿铭，2011.辜鸿铭英译《论语》[M].昆明：云南人民出版社.

[4] 倪蓓锋，2008.译者目的与译本多样化：以《论语》为例[J].华中科技大学学报(社会科学版)，(3)：102-106.

[5] 纽马克，2001.翻译问题探讨[M].上海：上海外语教育出版社.

[6] 王芳，2019.威利《论语》译本的文体风格研究[J].潍坊学院学报，(4)：56-60.

[7] 许渊冲，2005.汉英对照论语[M].北京：高等教育出版社.

[8] 许渊冲，2012.再谈中国学派的文学翻译理论[J].中国翻译，(4)：83-90.

[9] 张萍，2015.试论苏慧廉《论语》英译本对"仁"的理解和翻译[A]// 生安锋.文学、文化理论与中国学术的国际化：庆祝王宁先生六十寿辰文集.北京：中国社会科学文献出版社，192-206.

[10] Ames, R. T.（安乐哲）. 1998. *The Analects of Confucius*[M]. New York：Ballantine Books.

[11] Legge, J.（理雅各）. 1971. *Confucius：Confucian Analects，the Great Learning and the Doctrine of the Mean*[M]. London：Dover Publications.

第四单元

思想文化

　　作为儒家经典著作,《论语》汇集了孔子及其弟子的智慧,是中华优秀传统文化的杰出代表,出自《论语》的思想文化更是儒家思想文化的浓缩。本单元第一课至第六课分别介绍了关于品德、德行、德治、教育、立世和态度等六个方面的思想文化,每一课关于思想文化的主题分别用三个典型的词语呈现并进行具体阐述。第七课基于前六课的具体英译,总结了思想文化英译时的不同翻译策略并进行了评析。

第一课 品德

良好的品德是人之为人的前提。在《论语》中,孔子对"德"的阐释是多维度、多层次的,涵盖了个人修养、社会伦理和政治治理等方面。在个人修养层面,孔子认为,个人的德行是内在修养的体现,是人之所以为人的根本。他强调"仁""义""礼""智""信"等品质的重要性。在社会伦理层面,孔子提出"己所不欲,勿施于人",这是他对如何处理人与人之间相互关系提出的基本原则,强调了对他人的尊重和同情。此外,孔子还强调了"礼"的重要性,认为礼是维护社会秩序和谐的关键。在《论语·秦伯》中,孔子说:"恭而无礼则劳,慎而无礼则葸,勇而无礼则乱,直而无礼则绞。"这表明,即使有良好的品质,如果没有礼的约束,也会导致不良后果。在政治治理层面,孔子认为,君子(理想的统治者)应当以德治国,通过自身的德行来感化和引导人民。在《论语·为政》中,孔子说:"为政以德,譬如北辰,居其所而众星共之。"这句话意味着,如果治理者能够以德行来治理国家,就像北极星一样,会得到人民的自然拥护和追随。由此不难看到,孔子在《论语》中对"德"的阐释是全面而深刻的,他将德行视为个人修养的核心,社会和谐的基础,以及政治治理的原则。孔子的这些思想至今仍对人们的道德修养和社会生活产生着深远的影响。

第一节 成人之美

本节以"成人之美"英译为例,进行成语翻译的对比研究,探讨成语英译的适恰策略。

一、成人之美的内涵

[原文]子曰:"君子成人之美,不成人之恶。小人反是。"

《论语·颜渊篇第十二》

[**释义**]孔子说:"君子成全别人的好事,不成全别人的坏事。小人和这相反。"

(杨伯峻,1992)

该句是《论语》中孔子关于君子和小人的经典言论。"成人之美"的"成"作动词,表示"成全、促成"。"成人之恶"的"恶"作名词,一般指"坏事情或恶意";与之相对应,"成人之美"的"美"字则是"好事或美好的愿望"的意思。虽然经过演变后,"成人之美"四字中并未包含"君子"二字,但这一动宾式成语的施动者一开始也确实是"君子"。"君子"一词最早见于《诗经》,泛指男士,如"窈窕淑女,君子好逑"。《诗经》之后的中国国学经典广泛使用"君子"一词,使其逐渐带有阶级指向性。直到孔子赋予了"君子"道德意义,这一词才具有了德性这一层的含义。现如今,"成人之美"成为高尚品德的体现,意思是"成全他人的好事或帮助别人实现其美好愿望"。

孔子认为,为政和从教也是君子"立人""达人",即"成人之美"的途径或方式之一。为政者应服务百姓,成其之好;从教者应严谨治学教学,帮助学生学习知识,学习为人处世之道。懂得成人之美的人,能够做到尊重和关爱他人,能在他人处于危难时尽力帮助。"成人之美"的极致境界是"杀身成仁",孔子说:"志士仁人,无求生以害仁,有杀身以成仁。"(《论语·卫灵公篇第十五》)这是一种牺牲精神,是仁德人格化的君子范畴。

二、英译本对比探析

本小节主要选取理雅各(1971)、韦利(1938)和吴国珍(2015)三位译者的译本进行对比分析。

[**原文**]子曰:"君子成人之美,不成人之恶。小人反是。"

(《论语·颜渊篇第十二》)

英译一:The Master said, "The superior man seeks to perfect the admirable qualities of men, and does not seek to perfect their bad qualities. The mean man does the opposite of this."

(理雅各,1971)

英译二:The Master said, "The gentleman calls attention to the good points in others; he does not call attention to their defects. The small man does just the reverse of this."

(韦利,1938)

英译三:The Master said, "A virtuous man helps others fulfill their nice wishes but not their evil ones. A base man does the opposite."

(吴国珍,2015)

(一)"美"的英译

此处,"美"字不仅包括个人美好的品质,还包含了"好事或美好的愿望"的意思。理雅各(1971)将"美"译为"the admirable qualities",缩小了"美"的范围。韦利(1938)将"美"简单概括为优点"the good points",也不够严谨。相比于其他两个译本,韦利(1938)的译文过于"写实",缺少了"愿望""令人向往的"这一层韵味。吴国珍(2015)将"美"字翻译成"nice wishes",比"admirable qualities"和"good points"的效果要好。"nice wishes"指"美好的愿望",含义比"优秀品质"和"优点"更广。

(二)"成人之美"的英译

理雅各(1971)的翻译偏直译,且成语的译文风格和基调基本与原文一致,较好地保留了《论语》的语言特点。译本中还沿用了中国的经书注疏传统,在译文后附上了注解:"opposite influence upon others of the superior man and the mean man",一定意义上实现了"文化存真"。韦利(1938)的翻译则偏意译,行文流畅,灵活多变,同时采用了归化的方法。比如他将"君子"译为"the gentleman",便于西方读者理解和接受。但同时由于其译文现代化气息过于浓厚,中国文化元素显然遭到了弱化,不利于目标语读者了解中国文化。"call attention to"仅仅是"唤起注意",和"成"字的原义大相径庭。吴国珍(2015)的翻译也是侧重意译。"help"一词可谓传递了"己欲立而立人,己欲达而达人"的儒家仁爱思想。吴国珍还加入了评议部分,从而弥补译文中所欠缺的信息,详细注释了历史背景知识,译文也具有较强的可读性,易于为目标语读者所接受并传播中华文化。

第二节　当仁不让

本节以"当仁不让"英译为例,从多个视角进行成语翻译的对比分析。

一、当仁不让的内涵

[原文]子曰:"当仁,不让于师。"　　　　　　　　　　(《论语·卫灵公篇第十五》)
[释义]孔子说:"面对着合乎仁德的事就要坚决去做,就是在老师面前,也不必谦让。"　　　　　　　　　　　　　　　　　　　　　　　(吴国珍,2015)

成语"当仁不让"中,除了"不"字表示否定,较容易被理解,其余三字皆需要细细斟酌。朱熹(2005)对于"当仁,不让于师"的注释为:"当仁,以仁为己任也。虽师亦无所逊,言当勇往而必为也。盖仁者,人所自有而自为之,非有争也,何逊之有。"可见,其将"当"理解为"面对、遇到",视"仁"为一种责任,"让"

为"争让",而"师"则指"老师",但其并未明确"仁"字具体所指。

钱穆(2018)指出,"疑此师字当训众。盖仁行善举,众皆当任,人各相让,则谁欤任此。故遇众所当行之事,在己尤当率先不复让。当仁不让,即是见义勇为也"。他也将"当"理解为"面对、遇到","让"为"相让、谦让"。不同之处在于,他将"仁"解释为"善举",把"师"解释作"大众",而且还认为"当仁不让"等同于"见义勇为"。由此可见,颇有争议的二字还是"仁"和"师"。

"仁"字是"当仁不让"的核心概念,也是其中最难翻译的。"仁"是会意字,"仁,亲也,从人二"。"仁"的左边一半为"人",右边为"二",可以表示由此发生的人际关系,泛指亲近有爱。《论语》中多次谈及"仁",但全书并没有明确阐述"仁"的含义。因为仁是诸德圆融的最高境界,而每一个人的才性气质不同,成德的方向也不一样,所以孔子只是很具体地从各种角度去阐述人应如何行仁。孔子的弟子曾多次向孔子问仁。"仁"是一个宽泛的概念,包含所有的道德方面和社会实践方面的观念。因此,对"仁"的理解应结合具体语境。"当仁不让"的"仁"可理解为"仁德或合乎道德的事"。

"师"字在《论语》中一般解释为"老师"。但一般认为,"师"字应为"师父"的意思。"当仁,不让于师"的重点不在于"师"存在的必要性。该句是孔子假定的一个情景,用于强调"仁"是所有道德的最高标准,即使是对老师,也不必谦让。

二、英译本对比探析

本小节主要选取理雅各(1971)、辜鸿铭(2011)、韦利(1938)、安乐哲(1998)和吴国珍(2015)五位译者的译本进行对比分析。

[原文]子曰:"当仁,不让于师。" 　　　　　　　(《论语·卫灵公篇第十五》)

英译一: The Master said, "Let every man consider virtue as what devolves on himself. He may not yield the performance of it even to his teacher."

(理雅各,1971)

英译二: Confucius remarked, "When the question is one of morality, a man need not defer to his teacher." (辜鸿铭,2011)

英译三: The Master said, "When it comes to Goodness one need not avoid competing with one's teacher." (韦利,1938)

英译四: The Master said, "In striving to be authoritative in your conduct (ren 仁), do not yield even to your teacher." (安乐哲,1998)

英译五: The Master said, "Never wait for your teacher to go ahead of you

140

when facing a just cause."

（吴国珍，2015）

（一）"仁"的英译

理雅各（1971）先用"virtue"对"仁"一词做了界定，并强调了"仁"的实践性，将其翻译为"the performance of it"。"it"指代前一句的"virtue"。从增译部分看，理雅各（1971）将"仁"视为人的责任。"devolve on"的词典释义为"to give a duty，responsibility，power，etc. to somebody who has less authority than you"。这一句增译部分也说明理雅各（1971）认为"仁"与生俱来、天生而得之。这与孔子的理念有所出入。孔子所提倡的"仁"包括后天习得的部分。"Virtue"一词也有多个意思，其中一个英文释义为"behavior or attitudes that show high moral standards"。表面上看起来将"仁"翻译成"virtue"是对的，但"virtue"也可作宗教术语，表达的是"道德天使，九级天使中的第五级"（陆谷孙，1993）的意思。不难看出，理雅各（1971）试图建立起儒家文化和基督教的联系，以方便传教。

辜鸿铭（2011）将"仁"译为"morality"，在此处较为贴切。"morality"释义为"principles concerning right and wrong or good and bad behavior"。这表明辜鸿铭（2011）注重"仁"的道德层次，实际上也是从西方读者所熟悉的哲学角度入手，以此代表儒家生活方式的理想局面。"morality"由"moral"演变而来。"moral"一词常被用作哲学术语，如"moral philosophy"（道德哲学）、"moral intuition"（道德直觉）、"moral realism"（道德实在论）等。

韦利（1938）将"仁"译作"goodness"，是不够严谨的。他忽略了原文字词的意思，使得译文中的中国文化元素显得较为单薄。"goodness"含义为"the quality of being good"，即"善良、仁慈、优点"。这样的"仁"未免有些狭隘。同时，"goodness"是"God"的委婉说法，与"上帝"有关（陆谷孙，1993）。读者很容易误以为这里的"仁"是基督教的教义。"goodness"一词还可能令西方读者联想到古希腊哲学家柏拉图的哲学观念，即"善"的理念。因此"goodness"一词并未能反映出"仁"的本质和特点。

安乐哲（1998）的译文和前面几位译者的有所不同。他将"当仁"译为"in striving to be authoritative in your conduct"，这半句回译成中文便是："努力在行为中做到权威"，可见他把"当仁"看作是成就"仁"的一个过程。之所以这样翻译，与安乐哲的时代背景相关。那时，随着过程哲学的出现，中国文化的诠释性词汇开始受到重视，有关过程、变化、事件性的词汇及表达方式逐渐流行起来。安乐哲（1998）此处用"authoritative conduct"，其实想表达"仁"是一种权威性的行为。这毫无疑问全然不同于孔子的"仁"。即便他在后面加上注解"ren 仁"也无法传达出"仁"字的真实含义。译文中的"striving"也属过度翻译,原文中并无此意。

而吴国珍(2015)将"when facing a just cause"(当仁)放在句尾,强调了这个成语的关键词在于"仁",能够引起英语读者的注意。但"a just cause"(正义的事)也是缩小了"仁"的范围。"just"一词更贴近于"公平正义"的意思,其英文释义为"most people consider to be morally fair and reasonable"(公正;正义的)。孔子提及的"仁"大多从个人修养出发,较少提及"公正",而"just"一词未免会令读者联想到法律、法治。

(二)"当"的英译

理雅各(1971)没有对"当"做出具体的英译。而辜鸿铭(2011)将"当"字译作"when",较符合英语的用语习惯,但这一词的原意却丢失了。"when"是"当……的时候",而"当"字在此处并无此意。韦利(1938)同样将"当"字译作"when",保留了原文的叙述性,使句子更紧凑,但没能传达出"当"的真实意义。安乐哲(1998)的译文和前面几位译者的有所不同。他将"当仁"译为"in striving to be authoritative in your conduct",可见他把"当仁"看作是成就"仁"的一个过程。吴国珍(2015)将"当"译为"facing"一词,较好地保留了原意。

(三)"让"的英译

理雅各(1971)将"让"翻译为"yield"有些不妥。"yield"的英文释义为"to agree to do something that you do not want to do"。将"让"译作"yield"有强迫与被强迫的意味,将师生关系视为上下级关系或强者与弱者的关系,而《论语》中的师生关系并无此意。就"当仁不让"这个成语的翻译而言,用"yield"未免有些过度翻译。辜鸿铭(2011)将"让"译为"defer to"也较令人不解。"defer to"的意思是"to agree to accept what somebody has decided or what they think about somebody/something because you respect him or her"。韦利(1938)的译文较容易得到西方读者的接受,因为其使用了归化的方法,将"不让"译作"avoid competing",但将"让"字译作"competing with",曲解了原文的意思。"让"指出于礼貌或尊重的谦让,因而"当仁不让"在本意上不存在学生和老师的竞争关系。安乐哲(1998)译文中使用的"striving"也属过度翻译,原文中并无此意。他将"让"译为"yield to",也非儒家所倡导的"谦让"。吴国珍(2015)将"不让"译作"never wait for your teacher to go ahead of you",意在用"不要等老师走在自己的前面"形象地传递出"不必对老师谦让"的意思,突出了面对"仁"时,人的积极性和主动性。

第三节 和而不同

近年来,中国的日益强大推动了中国国际话语权的建设。在中华文化走出去的当下,中国传统文化术语也常常被应用于各类场合的演讲中。"和而不同"便是这样一个成语。我们对五个《论语》英译本中"和而不同"的翻译进行对比分析,探讨"和而不同"的英译策略。

一、和而不同的内涵

[原文]子曰:"君子和而不同,小人同而不和。"(《论语·子路篇第十三》)

[释义]孔子说:"君子和谐相处而不盲目附和,小人盲目附和而不和谐相处。"

(吴国珍,2015)

这句话所讲的是孔子的君子小人论。显而易见,为了凸显"君子"的形象,孔子常常将"君子"和"小人"相比较而论,二者的处世之道截然相反。"和而不同"四字虽然简单,但要理解起来也不是那么容易。根据朱熹(2005)的注解,"和者,无乖戾之心。同者,有阿比之意。尹氏言:君子尚义,故有不同。小人尚利,安得而和"。这里以"和"与"同"作为相反双方的对比,但也没有确切地解释"和"和"同"的具体内涵。

许多人将"和"视为"同"的相反面,实则是不太准确的。"和"和"同"两个概念其实都是讲同一性,其中"同"指否认矛盾、不承认差异的同一性,而"和"则是承认有矛盾、有差异的同一性,因此"同"带有形而上学的意味,而"和"则是一种辩证的思维。在翻译"和而不同"时,需要先理解"和"与"同"的意思,不能简单概括为正反两面。

杨伯峻(1980)曾做过统计,"和"在《论语》中出现了八次,有四种不同的意指。第一种意思是"和谐,恰当,恰到好处"。例如,"礼之用,和为贵"(《论语·学而篇第一》),强调社会秩序的和谐稳定。第二种意思是"春秋时术语,'同'之反"。详细注解为"如五味的调和,八音的和谐,一定要有水、火、酱、醋各种不同的材料才能调和滋味;一定要有高下、长短、疾徐各种不同的声调才能使乐曲和谐"。可以看出这个意思重在"调和"。第三种意思是"和睦、团结"。这个意思可以说是第一种意思的引申。第四种意思是"去声,音货,声音相应"。在书写上,"和"为"咊","咊,相应也。从口和声"。

在这四种释义中,第二种释义较贴近原文,也是杨伯峻(1980)对"和"字的解释。但在解释时他并没有直接对"和"与"同"下定义,而是通过列举古文中的例子进行说明,这很容易引起读者不同的理解。而"同"字在《论语》中也有四种不同的意思。第一种意思为"一样";第二种意思是"同流合污",此处杨伯峻所举例子恰为"君子和而不同";第三种意思是"共同、一起";第四种意思则是"诸侯间的大盟会",如"会同"。

在对"和"与"同"字的归纳分析中,杨伯峻(1980)以"和"为"调和",以"同"为"同流合污",与其前文中对"君子和而不同"的释义有所出入,自相矛盾。杨伯峻"和而不同"的释义是,"君子用自己的正确意见来纠正别人的错误意见,使一切都做到恰到好处,却不肯盲目附和"。此处的"和"变为了"用自己的正确意见来纠正别人的错误意见,使一切都做到恰到好处",而"同"则为"盲目附和"。前后解释不同,难免令人有些疑惑。

"和"字意为"调和"还是较为确切的,只是杨伯峻(1980)没有进一步说明"调和"的内容。古时调和"五味"、调和"八音",在人际交往、社会关系中则是"调和差异",协调矛盾,使之和谐。故"和"字理解为"调和差异"或"和谐相处"未尝不可。而"同"字应为"盲目附和",即无视差异,不加以协调,无原则地附和他人。

二、英译本对比探析

本小节主要选取柯大卫(1828)、理雅各(1971)、辜鸿铭(2011)、韦利(1938)和王福林(2011)五位译者的译本进行对比分析。

[原文]子曰:"君子和而不同,小人同而不和。"(《论语·子路篇第十三》)

英译一: Confucius said, the superior man lives in harmony with men, without caballing. The mean man cabals, without living in harmony.　　　　　(柯大卫,1828)

英译二: The Master said, "The superior man is affable, but not adulatory; the mean man is adulatory, but not affable."　　　　　(理雅各,1971)

英译三: Confucius remarked, "A wise man is sociable, but not familiar. A fool is familiar but not sociable."　　　　　(辜鸿铭,2011)

英译四: The Master said, "The true gentleman is conciliatory but not accommodating. Common people are accommodating but not conciliatory." (韦利,1938)

英译五: Confucius said, "The superior person seeks harmonious agreement with others instead of echoing others thoughtlessly. The mean person echoes others thoughtlessly instead of seeking harmonious agreement with others."

(王福林,2011)

（一）"和"和"同"的英译

柯大卫（1828）在译文中使用"harmony"一词，译出了儒家"和谐社会"的美好愿景，但在对关键词的理解上仍存在偏颇。他将"和"字译作"lives in harmony with men"，与原意有所出入。正如前文所提到的，"和而不同"主要讲的是在社交场合或社交关系中"君子"的处世原则；"lives in harmony with men"所表达的则是生活层面上的和谐，不够深入；且将"同"译为"caballing"不太准确。"cabal"一词作名词，意为"a small group of people who are involved in secret plans to get political power"；这里作动词，意思则是"搞阴谋小团体"，和"同"字的原意完全不同。

理雅各（1971）的译文从待人的态度来理解"和而不同"。"affable"意为"pleasant，friendly and easy to talk to"，也就是"和蔼可亲、平易近人"的意思。"adulatory"则由"dulation"一词而来。"adulation"的意思是"admiration and praise，especially when this is greater than is necessary"。"affable"与"adulatory"都用以形容人的行为举止，可见理雅各的翻译针对的是"manners"。他遵循了朱熹的解释，还举出"君子周而不比，小人比而不周"作为佐证。朱熹（2005）对于"周"和"比"的解释为："周，普遍也。比，偏党也。皆与人亲厚之意，但周公而比私耳。君子、小人所为不同，如阴阳昼夜，每每相反。然究其所以分，则在公私之际，毫厘之差耳。故圣人于周比、和同、骄泰之属，常对举而互言之，欲学者察乎两间，而审其取舍之几也。"然而理雅各的翻译也有其狭隘之处。"和"指通过调和不同意见、求同存异，达到和谐共处的目的，层次明显高于"affable"。而"adulatory"也不符合"同"的本意，"阿谀奉承"和"盲目附和"是两个不同的概念。

辜鸿铭（2011）的译文采用异化的方法，将"和"和"同"分别译作"sociable"和"familiar"，原文中的中国文化元素在译文中已被淡化。"sociable"一词意为"enjoying spending time with others"，意即合群的、好交际的。显然"和"字的意思中没有一个与此相对应。而"familiar"一词也和"同"的本意大相径庭，该单词除了有"熟悉的"的意思，还意为"very informal，sometimes in a way that is unpleasant"。那么辜鸿铭的译文回译成中文便是"合群而不随便"，描述的是人的社交层面，理解较浅，不够深入，而孔子所强调的"君子"具有极佳的个人修养，德智兼全。因此，辜鸿铭（2011）的译文虽然较为灵活，却难以为读者再现原文的意味。

韦利（1938）的译文还原度较低，"conciliatory"和"accommodating"二词都不能很好地解释"和"与"同"的意义。"conciliatory"意思是"having the intention or effect of making angry people calm",是调解的意思,意在和解。虽然该词也带有些"调和"的意思,但并不是"调和差异"的意思,而是"调和情绪"、"使人和解"的意思,即"使生气之人平静下来",这不是"和"字所表达的内容。而"accommodating"一词则较令人疑惑,词意为"willing to help and do things for other people"(乐于助人的)。这与"同"没有任何关系。"accommodating"还有"if you do something to accommodate someone, you do it with the main purpose of pleasing or satisfying them"的意思,即"迎合、迁就"。这个意思与"同"的原意较为接近,但这个释义不是常用意思,读者或需查证才能领悟,容易引起误解。韦利(1938)所用的两个词都较为高级,但都不能较好地传递出原文含义。

王福林(2011)对"和"与"同"的翻译都大致准确。他将"和"字译为"seeks harmonious agreement with others",表明虽然人与人在相处时会产生各种不同的见解,但君子总会"寻求达成和谐的一致性意见",也即调和差异,促成和谐。"echoing others thoughtlessly"回译成中文即"不假思索地附和他人",也就是"盲目附和"。

(二)"而"的英译

"和而不同"的"而"字表转折关系,柯大卫(1828)的译文仅仅用逗号替代这层关系,弱化了语气。从其译文中也可以看出,其对中国文化的理解仍不深。王福林(2011)译文用介词"instead of",衔接得较好。和前面其他译者的版本相比,王福林(2011)译文唯一的缺点在于不够简练,句式较长,但这也无可厚非,毕竟中文重意合,而英文重形合。从"文化存真"的角度而言,此译文较为理想。

每课一句

人之生也直,罔之生也幸而免。(《论语·雍也篇第六》)

Men survive thanks to their uprightness, but the dishonest do survive misfortune by sheer luck.(吴国珍,2015)

每课阅读与思考

请阅读以下论文，并回答思考题。

论文 1

——邵培仁，姚锦云，2014. 传播模式论：《论语》的核心传播模式与儒家传播思维[J]. 浙江大学学报（人文社会科学版），(4)：56-75.

论文 2

——杨平，2008.《论语》核心概念"仁"的英译分析[J]. 外语与外语教学，(2)：61-63.

思考题

1. 本课第一节讨论了"成人之美"的内涵，基于此，阅读论文 1，思考"成人之美""推己及人""己欲立而立人，己欲达而达人"所体现的道德思想的人际传播模式是什么。

2. 我们在第二单元第四课曾就"仁"的英译展开讨论，在本课中，请思考如何分别从词汇语法层、语义层考察译文语篇中"仁"所体现的道德观的建构。

参考文献

[1] 辜鸿铭，2011. 辜鸿铭英译《论语》[M]. 昆明：云南人民出版社.

[2] 陆谷孙，1993. 英汉大词典[M]. 上海：上海译文出版社.

[3] 霍恩比，A. S. 2018. 牛津高阶英汉双解词典[M]. 9 版. 北京：商务印书馆.

[4] 英国柯林斯公司，2008. 柯林斯高阶英汉双解词典[M]. 北京：商务印书馆.

[5] 钱穆，2002. 钱穆作品系列：论语新解. 北京：生活·读书·新知三联书店.

[6] 王福林，2011. 论语：详注·今译·英译[M]. 南京：东南大学出版社.

[7] 魏聪聪，2018. 辜鸿铭与理雅各英译《论语》版本的对比分析[J]. 青年文学家，(24)：84-85.

[8] 吴国珍，2015.《论语》最新英文全译全注本[M]. 2 版. 福州：福建教育出版社.

[9] 许慎，2013. 说文解字[M]. 北京：中华书局.

[10] 杨伯峻，1980. 论语译注[M]. 2 版. 北京：中华书局.

[11] 杨伯峻，1992. 四书（英汉对照 文白对照)[M]. 理雅各，英译，刘重德，罗

志野,英文校注.长沙:湖南出版社.

[12] 杨平,2008.《论语》核心概念"仁"的英译分析[J]. 外语与外语教学,(2):61-63.

[13] 张洋,2013. 安乐哲《论语》英译本解读[J]. 潍坊工程职业学院学报,(1):72-73.

[14] 朱熹,2005. 四书集注[M]. 南京:凤凰出版社.

[15] Ames. R. T.（安乐哲）. 1998. *The Analects of Confucius*[M]. New York:Ballantine Books.

[16] Collie，D.（柯大卫）. 1828. *The Chinese Classical Work Commonly Called the Four Books*[M]. Malacca:The Mission Press.

[17] Legge，J.（理雅各）. 1971. *Confucius:Confucian Analects, the Great Learning and the Doctrine of the Mean*[M]. London:Dover Publications.

[18] Waley，A.（亚瑟·韦利）. 1938. *The Analects of Confucius*[M]. London:George Allen & Unwin Ltd.

第二课　德行

　　《论语》中多处透露出孔子对于德行和操守的坚持,这些处世哲学对后世具有重要的影响和指导意义。儒家文化之深度、中国文化之魅力,在英译过程中难免会有缺失,译者应在尽力寻求对等表达的同时,尽可能保留中国文化的精髓,才能更好地帮助中国经典走出国门。

第一节　君子固穷

　　优秀的《论语》译本能够帮助外国人理解中国古代的优秀作品,也能更好地帮助外国人理解中国人的处世哲学。本节以"君子固穷"这一成语的多个英语译本为例,进行比较分析,探讨更有助于中国处世哲学传播的《论语》译本。

一、君子固穷的内涵

　　[原文]在陈绝粮,从者病,莫能兴。子路愠见曰:"君子亦有穷乎?"子曰:"君子固穷,小人穷斯滥矣。"　　　　　　　　　　　(《论语·卫灵公篇第十五》)

　　[释义]孔子一行在陈国断了粮食,随从的人又饿又病,都站不起来了。子路很不高兴地来见孔子,说道:"君子也有困厄的时候吗?"孔子说:"君子虽然困厄,却还能固守(道德底线);小人一遇穷困就胡作非为了。"(吴国珍,2015)

　　要分析"君子固穷"的翻译,首先要分析"固穷"的中文意思。"君子固穷"是孔子"安贫"价值观的体现。但古往今来,《论语》的研究者对"君子固穷"一词有不同的理解,以至于译者在英译《论语》的过程中,也会因理解不同而产生不同译本。何谓"君子固穷"? 经学家自有其注疏,从训诂层面大抵可分为两类:一者注释为"言君子固有穷时",一者解释为"固守其穷"(程树德,1990)。但两者对于"固穷"的理解似乎仍不够清晰。张诒三(2016)总结了四种对"固"的解释:其一,固有,三国魏何晏和宋代朱熹做这样的注释;其二,固守,宋代程颐持此观点；其三，通"故"，清代俞樾持此观点；其四，安于（甘于），孙钦善（2009）译为"君子安于穷困"；杨朝明（2008）释为"固穷：甘于处贫困，不失气节"。

以上四种观点中，将"固"理解为"固有"不妥。"固有"意为本来就有，是一种持久的存在，而孔子是在陈国遭遇困厄时提出"君子固穷"，子路也是在此时提问"君子亦有穷乎"，从而说明此时君子之"穷"并不是一直存在的，而是突然遇到的。而将"固"解释为"固守"，有其合理性。孔子在《论语·述而篇第七》中提倡"不义而富且贵，于我如浮云"，意思是君子要坚守道义，以正当的方式获取财富，因而获不义之财不如固守穷困。此外，将"固"理解为通"故"，意为"所以"，这个解释也不通。在孔子的思想中，君子和穷并无必然的因果关系，小人同样可以穷，否则怎么会"小人穷斯滥矣"？

"安于（甘于）"这种解释相对比较合理，因为"安贫"思想一直是孔子所赞扬且提倡的。据《论语·述而篇第七》中记载，子曰："饭疏食饮水，曲肱而枕之，乐亦在其中矣。不义而富且贵，于我如浮云。"另有《论语·里仁篇第四》记载："子曰：'富与贵，是人之所欲也；不以其道得之，不处也。'"但是"安贫"也绝不仅仅是安于贫困，更重要的是面对贫困仍不失本心，不失气节，这才是孔子所赞扬的。

由此看来，"固"解释为"固守"和"安于"都是合理的，"固守贫困"和"安于贫困"体现的都是孔子面对不符合道义的荣华富贵时的坚贞不屈，是孔子对于德行和操守的坚持。这也就要求在对"君子固穷"进行英译的过程中，把孔子的这一思想、价值观传达出去，否则将失去《论语》的深意。

"君子固穷"的思想与当代社会的价值观也是相符合的。虽然人们不会遭遇孔子受困于陈国那样的"穷"的境遇，但会经受精神上的穷困、不得志的穷困，但若此时仍然保持平和进取的心态、乐观向上的生活态度，内心的安宁不被外界的穷困所扰，也能享受生活，感受快乐。

二、英译本对比探析

本小节主要选取柯大卫（1828）、理雅各（1971）、辜鸿铭（2011）、刘殿爵（1979）、王福林（2011）和吴国珍（2015）六位译者的译本进行对比分析。

[原文]子曰："君子固穷，小人穷斯滥矣。"　（《论语·卫灵公篇第十五》）

英译一：Confucius said, the superior man firmly maintains self-government in seasons of distress; but the mean man, when oppressed by want, give way to all sorts of improper conduct.

（柯大卫，1828）

英译二：The Master said, "The superior man may indeed have to endure want, but the mean man, when he is in want, gives way to unbridled license."

（理雅各，1971）

英译三：Confucius remarked, "A wise and good man sometimes also meets with distress; but a fool when in distress, becomes reckless."　（辜鸿铭，2011）

英译四：The Master said, "It comes as no surprise to the gentleman to find himself in extreme straits. The small man finding himself in extreme straits would throw over all restraint."　（刘殿爵，1979）

英译五：Confucius said, "The superior person will endure poverty, but the mean person will act wildly when he suffers from poverty."　（王福林，2011）

英译六：The Master said, "A man of virtue remains steadfast in a wretched plight, while a base man may act recklessly in it."　（吴国珍，2015）

（一）"固穷"的英译

柯大卫（1828）译文"firmly maintains self-government in seasons of distress"将孔子面对穷困仍坚守自我的气节传达了出来。理雅各（1971）仅将"君子固穷"的表面意思译出。首先"have to"表示"不得不"，而君子安于穷困是自愿的。其次，"endure"的释义为"If you endure a painful or difficult situation，you experience it and do not avoid it or give up，usually because you cannot"，是一种被迫且消极的忍受；但孔子提倡的"安贫"思想并不是在穷困中妥协，而是积极且乐观地面对，是像"一箪食，一瓢饮，在陋巷，人不堪其忧，回也不改其乐"（《论语·雍也篇第六》）中颜回安贫乐道、达观自信的生活状态。

辜鸿铭（2011）将"固穷"译为"meets with distress"，即遇到穷困，这一点是不妥的，没有表达出孔子思想与儒家学说背后的深意，与其传播儒学思想的初心背道而驰。

刘殿爵（1979）将"固"译为"comes as no surprise"，意为"不足为奇"、"意料之中"，意即君子对于自己身处穷困的状况不意外。这样的解释并不合理。何为"不意外"？是早就知道自己会遭遇穷困所以不意外，还是知道自己会遭遇穷困但是不在乎，所以不意外？这样的翻译方式不能体现出君子在穷困中仍不失气节的高尚品德，也无法体现君子面对穷困淡然处之的人生态度。

王福林（2011）将"固穷"中的"穷"译为"poverty"，意为穷困，而在原文中是指孔子周游列国，在陈、蔡两国交界被围于野，已断粮，是一种无路可走、穷途末路的状况，而不是简单指"poverty"。"endure"一词与理雅各译文中的问题相同,违背了原文所要传达的君子穷困而不失气节的精神品质。

吴国珍(2015)将"固穷"译为"in a wretched plight",略带译者的主观色彩。"wretched"的意思为"If you describe something as wretched,you are emphasizing that it is very bad or of very poor quality.",即意为令人苦恼、令人难受的。"plight"的释义是,"If you refer to someone's plight,you mean that they are in a difficult or distressing situation that is full of problems.",即"plight"本身有困境的意思。结合两者看来,吴国珍译文应该理解为"令人苦恼的困境",且"wretched"的使用削弱了君子面对困境却淡然处之的气节,从而塑造了一个为自己境遇发愁的普通人。

（二）"滥"的英译

柯大卫(1828)将孔子面对穷困仍不失气节这个意思传达出来了,但后半句"小人穷斯滥矣"的翻译略有不妥。句中小人的"滥"的行为是胡作非为,柯大卫译为"improper conduct",在语气上太轻,无法与前文君子坚守自我的高尚品德形成鲜明对比。相比之下,辜译与吴译选用"reckless"与"recklessly"翻译"滥",较为合适。

第二节　中庸之道

本节选取"中庸之道"进行辨析。时至今日,"中庸之道"仍是中国人奉行的处世原则之一,但"中庸"绝不是和稀泥,也不是"折中主义",而是一种自我感悟和自我监督的过程。

一、中庸之道的内涵

[**原文**]子曰:"中庸之为德也,其至矣乎! 民鲜久矣。"

(《论语·雍也篇第六》)

[**释义**]孔子说:"中庸作为一种道德,该是最高的了吧! 人们缺少这种道德已经为时很久了。"
(吴国珍,2015)

何为"中庸"? "中庸"的不同理解是否对英译产生影响?我们将简要分析"中庸"的内在含义,以及对比中外译者对此句及"中庸"的翻译,来分析不同译者的翻译策略。

众所周知,"中庸"是儒家思想的核心范畴之一,是儒家思想最高道德标准和君子的理想人格。根据许慎(2013),"中,内也,从口,丨,上下通";"庸,用也,从用,从庚。庚,更事也"。《论语》中并未有对"中庸"的直接解释,"四书"之一的《中庸》也没有对其解释,但是从两部作品中可以获取许多信息。《中庸》中有理解"中庸"的关键一句:"喜怒哀乐之未发,谓之中;发而皆中节,谓之和;中也者,天下之大本也;和也者,天下之达道也。""喜怒哀乐"本为感情的自然流露,"未发"则是一种克制,并未突破礼的限制的都是合乎中道的(朱汉民,2018),因此这种感性与理性相克制的状态就是"中"。

《论语》中除却此处,其他语句虽未提及"中庸"二字,却处处可见"中庸"思想。如教育上,"子贡问:'师与商也孰贤?'子曰:'师也过,商也不及。'曰:'然则师愈与?'子曰:'过犹不及。'"(《论语·先进篇第十一》);又如音乐上,"子曰:'《关雎》,乐而不淫,哀而不伤。'"(《论语·八佾篇第三》)。儒家思想的后继者也有不同的见解,程颢和程颐(1981)认为,"不偏之谓中,不易之谓庸。中者天下之正道,庸者天下之定理"。朱熹认为,"中者,不偏不倚,无过不及之名。庸,平常也"。

"中庸"也属于哲学范畴。"子曰:'道不远人,人之为道而远人,不可以为道。'"就是在说中庸之道不远离人。人去实行中庸之道却远离了人,他就不是在实行中庸之道。因此,中庸又被理解为"中道"和"中行"。所谓中道和中行,都是指为人行事,不论是气质、作风还是德行,都不偏于对立双方的任何一方,要使对立双方保持均衡,互相牵制与补充。

可以说,"中庸之道"既体现了人之道,也体现了天之道。道是人和自然一刻都不能离开的准则,中是天下最为根本的。这是一种人类社会与自然万物和谐共生的制度准则与状态,也是一种天人合一的哲学思想。

二、英译本对比探析

本小节主要选取柯大卫(1828)、理雅各(1971)、辜鸿铭(2011)、韦利(1938)、刘殿爵(1979)、许渊冲(2005)、宋德利(2010)和吴国珍(2015)等中外译者的译本进行对比分析。

[原文]子曰:"中庸之为德也,其至矣乎! 民鲜久矣。"

(《论语·雍也篇第六》)

英译一: Confucius said, the due medium is virtue. This is the highest attainment: for a long time few of the people have reached it.　　　　(柯大卫,1828)

英译二: The Master said, "Perfect is the virtue which is according to the Constant Mean! Rare for a long time has been its practice among the people."

(理雅各,1971)

英译三：Confucius remarked, "The use of moral sentiment, well balanced and kept in perfect equilibrium, — that is the true state of human perfection. It is seldom found long so kept up among man."

（辜鸿铭，2011）

英译四：The Master said, "How transcendent is the moral power of the Middle Use! That it is but rarely found among the common people is a fact long admitted."

（韦利，1938）

英译五：The Master said, "Supreme indeed is the Mean as a moral virtue. It has long been rare among the common people."

（刘殿爵，1979）

英译六："How useful is the Golden Middle Way!" said the Master. "It is the highest virtue, but it has not been followed for a long time."

（许渊冲，2005）

英译七：Confucius said, "As a sort of virtue, mean should be the highest state! But people have lacked this virtue for a long time."

（宋德利，2010）

英译八：The Master said, "The Golden Mean as a great virtue must have reached its highest realm! But it hasn't been seen in the people for a long time."

（吴国珍，2015）

（一）"中庸"的英译

从以上例子可以看出，多位译者使用与"mean"相关的表达进行翻译。"mean"有"a condition, quality, or course of action equally removed from two opposite extremes"的意思，也就是两个极端的中间状态，这与"中庸"不偏不倚，折中调和的含义是相符的。但如果不加修饰说明，"mean"也只能表明两个极端的某一中间状态，无法与"中庸"这种恰到好处的和谐状态相匹配。英语中有固定搭配"golden mean"，意为"黄金分割"或"黄金比例"，本义为将整体一分为二，较大部分与整体部分的比值等于较小部分与较大部分的比值，其比值约为0.618。这个比例被公认为是最能引起美感的比例，因此被称为黄金分割，是一种恰到好处的完美状态。而"中庸"思想提倡做事不太过也无不及，总是恰到好处，这与"golden mean"的本义相符，因而用西方的"golden mean"译中国的"中庸"或"中庸之道"也无不可。

吴国珍（2015）采用归化的译法，将"中庸"译为"the Golden Mean"是贴切的，也有助于目标语读者理解，增强译本的可读性和欣赏性。这对于传播中国经典作品而言是一种有效的翻译策略，能使译文既贴合中国文化，也符合目标语读者的阅读习惯。理雅各（1971）将"中庸"译为"the Constant Mean"，意即"恒常的中道"。这与程朱对"中庸"的理解相符，但对目标语读者而言，不如"Golden Mean"容易理解。理雅各（1971）还曾翻译过"四书"之一的《中庸》，并将其译作"the Doctrine of the Mean",这种译法也是合理的,且已成为《中庸》书名的标准译法。刘殿爵(1979)使用"the Mean"翻译"中庸",通过大写强调其特殊含义,但是不加修饰仅用"Mean",在意思上稍有欠缺。宋德利(2010)将其译作"mean",既无冠词强调,也无大写表特殊含义。柯大卫(1828)将"中庸"译为"the due medium",即"适当的中间",其中"due"意为"of the proper quality or extent","medium"意为"the middle quality or state between two extremes; a reasonable balance"。根据"medium"的释义,这个"中间"会达到"合理的平衡",这基本符合"中庸"的含义,但不如"Golden Mean"直接,也少了几分"恰到好处"的微妙。辜鸿铭(2011)的译法是以注释的方式将"中庸"二字译出:"the use of moral sentiment, well balanced and kept in perfect equilibrium",这种译法常用于文化负载词的翻译,传递了译文隐含的信息,但是会使译文烦琐,破坏译文的可读性。并且,"moral sentiment"意为"道德情操",即将此句意指为"将道德情操保持在一种充分平衡和完美均衡的状态",这与"中庸"的本义并不相符,缩小了"中庸"蕴含的宏观意义。韦利(1938)和许渊冲(2005)都使用了"middle"相关的表达。韦利的用法从字面上看是符合原义的,但是缺乏"恰到好处、不偏不倚"的深意。而许渊冲(2005)使用"golden"来强调这一含义,要比韦利(1938)的翻译更贴切些。

（二）句式的特点

原文的首句"中庸之为德也,其至矣乎"指的是"中庸这种道德,该是最高的了",也就是"中庸"是孔子认为的道德标准中的最高境界,强调了其重要性。以上译者中大多数使用"highest"来强调其最高地位,而辜鸿铭以"true state"（真实状态）翻译这一最高境界,让人不知所云。韦利(1938)与许渊冲(2005)都使用了"how"引导的感叹句,还原原文的感叹句式,进一步强调"中庸"的重要性。韦利(1938)使用的是"how transcendent",许渊冲使用的是"how useful"。"transcendent"意为"surpassing the ordinary; exceptional",与最高境界的道德标准是相匹配的,而与之相比,"useful"则显得过于平凡普通,也没有突出"中庸"的至高的特点。

（三）"民"的英译

原文的末句"民鲜久矣"是指"大家已经长久地缺乏它了"。关于此处的"民",杨伯峻(1980)认为它不完全指老百姓,应以"大家"理解。"中庸"作为至高的道德标准,对于修身、齐家、治国、平天下都是重要的行为标准,是普通百姓乃至君王都应该追求的人格和道德标准,因此韦利和刘殿爵仅以"common people"（老百姓,普通人）翻译,就缩小了"中庸"的适用范围。许渊冲并没有

将"民"直接译出,但也能让人直观明白地知道是所有人缺乏这种道德,"一切尽在不言中"。

第三节　杀身成仁

杀身成仁是孔子生死观的体现。在英译过程中,译者应该如何译出志士仁人为成全仁德而牺牲自我的精神?如何体现孔子的生死观?以下将对"杀身成仁"以及其英译进行分析,探究不同译者是如何表达"杀身成仁"背后的儒家思想的。

一、杀身成仁的内涵

[原文]志士仁人,无求生以害仁,有杀身以成仁。

（《论语·卫灵公篇第十五》）

[释义]志士仁人,不能为保全性命而损害仁,而是要牺牲自己的性命来成全仁。

（吴国珍,2015）

"杀身成仁"指"为正义而牺牲生命",现泛指为了维护正义事业而舍弃自己的生命。儒家把闻道、行道作为人生价值的基本原则,"朝闻道,夕可死矣";"仁"是儒家的核心思想,成仁更是儒家思想中志士仁人的最终人生目标,因而有"杀身以成仁"。但这并不意味着只有牺牲自我,仁德才得以成全,而应该是生命的存在会有损于仁德,二者不可兼得时,志士仁人只有牺牲自己的性命才能保全仁德。孔子重视生,将生命的重心放在现世,死亡虽不可避免,但他并不畏惧死亡,这是因为其将生死归于天命。生的意义在于践行上天所赋予的道德使命,故而孔子感慨"朝闻道,夕死可矣"（《论语·里仁篇第四》）。

在《论语·宪问篇第十四》中,子贡曰:"管仲非仁者与?桓公杀公子纠,不能死,又相之。"子曰:"管仲相桓公,霸诸侯,一匡天下,民到于今受其赐。微管仲,吾其被发左衽矣。岂若匹夫匹妇之为谅也,自经于沟渎而莫之知也。"孔子认为管仲没有殉难,反而辅助齐桓公,造福了万千百姓,是为了发挥其更大的价值。由此篇可看出,孔子更看重的是人的存在对于这个世界的影响,人的自我牺牲与否应该取决于其行为背后的价值。因而孔子认为当个体的生命与道德使命发生冲突时,应当以道德使命为重。若生命的存在有损于仁德,应牺牲自我来成全仁德,而不是贪生怕死而损害仁德,这是一种主动性行为,是为了成全更大的价值。朱熹(1983)在《四书章句集注》中有言,"理当死而求生,则于其心有不安矣,是害其心之德也。当死而死,则心安而德全矣"。此处"理当"和"当"的判断者应是志士仁人本人,而不是外界强加的道德标准,毕竟"仁以为己任"。

二、英译文对比探析

本小节主要选取柯大卫(1828)、理雅各(1971)、辜鸿铭(2011)、韦利(1938)、刘殿爵(1979)、王福林(2011)、许渊冲(2005)和宋德利(2010)等中外译者的译本进行对比分析。

[原文]子曰:"志士仁人,无求生以害仁,有杀身以成仁。"

(《论语·卫灵公篇第十五》)

英译一: Confucius says, the determined scholar and the man of finished virtue, seeks not the preservation of life to the injury of virtue, but will give up life in order to finish his virtue.　　　　　　(柯大卫,1828)

英译二: The Master said, "The determined scholar and the man of virtue will not seek to live at the expense of injuring their virtue. They will even sacrifice their lives to preserve their virtue complete."　　　　(理雅各,1971)

英译三: Confucius remarked, "A gentleman of spirit and a man of moral character will never try to save his life at the expense of his moral character: he prefers to sacrifice his life to save his moral character."　　　(辜鸿铭,2011)

英译四: The Master said, "Neither the knight who has truly the heart of a knight nor the man of good stock who has the qualities that belong to good stock will ever seek life at the expense of Goodness; and it may be that he has to give his life in order to achieve Goodness."　　　(韦利,1938)

英译五: The Master said, "For Gentlemen of purpose and men of benevolence, while it is inconceivable that they should seek to stay alive at the expense of benevolence, it may happen that they have to accept death in order to have benevolence accomplished."　　　(刘殿爵,1979)

英译六: Confucius said, "The people with lofty ideas and benevolence will not seek to live at the expense of benevolence. They will even give up their lives to make themselves perfectly benevolent."　　　(王福林,2011)

英译七: A wise good man, said the Master, will not do wrong to preserve his own life but sacrifice his life to do what is right.　　　(许渊冲,2005)

英译八: Confucius said, "There is no person of integrity who clings to life and fears death so that to harm humanity. There are only persons of integrity who are willing to die for a just cause." (宋德利,2010)

（一）"杀身以成仁"的英译

英译一：give up life in order to finish his virtue (柯大卫,1828)

英译二：sacrifice their lives to preserve their virtue complete (理雅各,1971)

英译三：sacrifice his life to save his moral character (辜鸿铭,2011)

英译四：give his life in order to achieve Goodness (韦利,1938)

英译五：accept death in order to have benevolence accomplished

(刘殿爵,1979)

英译六：give up their lives to make themselves perfectly benevolent

(王福林,2011)

英译七：sacrifice his life to do what is right (许渊冲,2005)

英译八：are willing to die for a just cause (宋德利,2010)

以上八个译本中,绝大多数使用了"give up his life"或者"sacrifice"的表达或相似表达,宋德利（2010）则译为"die for"。"sacrifice"意为"give up (something valued) for the sake of other considerations",与"give up his life"异曲同工,体现的是一种为了成全自己的追求而主动放弃生命的行为。而宋德利使用"die",仅仅表示一种不带任何情感的状态,因而也就忽略了志士仁人为成全仁而放弃生命的主动性与英雄色彩。

"成"作"成全"解释,"仁"意为"仁德","成仁"指通过努力奋斗完成一个正义的事业,从而使自己的道德上升到完美的境界。柯大卫（1828）、韦利（1938）和刘殿爵（1979）均采用直译的方式,回译后中文为"完成美德",在缺少文化背景和注释的情况下,无法让人理解其含义。而理雅各（1971）使用"preserve their virtue complete",回译成中文应该是"保护他们的道德,使其是完整的",不管是中文还是英文都让人难以理解：什么样的道德是完整的？辜鸿铭（2011）使用"save"是合理的,"save"意为"keep and store up (something, especially money) for future use",这在一定程度上与志士仁人成全仁的目的不谋而合。

儒家思想提倡"赢得生前身后名"。孔子认为"君子疾没世而名不称焉",将君子的价值观念、道德理想作为人类文明的一部分永远流传于后世,这是一种对死亡的超越,死而不朽。因此,"save"含义中的"for future use"与儒家所看重的对后世的影响是相似的。但是辜鸿铭将"仁"译为"moral character"则有些不合适,"moral character"意为"品德、道德",该词倾向指个人品德,这与原文的"仁"并不一致。所谓"仁",是儒家思想的中心,代表着最高道德原则、准则和境界,其内涵远高于个人品德。"仁"的含义丰富,表现涉及爱人、亲亲、忠、恕、乐、责任等,又以"礼"为德行准则,在行为上表现为恭、宽、信、敏、惠、温、良、俭、让、勇、学、义等。因而,王福林(2011)所译"make themselves perfectly benevolent",虽语意基本正确,但将"仁"译作"benevolent"还需仔细斟酌。"benevolent"意为"well meaning and kindly",仅仅局限于"爱人""亲人"等层面,而忽视了"忠、恕、乐"以及其他以"礼"连结的道德表现。

因此,"仁"作为文化负载词,其蕴含的儒家思想难以用简单的词或句子概括,若需使用"benevolent"或"benevolence"翻译"仁",不妨以注解或者使用"ren"加注解的形式,将"仁"的具体内涵翻译出来,以便保留儒家思想的精髓。许渊冲(2005)以意译的方式翻译"成仁",将其译作"to do what is right",字面意思通俗易懂,但是淡化了"仁"的内涵及其对中国志士仁人的影响。宋德利(2010)译作"a just cause",意为"正义事业、正当理由",其作为当代解读"杀身成仁"的英译是合理的,因为这个成语"现泛指为了维护正义事业而舍弃自己的生命",但用来翻译《论语》的原文,却有些格格不入。原句中孔子欣赏的以及儒家看重的是志士仁人为成全仁而牺牲自己的价值取向。

（二）"害仁"的英译

"成仁"与"害仁"是相反的,"仁"的翻译与分析在上文已经提到,下面将分析不同译者对"害"的译法。

英译一: the injury of virtue　　　　　　　　　　　　　（柯大卫,1828）

英译二: at the expense of injuring their virtue　　　　　（理雅各,1971）

英译三: at the expense of his moral character　　　　　（辜鸿铭,2011）

英译四: at the expense of Goodness　　　　　　　　　（韦利,1938）

英译五: at the expense of benevolence　　　　　　　　（刘殿爵,1979）

英译六: at the expense of benevolence　　　　　　　　（王福林,2011）

英译七: do wrong　　　　　　　　　　　　　　　　　（许渊冲,2005）

英译八: harm humanity　　　　　　　　　　　　　　　（宋德利,2010）

"害仁"意为损害仁德。志士仁人不会因为贪生怕死而损害仁德即生命和仁德只能二选一。从上文各位译者的译法可以看出,绝大多数译者选用"at the expense of"的表达,即"以牺牲……为代价",很好地体现了仁义与生命只能选择其中一样的意思,并且很好地展现了志士仁人面临的选择。这样的处理既重现原文的含义,也有助于外国读者理解。柯大卫(1828)采用直译的译法,译文比较生硬,不便于外国读者理解。理雅各(1971)的译法与柯大卫的译法略有相似之处,"injure"的使用同样使译文较生硬,不便理解。许渊冲(2005)对于整句的翻译都是采用意译的方式,意思虽简单明了,但是文化内涵全无。对于志士仁人而言,"害仁"是一件非常严重的事情,是值得自己用生命去阻止的事,仅仅用"do wrong"去表达,弱化了其效果,降低了事情的严重性。宋德利(2010)使用"harm"来翻译"害",同样使用的是直译的方式,译文略显生硬,效果不如"at the expense of"好。

（三）"志士仁人"的英译

英译一：the determined scholar and the man of finished virtue

（柯大卫,1828）

英译二：the determined scholar and the man of virtue　　（理雅各,1971）

英译三：the knight who has truly the heart of a knight, the man of good stock who has the qualities that belong to good stock　　（韦利,1938）

英译四：the resolute scholar-apprentice (shi 士) and the authoritative (ren 仁) person　　（安乐哲,1998）

英译五：a wise good man　　（许渊冲,2005）

英译六：a man of ideal and moral integrity　　（吴国珍,2015）

朱熹(1983)对"志士仁人"的解释为"志士,有志之士;仁人,则成德之人也",指的是有理想抱负的人而不是意志坚定的人。英语中对这个词语有对应表达"a man of ideal and moral integrity"或"men with lofty ideals"等。从上面的译文中可以看出,柯大卫(1828)和理雅各(1971)的表达十分相似,两者对"志士"的翻译均使用"determined scholar";但根据词典释义,"determined"意为"having made a firm decision and being resolved not to change it",即"坚决的、坚定的"。由此看来,柯大卫和理雅各的翻译指的应该是"意志坚定的人"。

关于"仁人"的翻译,柯大卫(1828)使用"man of finished virtue",让人不知所云。理雅各(1971)使用"man of virtue"也不太合适,因为"man of virtue"意为有德之人,与"仁人",即"成德之人"是不同的。成德之人指的是道德完满的人,其道德境界是近乎完美的,远非有德之人可以比拟。韦利(1938)将"士"译为"knight"并不合适。西方文化中的骑士和中国文化中的士是两种不同的身份,且具有不同文化内涵,而"仁人"译作"the man of good stock who has the qualities that belong to good stock",即"具有贵族品格、高贵血统的人",更是不合适,与"仁"毫无关联。并且,中文仅4个字,韦利(1938)却用24个英文单词翻译,太过冗长,与《论语》语言简约、含义深远的特点也是不相配的。

安乐哲(1998)试图使用汉字拼音加以解释的方式翻译"志士仁人",按当政者或官员理解"仁人",但他的解释让读者感到困惑。许渊冲(2005)同样采取意译方式,仅仅用"wise"和"good"来修饰,其译文缺失了有志之士与成德之人的特点,弱化了为成仁而牺牲自我的人的精神品质。吴国珍(2015)则是采用归化的方式,直接借用词典释义表达"man of ideal and moral integrity",既保留了志士仁人的特点,又能让外国读者一目了然。

志士仁人为"仁"而献身,这是对理想的极致追求。在英译过程中,译者也应该对自己的译文做到极致追求。句子结构的对应、句子每个成分的翻译都会影响到原文文化内涵的体现,只有仔细斟酌,在多方衡量的基础上,才能译出合理的译文。

📖 每课一句

居处恭,执事敬,与人忠。(《论语·子路篇第十三》)

Be courteous in everyday life, be serious in handling affairs and be faithful to others.(吴国珍,2015)

📖 每课阅读与思考

请阅读以下论文,并回答思考题。

论文

——蔡新乐,2018.中庸解《论语》及其跨文化问题:以"端"为例[J].解放军外国语学院学报,(5):101-109,160.

思考题

本课第二节讨论了论语中的"中庸之道"及其英译,结合以上论文,请思考《论语》英译中的跨文化问题是否存在中庸回归的必需。为什么?

📋 参考文献

[1] 蔡先金,2015.孔子"君子固穷"观要解[J].孔子研究,(1):42-50.

[2] 蔡新乐,2018.中庸解《论语》及其跨文化问题:以"端"为例[J].解放军外国语学院学报,(5):101-109,160.

[3] 程树德,1990.论语集释[M].(程俊英,蒋见元点校).北京:中华书局.

[4] 程颢,程颐,1981. 二程集·河南程氏遗书卷第七[M]. 北京:中华书局.

[5] 辜鸿铭,2011. 辜鸿铭英译《论语》[M]. 昆明:云南人民出版社.

[6] 屈永刚,2016. 从杀身成仁到舍生取义:孔孟生死观发展研究[J]. 西南政法大学学报,(2):20-25.

[7] 司志本,2003. 黄金分割:神圣的分割[J]. 湖南第一师范学报,(1):60-62.

[8] 霍恩比,A. S. 2018. 牛津高阶英汉双解词典[M]. 9 版. 北京:商务印书馆.

[9] 宋德利,2010. 论语汉英对照[M]. 北京:对外经济贸易大学出版社.

[10] 孙钦善,2009. 论语本解[M]. 北京:生活·读书·新知三联书店.

[11] 王福林,2011. 论语:详注·今译·英译[M]. 南京:东南大学出版社.

[12] 吴国珍,2015.《论语》最新英文全译全注本[M]. 2 版.福州:福建教育出版社.

[13] 许慎,2013. 说文解字[M]. 北京:中华书局.

[14] 许渊冲,2005. 汉英对照论语[M]. 北京:高等教育出版社.

[15] 杨伯峻,1980. 论语译注[M]. 2 版. 北京:中华书局.

[16] 杨朝明,2008. 论语诠解[M]. 扬州:广陵书社.

[17] 英国柯林斯公司,2008. 柯林斯高阶英汉双解词典[M]. 北京:商务印书馆.

[18] 张琳悦,2013. 论《论语》中"仁"的 50 种含义[J]. 大庆社会科学,(5):80-86.

[19] 张诒三,2016.《论语》"固穷""屡空"索解[J]. 孔子研究:(6):53-56.

[20] 张英,2007. 从"杀身成仁""舍生取义"看儒家生命价值观[J]. 理论探讨,(2):55-58.

[21] 朱汉民,2018. 中庸之道的思想演变与思维特征[J]. 求索,(6):169-176.

[22] 朱熹,1983. 四书章句集注[M]. 北京:中华书局.

[23] Collie, D.（柯大卫）. 1828. *The Chinese Classical Work Commonly Called the Four Books*[M]. Malacca:The Mission Press.

[24] Ames, R. T.（安乐哲）.1998. *The Analects of Confucius*[M]. New York:Ballantine Books.

[25] Lau, D.C.（刘殿爵）. 1979. *Confucius:The Analects*[M]. Hong Kong:The Chinese University Press.

［26］ Legge，J.(理雅各). 1971. *Confucius：Confucian Analects，the Great Learning and the Doctrine of the Mean*［M］. London：Dover Publications.

［27］ Waley，A.(亚瑟·韦利). 1938. *The Analects of Confucius*［M］. London：George Allen & Unwin Ltd.

第三课　德治

　　《论语》记载了孔子和其门下弟子的言行,集中体现了儒家关于学习教育、治国施政、个人修养、伦理道德的思想。中国素有"半部《论语》治天下"的说法,这足以可见其对中华民族的深远影响以及儒家文化的博大精深。《论语》里有众多德治相关的概念性词语,它们内涵丰富,背后承载着重要的儒家思想,是翻译过程中的难点,如何将其更好地翻译成英文是中国传统文化走出去的关键。

第一节　无为而治

　　中国自古以来都崇尚"德治",《论语》中的一个重要成语就是"无为而治",充分体现了儒家的"为政以德"思想。我们将以"无为而治"为例,通过对比分析不同的译本,探讨概念词的英译策略。

一、无为而治的内涵

　　[原文]子曰:"无为而治者,其舜也与? 夫何为哉? 恭己正南面而已矣。"

(《论语·卫灵公篇第十五》)

　　[释义一]孔子说:"能做到无为而治的,大概只有舜吧? 他做了些什么呢? 他只是庄严端正地坐在朝廷的王位上罢了。"　　　　　　(吴国珍,2015)

　　[释义二]孔子说:"不做什么而能平治天下的,只有舜吧! 他做了什么呢? 只是恭敬的向着南面罢了!"　　　　　　　　　　　　　　(毛子水,2009)

　　提起"无为而治",人们总是下意识地认为所指的是道家创始人老子的思想,但是其实是孔子首次明确提出了"无为而治"的思想,其一般的解释是无所作为而使天下得到治理,泛指以德化民、推行德治。但是"无为"真的是无所作为或者什么也不做吗? 要想把握其中含义,我们还是得回到原文。

　　对于"无为"的语内翻译,毛子水(2009)翻译的是"不做什么",这是根据字面意思做出的解读。但是原文的舜是否真的什么都不做呢？紧随"无为而治"之后的是"恭己正南面",把握后者可以更好地理解前者。在中国传统政治中,"南面"是一种隐喻。中国处于北半球,位尊者坐北朝南,面对南方,正对阳光,尽显高贵的政治地位。正南面指的就是端正地面南而坐,正直地为政,即孔子所称的"君君、臣臣"(吴国珍,2015)。

　　清代王夫之有云,"恭己者,修德于己也"。其称正南面为政,是君主的分内之事,算不上有为。因此,一位君主虽然在其位谋其政,但是在孔子的眼中,这种作为是君主该做的事情,不像那些残暴不仁为非作歹的君主,在这个意义上说一个合格的君主确实是无为的。

　　但是学界的另一种看法是,据古书记载,舜是做了很多事情的,但是从《大戴礼记·主言》里记载的孔子与曾子的对话"昔者舜左禹而右皋陶,不下席而天下治",可以看出因为舜有禹和皋陶,他能通过任贤授能从而达到无为而治的目的。《论语集解》中对上述引语的解读是"言任官得其人,故无为而治"。在《三国志·楼玄传》里的解读是,因为任人唯贤,所以能够优游自逸。"无为而治"总结了舜的治道原则,概括了舜优游自逸的执政风格,代表着孔子及后来儒家的治道理想。

　　北宋之后,"无为而治"又多了一种阐释。朱熹(1983)认为,舜通过恭敬修身,从而"使政治归于教化,成为引领民心归向、化育民心归于仁德的政治,成为为政者正己以化人的政治","诉说的是一种政治的理想状态或极致境地",这种观点是有据可循的。因为一直以来,儒家强调的是修身治国平天下,在《论语》里出现了很多德治教化之言,比如"子欲善,而民善矣。君子之德风,小人之德草。草上之风,必偃"(《论语·颜渊篇第十二》),"修文德以来之"(《论语·季氏篇第十六》)。

　　"无为而治"经过数代演变,后泛指儒家提倡的君主以德化民,使政治清明、社会安定,激励民众奋发自为的统治方法,也指管理上采取不干涉政策。虽然对于"无为而治"的解读有不同,但是学界普遍认为孔子所言的"无为而治"和道家的"无为而治"不同,后者的"无为而治"是指超脱人的德行修养和任何作为,从而呈现自然的状态。孔子提倡的"无为而治"与道家的主张不同,他强调国君应该首先克己修身崇德(恭己),然后举贤任能,顺应人性,让下属和百姓各司其职,各尽所能,不横加干涉,不好大喜功劳民伤财,获得不用事必躬亲而政治清明、社会安定、人民安居乐业的结果。我们不应该仅仅因为字面意思相同,就断定老子的"无为而治"起源于舜,也不能断定孔子接受了老子的

"无为而治"理论。

二、英译对比探析

本小节主要选取刘殿爵(1979)、吴国珍(2015)、辜鸿铭(2011)、理雅各(1971)、沃森(2007)、韦利(1938)和森舸澜(2003)等中外译者的译本进行对比分析。

[原文]子曰："无为而治者，其舜也与？"　　　　（《论语·卫灵公篇第十五》）

英译一：If there was a ruler who achieved order without taking any action, it was, perhaps, Shun.　　　　　　　　　　　　　　　　　　　　（刘殿爵，1979）

英译二：Shun might be the one who ruled by doing nothing, wasn't he?

（吴国珍，2015）

英译三：The ancient Emperor Shun was perhaps the one man who successfully carried out the principle of no-government.　　　　（辜鸿铭，2011）

英译四：May not Shun be instanced as having governed efficiently without exertion?　　　　　　　　　　　　　　　　　　　　　　　　　　（理雅各，1971）

英译五：Of those who ruled through inaction, surely Shun was one.

（沃森，2007）

英译六：Among those that "ruled by inactivity" surely Shun may be counted.

（韦利，1938）

英译七：Is Shun not an example of someone who ruled by means of wu-wei?

（森舸澜，2003）

（一）"无为而治"的英译

刘殿爵(1979)和吴国珍(2015)都按着字面的意思分别将"无为而治"翻译为"achieved order without taking any action"（不采取任何行动却实现有序的状态）以及"ruled by doing nothing"（不做任何事就能统治）。通过吴国珍的汉语注释，我们可以看到他明确地指出了儒家的"无为而治"与道家的清静无为、因循天性不同，并且对儒家的"无为而治"做了说明，但是这只是在语内翻译中做了注释，在英译本中却没有给出批注。刘殿爵的译文也没有对此给予批注。两位译者都对"无为而治"进行了阐释性的翻译，方便西方读者阅读。但是译文仅仅按着字面的意思呈现了出来，读者看到句末"恭己正南面"，又会疑惑这不是做了事情么，会顿生矛盾之感。

辜鸿铭(2011)和理雅各(1971)避开了做不做事的纷争，分别将"无为而治"译为"successfully carried out the principle of no-government"（成功实行

零治理的原则)与"governed efficiently without exertion"(毫不费力就能高效统治)。"government"是指"a particular system or method of controlling a country"。这样一来,辜译中"无为"一词被释译为了没有具体的统治或者治理方法。根据学界的解读,因为舜任人唯贤,他自己确实不用亲力亲为实行具体的统治方法。从这个角度来说,这个翻译阐释是有道理的。理雅各(1971)的译文强调的是统治者统治的轻松,突出的是舜优游自逸的执政风格。

(二)音译加评注

儒家的概念性词语内涵丰富、模糊而微妙,因此音译在翻译中仍然具有重要的作用。

森舸澜(2003)在这里用拼音"wu-wei"来直接翻译"无为",以鲜明的方式标记了儒学的术语。"无为"这个概念词的内涵没有得到削弱和偏移,中国文化特殊性得到了保留。但是只有音译,对于读者来说不是很好的阅读体验,"逼迫西人走出他们自己熟悉的文化框架去认识和研究一个全新的东方概念"(邱扬,2014)。此处,译者添加了长达一整页的注释,说明何晏、王夫之、朱熹对于"无为而治"的观点,提供了两种比较流行的有关任用贤能和恭敬修身的解读供读者思考选择,让读者更加清晰地了解儒家文化"无为而治"的丰富内涵,对于爱好中国文化,尤其是儒家文化的西方读者很有帮助。

但是对于开始尝试了解中国文化的读者来说,音译加注释增加了篇幅,阅读体验不流畅,无形中加大了阅读障碍。此外,"无为而治"在《论语》中出现频率低,这样的策略虽然可行,但是对于其他高频率概念词,比如"仁""天",是否都可以采用这样的翻译策略来处理呢? 这还有待考量和商榷。

第二节　众星拱北

本节以"众星拱北"为切入点,探讨其内涵与本质,并选取中外译者的四种不同译文,从多个层面进行辨析。

一、众星拱北的内涵

[**原文**]子曰:"为政以德,譬如北辰,居其所而众星共之。"

(《论语·为政篇第二》)

[**释义一**]孔子说:"以道德教化来治理政事,就会像北极星那样,自己安于其位,而群星都会围绕着它。"

(吴国珍,2015)

[释义二]孔子说："用道德来治理国家，就会像北极星一样自己安稳地坐在位置上，别的星都环绕着它。" （杨伯峻，1992）

长久以来，中国文化十分崇尚"德治"，源自《论语》，流传至今的成语"众星拱北"就充分体现了儒家文化"为政以德"的重要思想，是孔子以礼治国的重要政治主张。孔子认为，为政者、领导者，在管理过程中应当保持良好的德行，以德服人，才能处理好国家政务和管理好下属。

在"譬如北辰，居其所而众星共之"这一句中，孔子将施行"德"政的人比喻为天上的北极星。《观象》载："北极星在紫微宫中，一曰北辰，天之最尊星也。其纽星天之枢也。天运无穷，而极星不移。"古人因北极星恒定，居紫微宫中，众星皆围绕着它转，所以对北极星极为尊崇，认为是帝王的象征。孔子认为，施行"德"政的领导者，"居其所"，不胡乱指挥，待在自己该待的位置，明白自己的职责范围，就像天上的北极星一般，一定能够受到满天星辰的拱卫。

一个领导者要想达到北极星的境界，收服人心，还得先从"德"入手，做到"以德服人"。三国时，刘备的军政才干远不及曹操，家业背景也不及孙权，但他以"仁"立世，以德服人、用人，先有关羽、张飞与他桃园三结义，再有孔明为其鞠躬尽瘁，使得他能三分天下。刘备的德政办法也适用于现代社会。

二、英译对比探析

本小节主要选取理雅各（1971）、苏慧廉（1910）、宋德利（2010）和沃森（2007）四位译者的译本进行对比分析。

[原文]子曰："为政以德，譬如北辰，居其所而众星共之。"

（《论语·为政篇第二》）

英译一：The Master said, "He who exercises government by means of his virtue may be compared to the north polar star, which keeps its place and all the stars turn towards it." （理雅各，1971）

英译二：The Master said: "He who governs by his moral excellence may be compared to the Pole-star, which abides in its place, while all the stars bow towards it." （苏慧廉，1910）

英译三：Confucius said, "If governing a country by education in morality, a lord will be like the Big Dipper which is located in its orientation with all stars around it." （宋德利，2010）

英译四：The Master said, Conduct government in accordance with virtue, and it will be like the North Star standing in its place, with all the other stars paying court to it.

（沃森，2007）

"譬如北辰"的英译与模糊语的使用

多数情况下，模糊语是一种语用策略，模糊语体现了说话者对于所述观点的不确定，使用模糊语能减少说话者对信息的责任。模糊语的使用可以使作者避免因为自己的观点与受众的观点有出入而遭受批评质疑，从而增加话语的可信度。而且，模糊语的使用还能把读者当成话语的受话方，从而使读者自然而然地参与与作者的讨论。

从上述译文中可见，理雅各（1971）和苏慧廉（1910）都将原文中"譬如北辰"的明喻处理为了"may be compared to"，翻译中也点明了明喻，但是都加上了模糊语"may"。而原文中的"譬如"是比喻词，表示"好像"的意思，是没有出现模糊语的。理雅各和苏慧廉两位早期外国传教士由于对儒家文化的理解不足和自身西方文化背景的限制，他们在译文中添加了模糊语，减少了自己对译文的责任，以及受到批评和驳斥的可能性，同时也能使持有不同政治价值观的西方读者能够参与到对话中进行解读，并且判断对于译文中表达的观点自己是否能够接受以及接受到什么程度。模糊语的使用也影响着译文中呈现的孔子形象。在有关孔子言辞的译文中使用模糊语"may"，读者脑海浮现的孔子形象是谨慎、用词斟酌，邀请门下弟子参与对话并进行思考的教师形象，其表达政治观点的语气没有太强硬，没有达到让人丝毫不敢质疑的程度。孔子在这里的形象并不是一个不容靠近的权威，相反，他循循善诱，用相对委婉的语气表达观点，给弟子留有思考余地，儒雅、从容、淡定的学者形象便跃然纸上。这和孔子所提倡的启发式教学以及对学生勤思考的期待相呼应，增加了孔子言行本身的可信度，进而使其观点更容易被接受。

宋德利（2010）和沃森（2007）将"譬如"都翻译为"will be like"，都选用了确定表达语"will"。这里的"will"为孔子的话注入一种强烈的意愿，有力地传达了孔子认为统治者应该"为政以德"的治国观点，显示了说话者对于自己观点的信心，增添了权威性。确定表达语的使用可以帮助构建孔子的权威形象，极大地增强了孔子对其弟子教诲的说服力。《论语》多为语录，记录孔子的言论，旨在传达和传播儒家文化中政治、教育、文学、哲学以及立身处世等多方面的道理，一般情况下，态度和立场明确的话语能够打动读者，用肯定的态度能引导和说服读者产生对所述观点的认同。译文中"will"显示了孔子在政治上鲜明的立场态度，让孔子"德治"的政治理念深入读者心中，相比于"may be compared to"，读者脑海里浮现的是一个态度坚定、胸有成竹、语言铿锵有力的孔子形象，符合中国传统文化中有一定威严的教师形象。

通过对比《论语》不同译文中立场标记语的使用,我们可以看到元话语的使用能够显示说话者的立场态度,说话者也可以根据读者的反应来处理和修饰自己的言辞,从而加强受众的参与程度并且帮助塑造形象。翻译时译者可以多加注意话语的人际意义,以促进中国传统文化在西方的传播和接受。

第三节　不患寡而患不均

作为儒家文化经典,《论语》中有关政治、修养、教育等的理念深深地影响着中华民族,体现着中华文化的博大精深。后世由此总结的众多出自《论语》的成语流传至今,蕴含着丰富的儒家思想精髓,对当今政治生活产生重要的作用和影响。"不患寡而患不均"体现着孔子重要的政治思想。本节以"不患寡而患不均"为例,追根溯源,理解其意,对比分析不同的译文,探究不同翻译的可取之处。

一、不患寡而患不均的内涵

[原文]子曰:"……丘也闻有国有家者,不患寡而患不均,不患贫而患不安。"

(《论语·季氏篇第十六》)

[释义]孔子说:"……无论是诸侯或者大夫,不必担忧财富不多,只须担忧财富不平均,因为只要财富分配平均,便无所谓贫穷。"　　(杨伯峻,1992)

这里的"寡"和"均"都容易让人产生歧义。

"寡"指的并不是物质匮乏,而是人、土地少。根据《汉书·地理志》记载,汉代的人口是远远多于春秋战国的。由于春秋战国时,土地依靠人力劳动才得以开垦和耕种,战乱时也需要人民上战场打仗,因此人就是重要的生产力来源,人口众多是国家的一大优势。但是,有学者认为,"寡"既不指财富也不指人民,而是指土地。因为在本段原文句首有"季氏将伐颛臾",因此此次战争的目的是夺得颛臾的土地。

学者对于"均"的理解也有不少的争议。有的认为"均"属于经济范畴,指土地等财富方面的"均平";有的认为"均"属于政治概念,指的是各得其所,是施政原则的公平正义、广义政治上的公平。《论语正义》中对"均"的解释为"均者,言班爵禄、制田里皆均平也",指赏官封爵和土地分配方面,此为第一种观点。但是,学者普遍对"均"为"平均"的理解提出质疑和驳斥,认为孔子生活的时代处于私有制,其生产关系决定了财产分配是不平均的,而且《论语》之中没有再出现类似的论述；且对于贫富,孔子的态度是明确的,即"贫而乐","贫而无怨",或"富而好礼","富而无骄",而绝无丝毫削富济贫的表示。

第二种观点即"均"具有的是广义上的含义。从字源上看,由于陶器生产先于冶炼技术的发展,在古代汉语中,"均"最开始指的是"钧",也就是工匠用来制造陶器的转轮。只有转盘中心周正,轮盘四周才能保持平衡,这样做出来的陶器才能美观端正,后世的引申含义为平均。"均"这样的形象意义和哲理内涵,很容易被引入政治领域,常出现在后世的行政治理措施中,如汉代的均输、均田等等。"政之不均而患民寡,民之不安而患国贫,非知本也。"(陈祥道,2023)由此可见,"均"并不是财富意义上的平均分配,而是指分配原则的先天公平、先天公道,即政治、政教意义上的普遍公正。

对于"不患寡而患不均,不患贫而患不安"原句中"寡"和"贫"的顺序,学界也有不同的意见。根据紧跟其后的"盖均无贫,和无寡,安无倾",有的学者认为原句应该是"不患贫而患不均,不患寡而患不安",这样才符合上下文的语言逻辑。但是也有学者表示下文还提到了"和""倾",这两句并不是完全一致,因而这种机械的对应调序并不妥当,仍然应该遵循原句顺序。

二、英译对比探析

本小节主要选取吴国珍(2015)、柯大卫(1828)、理雅各(1971)、辜鸿铭(2011)、刘殿爵(1979)、许渊冲(2005)、宋德利(2010)和森舸澜(2003)八位译者的译本进行对比分析。

[原文]子曰:"……丘也闻有国有家者,不患寡而患不均,不患贫而患不安。"

(《论语·季氏篇第十六》)

英译一: The Master said, "I have heard that rulers of states or chiefs of royal families do not worry about poverty, but about uneven distribution of wealth. They do not worry about the small size of population, but about instability of society."

(吴国珍,2015)

英译二: Confucius says, "… I have heard that rulers and masters of families, are not grieved because their people are few, but grieved that every one obtains not his due. They do not grieve on account of poverty, but because of the want of harmony and peace."

(柯大卫,1828)

英译三: The Master said, "… I have heard that rulers of states and chiefs of families are not troubled lest their people should be few, but are troubled lest they should not keep their several places; that they are not troubled with fears of poverty, but are troubled with fears of a want of contented repose among the people in their several places."

(理雅各,1971)

英译四: Confucius remarked, "… I have been taught to believe that those who have kingdoms and possessions should not be concerned that they have not enough possessions, but should be concerned that possessions are not equally distributed; they should not be concerned that they are poor, but should be concerned that the people are not contented."

(辜鸿铭,2011)

英译五: The Master said, "… What I have heard is that the head of a state or a noble family worries not about underpopulation but about uneven distribution, not about poverty but about instability."

(刘殿爵,1979)

英译六: The Master said, "… I have heard that the chief of a state or of a family need not care for scarcity but for inequality, nor for poverty but for security."

(许渊冲,2005)

英译七: Confucius said, "… I heard that people who have their own countries and families are not afraid of lacking money but afraid of unequal, not afraid of poverty but afraid of unrest."

(宋德利,2010)

英译八: Confucius replied, "… I have heard it said that those who possess a state or noble house are not concerned about whether their people are scarce, but rather about whether their people are content; they are not concerned about poverty, but rather concerned that what wealth they have is fairly distributed."

(森舸澜,2003)

(一)"寡"的英译

从译文中,我们可以看到,各位译者对于"寡"的含义有不同的理解。吴国珍(2015)译为"the small size of population",柯大卫(1828)译为"their people are few",理雅各(1971)译为"their people should be few",刘殿爵(1979)译为"underpopulation",森舸澜(2003)译为"their people are scarce"。上述几位译者都认为"寡"是指人口稀少,这种理解是得到大多数学者支持的。

辜鸿铭(2011)和宋德利(2010)分别译为"have not enough possessions"和"lacking money",这显然是认为"寡"和下文的"贫"是一个意思,将两者在意义上等同了。从上文的分析可知,这种理解是站不住脚的。许渊冲(2005)则将"寡"直接译为"scarcity",它的词典释义为"if there is a scarcity of something, there is not enough of it and it is difficult to obtain it";译者没有选择

这个词的复数形式,而是用作不可数名词,回避了探讨缺少什么、什么不足,而只是表明缺少、不足这个状态,将"寡"的基本意思点明了,译文的留白很多,读者能够解读的空间很大,读起来也简洁明了,但是指代不明说明译者忽视了当时具体的语境。

（二）"不均"的英译

各位译者的译文也体现了对"不均"含义的不同把握。吴国珍（2015）译为"uneven distribution of wealth",辜鸿铭（2011）译为"possessions are not equally distributed",森舸澜（2003）译为"what wealth they have is fairly distributed",这三位译者都认为"均"属于经济范畴,聚焦在财富分配上。吴国珍（2015）选用"uneven"来修饰财富分配,该词词典释义为"organized in a way that is not regular and/or fair",强调的是分配的不公正,这和森舸澜（2003）选用的"fairly"传达的意思一致。

辜鸿铭（2011）选用的"possessions"指的是私人财产,将私人的财产拿来分配,这在古今中外可能会招致不满,表达的意思可能有所不当。辜鸿铭（2011）译文中的"equally"也容易产生歧义。虽然"equal"有平等的意思,但是也有"the same in size, quantity, value, etc. as something else"的意思,强调数量、规模、价值的相同、平均,这容易让孔子被冠以平均主义的帽子,让孔子被污名化,所以,其对"均"的处理不是很妥当。而柯大卫、刘殿爵、许渊冲和宋德利等四位译者取的都是广义上的"均"义。

柯大卫（1828）将"不均"译为"every one obtains not his due",即"每个人都没有各得其所"。刘殿爵（1979）译文为"uneven distribution",没有阐明哪些方面的分配,表示广泛意义上的分配不公平。许渊冲和宋德利的处理就更为泛化,分别译为"inequality"和"unequal",提升到了普遍意义上的不平等;考虑到孔子生活的奴隶制时期以及孔子尊卑有序的等级观念,这样体现人人平等的现代先进思想的词汇会让读者产生困惑和断裂感,因此其选词还是有待斟酌。理雅各（1971）将"不均"译为"they should not keep their several places",没有准确把握原文"均"的含义,让读者比较难以理解,容易产生疑惑。

（三）"寡"和"贫"的顺序选择

译文中我们可以清楚地看到,柯大卫（1828）、理雅各（1971）、辜鸿铭（2011）、许渊冲（2005）和宋德利（2010）等人认为原文顺序应不变,仍然是"不患寡而患不均,不患贫而患不安"。吴国珍（2015）和森舸澜（2003）则赞成调整"寡"和"贫"的顺序。刘殿爵（1979）的译文没有调整顺序,但是其译本添加了批注。虽然这两种解读都有各自的道理,但是顺序的调整影响着所呈现的孔子形象。原文的顺序"不患寡而患不均,不患贫而患不安"体现的是孔子对于民生的关注,显示其民本和仁政观;如果调换"寡"和"贫"的顺序,译文体现出来的就是孔子从统治者的角度,讲述如何治理一个国家的策略。

（四）句式的选择

"不患寡而患不均,不患贫而患不安"只有短短十四个字,风格简洁明快,运用了重复的修辞手法,结构工整,起到了强调的作用。原句中"不患……而患"重复了两次,译者对是否保留这种重复结构采取了不同的翻译策略。吴国珍（2015）重复了两次"do not worry about …, but about";辜鸿铭（2011）重复使用了"should not be concerned that they …, but should be concerned that";宋德利（2010）则是重复了"not afraid of … but afraid of …"。他们用完全一样的结构展现了原文的形式和意义。理雅各（1971）、柯大卫（1828）和森舸澜（2003）也注意到了原句的重复结构,他们用了大体上一致、只有细微差别的结构来再现形式和意义。但是我们可以看到,在兼顾原文的形式时,除了宋德利（2010）的译文,其他译者的译文长度都增加了,原文简短的风格丢失了,长度的增加也弱化了原文说理铿锵有力、掷地有声的效果。相反,刘殿爵（1979）和许渊冲（2005）则再现了原文简练的行文风格,避免赘述,译文字数大大减少,突出呈现说理性文本的简洁性。

 每课一句

……己欲立而立人,己欲达而达人。（《论语·雍也篇第六》）

While one strives to gain his footing in society, he should also help others to gain theirs; while he strives to seek his accomplishment, he should also help others to seek theirs.（吴国珍,2015）

 每课阅读与思考

请阅读以下论文,并回答思考题。

论文1

——邵培仁,姚锦云,2014.传播模式论:《论语》的核心传播模式与儒家传播思维[J].浙江大学学报（人文社会科学版）,（4）:56-75.

论文2

——张政,胡文潇,2015.《论语》中"天"的英译探析——兼论其对中国文

化核心关键词英译的启示[J]. 中国翻译,(6)：92-96.

思考题

1. 孔子将"德"政喻为"譬如北辰,居其所而众星共之"。阅读论文 1,思考"德"的社会传播有哪两种效应,对两种效应的解读于"譬如北辰"这一句的英译有什么样的意义。

2. 本书中多处提及"天",结合论文 2,思考本书中像"天"这样的《论语》中的核心概念词是否要遵循"译名唯一性"而统一英译,请说明你的理解与理据。

参考文献

[1] 陈祥道,2023. 论语全解[M]. 北京：北京大学出版社.

[2] 程树德,2010. 论语集释[M]. 北京：中华书局.

[3] 高连福,2016. 孔子"无为而治"政治思想及其国家治理价值[J]. 山东大学学报,(4)：71-80.

[4] 高明,1988. 大戴礼记今注今译[M]. 天津：天津古籍出版社.

[5] 辜鸿铭,2011. 辜鸿铭英译《论语》[M]. 昆明：云南人民出版社.

[6] 韩涛,2016. 孔子均平分配思想的中道理念[J]. 孔子研究,(4)：34-40.

[7] 鞠玉梅,2013. 英汉学术论文语篇中的元话语研究：从亚里士多德修辞学的角度[J]. 外语研究,(3)：23-29.

[8] 李衡眉,1991."不患贫而患不均"说商兑：兼论孔子的经济思想[J]. 中国经济史研究,(4)：146-149.

[9] 刘全志,2013. 孔子眼中的舜"无为而治"新论[J]. 中国哲学史,(1)：37-40.

[10] 毛子水,2009. 论语今注今译[M].2 版. 王云五主编. 台北：台湾商务印书馆.

[11] 霍恩比,A. S. 2018. 牛津高阶英汉双解词典[M]. 9 版. 北京：商务印书馆.

[12] 邱扬,2014. 英译《论语》中的文化概念之争：兼谈文化意识与译文的文化趋向[J]. 孔子研究,(2)：107-112.

[13] 邵培仁,姚锦云,2014. 传播模式论：《论语》的核心传播模式与儒家传播思维[J]. 浙江大学学报(人文社会科学版),(4)：56-75.

[14] 宋德利,2010. 论语汉英对照[M]. 北京：对外经济贸易大学出版社.

[15] 王力,1999. 古代汉语[M]. 北京：中华书局.

[16] 王铮，1997.《论语·季氏》"均无贫"本意辨析[J]. 求是学刊,（6）：99-100.

[17] 吴格奇，2010. 英汉研究论文结论部分作者立场标记语对比研究[J]. 西安外国语大学学报,（4）：46-50.

[18] 吴国珍，2015.《论语》最新英文全译全注本[M]. 2 版.福州：福建教育出版社.

[19] 许渊冲，2005. 汉英对照论语[M]. 北京：高等教育出版社.

[20] 杨伯峻，1980. 论语译注[M]. 2 版. 北京：中华书局.

[21] 杨伯峻，1992. 四书（英汉对照 文白对照）[M].理雅各,英译.刘重德,罗志野,英文校注.长沙:湖南出版社.

[22] 俞樾，1995. 群经平议[M]. 上海：上海古籍出版社.

[23] 张政,胡文潇，2015.《论语》中"天"的英译探析:兼论其对中国文化核心关键词英译的启示[J]. 中国翻译,（6）：92-96.

[24] 朱熹，1983. 四书章句集注[M]. 北京:中华书局.

[25] 英国柯林斯公司，2008. 柯林斯高阶英汉双解词典[M]. 北京:商务印书馆.

[26] Collie, D.（柯大卫）. 1828. *Chinese Classical Work Commonly Called the Four Books*[M]. Malacca：The Mission Press.

[27] Lau, D.C.（刘殿爵）. 1979. *Confucius：The Analects*[M]. Hong Kong：The Chinese University Press.

[28] Legge, J.（理雅各）. 1971. *Confucius：Confucian Analects，the Great Learning and the Doctrine of the Mean*[M]. London：Dover Publications.

[29] Slingerland，E.（爱德华·森舸澜）. 2003. *Confucius Analects*[M]. Cambridge：Hackett Publishing Company.

[30] Soothill，W. E.（苏慧廉）. 1910. *The Analects of Confucius*[M]. Tokyo：The Methodist Publishing House.

[31] Waley，A.（亚瑟·韦利）. 1938. *The Analects of Confucius*[M]. London：George Allen & Unwin Ltd.

[32] Watson，B.（伯顿·沃森）. 2007. *The Analects of Confucius*[M]. Columbia：Columbia University Press.

第四课　教育

《论语》中对"礼"的推行,目的之一是教育。与宗教不同,儒学是"入世"的,是对人的入世教育,教育人如何为人处世,以仁义礼智信廉耻等伦理道德为主,去追求人际与社会的和谐。《论语》中关于教育的思想,具有重要的价值和意义。

第一节　因材施教

孔子主张"因材施教",十分善于根据不同学生的特点采取不同的教育手段。本节主要围绕孔子师徒对话的不同版本的翻译来展开。选取孔子与曾参的对话主要是因为,曾参继承并发展了孔子的学说,在后世影响很大,甚至被尊为"宗圣"。孔门弟子中,如果从对后世的影响和人们的尊崇程度来看,可以说曾参的地位仅次于颜回。

一、因材施教的内涵

[原文]子曰:"参乎,吾道一以贯之。"曾子曰:"唯。"子出,门人问曰:"何谓也?"曾子曰:"夫子之道,忠恕而已矣。"　　　　　　　　　　(《论语·里仁篇第四》)

[释义]孔子说:"曾参啊,我的学说贯穿着一个基本观念。"曾子说:"是。"孔子走了出去,别的学生便问曾参:"这是什么意思?"曾子说:"他老人家的学说,只是忠和恕罢了"　　　　　　　　　　　　　　　　　　　　(杨伯峻,1992)

曾参,字子舆,鲁国人,比孔子小四十六岁。《论语》中多处提到曾参,其中两处是曾参与孔子的对话,一处是孔子对他的评价,剩下的都是记述曾参自己的观点。有趣的是,这些提及曾参的地方,除了孔子直呼其名"参",其余地方都尊称他为"曾子"而不是曾参。这从一个侧面说明,在《论语》集结成书的时候,曾参在继承孔子的学说方面已经获得了大家的认可。

虽然孔子对曾参的评价是"参也鲁",指曾参迟钝,但是从后世传播的效果来看,众多弟子中,是曾参继承并发扬了孔子的思想。宋代有学者称,"孔子传曾子,曾子传子思,子思传孟子"。这是说,孔子的学说,曾参传授给了子思,子思又是孟子的老师,因此曾参是承上启下中不可或缺的一环。不仅如此,朱熹将《论语》、《孟子》、曾参所著的《大学》、子思所著的《中庸》合在一起称为"四书",也是因为这四本书源出一脉,传承相继。所以,曾参因为对儒学思想的继承与发展而被后世尊为"宗圣"。

例句"一以贯之"和"夫子之道,忠恕而已矣"非常著名,而且解读甚多。

对于"一以贯之"的理解,杨伯峻(1992)的解读是孔子认为自己的学说是贯穿着一个基本概念的。而李泽厚(2008)的解读是孔子认为他自己的思想行为是贯通一致的。

对于"忠恕"的理解,杨伯峻(1992)的解读是,"他老人家的学说,只是忠和恕罢了"。李泽厚(2008)的解读是,"老师所讲求的,不过是忠和恕罢了"。

两位学者都没有解释什么是忠,什么是恕,但是在注释里,杨伯峻将"忠"解释为"己欲立而立人,己欲达而达人",而"恕"的意思是"己所不欲,勿施于人",认为忠是恕的积极的一面。李泽厚在注释中也基本采用了杨伯峻的解释,认为"忠恕"是为人做事、对人对己的基本道理和原则。

对于孔子之道的阐释,可以说是仁者见仁,智者见智。这其中既有相隔千年,众说纷纭,从而难以取舍的原因,也有孔子的学说博大精深,令人一时难以掌握其精髓的原因?但是,随侍在孔子身边的曾参,却不仅能快速领会老师的意思,而且能用自己的语言解释给别的同学听——令人不禁疑问,这还是那个被孔子评价为"迟钝"的曾参吗?遗憾的是,曾参作为孔子后期的弟子,在《论语》中并没有留下太多他和孔子之间的问答记录。仅有的两条记录,除了这里提及的"一以贯之",还有《宪问篇第十四》中,孔子说:"不在那个职位,就不要考虑那方面的政事。"曾子说:"君子考虑问题,从来不超出自己的职位范围。"而且两条记述都有一个共同之处,那就是曾参对老师孔子讲述的内容不但领会、信服,而且能够用自己的语言表述出来。这应该就是学习的本质,即理解、阐述,然后将所学用来指导自己的行为举止。可见,曾参的"鲁"与颜回的"愚"有异曲同工之妙,难怪宋朝著名的理学家程颢说:"颜子默识,曾子笃信,得圣人之道者,二人也。"

二、英译本对比探析

本小节主要选取吴国珍(2015)、刘殿爵(1979)、韦利(1938)和理雅各

(1971)四位译者的译本进行对比分析。

[原文]子曰:"参乎,吾道一以贯之。"曾子曰:"唯。"子出,门人问曰:"何谓也?"曾子曰:"夫子之道,忠恕而已矣。" 　　　　　　　　(《论语·里仁篇第四》)

英译一: The Master said, "Oh, Shen, there is one principle that runs all through my doctrines." "Yes," replied Zengzi (Zeng Shen).

When the Master went out, other disciples asked Zeng Shen, "What did the Master mean?"

"He was telling me about his doctrines, which just boil down to faithfulness and reciprocity," replied Zengzi. 　　　　　　　　(吴国珍,2015)

英译二: The Master said, "Shen! There is one single thread binding my way together."

Zeng Zi assented.

After the Master had gone out, the disciples asked, "What did he mean?"

Zeng Zi said, "The way of the Master consists in doing one's best and in using oneself as measure to gauge the likes and dislikes of others. That is all."

　　　　　　　　(刘殿爵,1979)

英译三: The Master said, "Shen! My Way has one (thread) that runs right through it." Master Zeng said, "Yes." When the Master had gone out, the disciples asked saying, "What did he mean?" Master Zeng said, "Our Master's Way is simply this—loyalty, consideration." 　　　　　　　　(韦利,1938)

英译四: The Master said, "Shan, my doctrine is that of an all-pervading unity." The disciple Tsang replied, "Yes."

The Master went out, and the other disciples asked, saying, "What do his words mean?"

Tsang said, "The doctrine of our master is to be true to the principles—of our nature and the benevolent exercise of them to others,—this and nothing more."

　　　　　　　　(理雅各,1971)

(一)"一以贯之"的英译

上文中,吴国珍(2015)、刘殿爵(1979)和韦利(1938)的译文表达的意思均指有一个核心原则贯穿整个孔子的学说,而且刘殿爵和韦利都用了相同的比喻,即好像一根线一样贯穿其中。但是,理雅各的翻译与这三者不同,他的译文回译成中文是"孔子的学说是一个广大而统一的整体"。另外,从采用的句式上来说,前两位译者都采用了"there is"的存在句来表明"一以贯之"是客观事实;韦利用"has one(thread)that runs right through it"传达了句子的主语"my way"的特点,也就是说,孔子的道具有一以贯之的特点,可以理解为一种持有的状态。而理雅各用"is"描述孔子的道是处于什么样的状态,即是一个贯穿始终的整体。可以说,译文细微之处,各不相同,传达了不同译者对"一以贯之"的不同解读。

（二）"忠恕"的英译

四位译者的四种不同的解读给读者呈现出四种"忠恕"。通过对比可见,吴国珍(2015)和韦利(1938)采用了相同的翻译策略,使译文通俗易通、简洁明了:这两位译者力图通过让两个单词一一对应来传达"忠恕"的意思,将"忠"分别译为"faithfulness"和"loyalty",而"恕"则译为"reciprocity"和"consideration"。"恕"的翻译颇为有趣,吴国珍(2015)译为"reciprocity",意思是互惠互利,共通互赢,可以说暗合了"立己达人"中"达人"的意思,属于"恕"字更加积极的意项。而韦利(1938)译为"consideration",意思是"考虑,体谅",以便"己所不欲,勿施于人",相较于吴译,这个意项稍显消极。

刘殿爵(1979)和理雅各(1971)的译文都对"忠恕"进行了解释说明,力图还原两字本来的意思。刘殿爵(1979)的译文体现了朱熹的解释"尽己之谓忠,推己之谓恕",但是将"恕"翻译成"以自己为准则来衡量他人的好恶"似乎将"恕"的意思缩小了,能够推己及人的怎么可能仅仅是好恶呢?而理雅各(1971)的翻译则体现了他作为一名传教士的身份特点。"忠"为"to be true to the principles—of our nature",忠于原则;"恕"为"the benevolent exercise of them to others",善待他人。这样的翻译有很强的传教布道的意味。而且,译文中的"the principles"一词令人费解,不知所指为何。

第二节　有教无类

孔子教育思想最伟大之处,就在其"有教无类"(《论语·卫灵公篇第十五》)。有教无类,就是"对谁都要进行教育,不要区别对待不同类别的对象"。这个口号之所以不容易,是因为当时的教育都是为贵族而设,而孔子的这个口号,明显是在反其道而行之,也就是为平民大众而设。

一、有教无类的内涵

[原文]子曰:"有教无类。"　　　　　　　　　　　　　(《论语·卫灵公篇第十五》)

[**释义**]孔子说:"对谁都要进行教育,不要区别对待不同类别的对象。"

(吴国珍,2015)

从古至今,对《论语》的注解数不胜数,古人多将"有教无类"解释为平等地施予教育。现在大众普遍接受的也是将"有教无类"作为一种教育理念来解释,即所有人都有接受教育的权利,不分贫富高低贵贱。结合当时的时代背景,即孔子作为老师,他的学生"孔门七十二贤"中,有子贡擅长经商,出身名门,家境富裕;也有颜回出身贫寒,孔子称赞其"一箪食,一瓢饮,在陋巷,人不堪其忧,回也不改其乐"(《论语·雍也篇第六》),这样的解释具有一定的合理性。

"有"字与"无"相对,可解释为具有、持有的意思,也有"取得,占有"之意。另外,"有"字还可充当词缀,放在动词、形容词或者名词之前,不具有实意。因此可以将"有教无类"中的"有"解释为"获得,取得","有教"即获得教育;或者也可以大胆地将"有"字作为无实意的词缀,即"教"字直接作为动词,似乎都可以得到类似的解释。

"教"这个字有诸多不同的意思。作为动词,"教"在古代有"使"的意思,例如使某人做某事,使之如何如何(此为引申义);还有"告"的意思,即告诉,将某事告知某人。现代的"教"则主要是"教育,教学"的意思,即授予知识(经验)之意,这也是它的本义。《说文解字》中对"教"的注解是"上所施,下所效也"。一般情况下,我们将"上所施"解释为"教","下所效"理解为学。"教"也可作为名词,如"因材施教"中即为名词;另外,名词"教"也可作为宗教的简称;它还有"教材,教化"的意思。《礼记·经解》中写道,"五教,诗、书、乐、易、春秋也"。"有教无类"是中国古代教育思想中的一个重要原则,这里"教"应该理解为教育的行为和过程,它包括传授知识、培养道德、提升能力等多方面的内容。教育作为一种社会活动,旨在促进个体的全面发展,使其成为有益于社会的成员。孔子提倡的"有教无类"思想,强调了教育的普遍性和平等性,认为每个人都有受教育的权利和可能性,这一思想在当今社会依然具有重要的现实意义。为所有人提供平等的教育机会,让每个人能够通过教育实现自我提升和社会流动,这是"有教无类"理念的深刻内涵。

"无"字即无,没有。不存在较大的争议,此处不多加分析。

"类"字本义为种类,《说文解字》中解释道:"类,种类相似,惟犬最甚。"它也有"法则,规矩"的意思,如《墨子·大取》中有"以故生,以理长,以类行者也"。《方言·卷七》中写道,"类,法也。齐曰类"。《辞海》中"类"字有一个解释为"法式",引用例证为《楚辞·九章·怀沙》中的"明告君子,吾将以为类分"。由此可见,"类"字古义多为"法则,规矩",即不成文的规定,或者固定模式。因此如果将"类"字的解释用本义代入,那么"有教无类"的意思即"对所有人都可以进行教育";而若用古义代入,它的意思则是"获取教育没有固定的模式"。

二、英译本对比探析

本节主要选取吴国珍(2015)、辜鸿铭(2011)、韦利(1938)、柯大卫(1828)、许渊冲(2005)和宋德利(2010)六位译者的译本进行对比分析。

[原文]子曰:"有教无类。"　　　　　　　　　　　(《论语·卫灵公篇第十五》)

英译一:The Master said, "Let there be education for all regardless of learners' background."　　　　　　　　　　　(吴国珍,2015)

英译二:Confucius remarked, "Among really educated men, there is no caste or race-distinction."　　　　　　　　　　(辜鸿铭,2011)

英译三:The Master said, "There is a difference in instruction but none in kind."　　　　　　　　　　　(韦利,1938)

英译四:Confucius said, teach all without regard to what class they belong.

(柯大卫,1828)

英译五:In education, the Master said, there should be no distinction of classes.　　　　　　　　　　(许渊冲,2005)

英译六:Confucius said, "Everyone is equal in education."　　　(宋德利,2010)

(一)"教"的英译

吴国珍(2015)采用意译的方法,将整句话译为"让来自不同背景的所有人都能接受教育",他将"教"译为名词形式的教育"education"。辜鸿铭(2011)将整句话译为"真正受过良好教育的人们之间没有种族区别",他采用补译"……的人"的方法,将"有教"二字翻译为"真正受过良好教育的人"。该译文秉持辜鸿铭一贯的风格,脱离源文本的限制,符合"动态对等"的原则。韦利(1938)将整句话翻译为"引导方法可以有不同,但学生的类别没有不同"。他在翻译文本中加入了自己的理解,认为"有教"是教育方式可以有所不同,因此他翻译为"a difference in instruction","instruction"为"指引,引导,说明"的意思,也可作"授课、讲课"之意。柯大卫(1828)将整句话译为"无论什么阶级的人都应该接受教育",他将"教"译为动词"teach",意即"授课","教"。一般认为,"teach"主要是施教者向受教者实施的动作,即教授,而教育涵括的概念更广泛。《辞海》(1980)中对"教育"的释义为:按照一定的目的要求,对受教育者的德育、智育、体育诸方面施以影响的一种有计划的活动……教育一词一般是指学校教育,但也用来泛指社会上一切有教育作用的活动,如社会教育、家庭教育等。许渊冲(2005)将整句话译为"教育不区分阶级",总体上采用意译的翻译策略,言简意赅。他将"教"字译为"education"这个范畴较大的词,较为合理。宋德利(2010)采用意译的翻译策略,将"有教无类"译为"在教育上所有人都是平等的"。而"教"字对应"education"这个范畴较大的词,也是相对合理的。

（二）"类"的英译

吴国珍(2015)将"类"译为一个人的背景出身,即"background",略有不妥;"background"一词涵括范围虽广,但是更多时候局限在物质条件方面。"类"字若解释为"种类,类别",还包含了人的身体健康状况,以及说话时的年龄、阶层,或者工作岗位等等。吴国珍的译本与如今大众普遍接受的对"有教无类"的解释大体相符。韦利(1938)将"无类"译为"none in kind"不太合适。原文的本意是施予教育的时候不对学生加以区分,区别对待,而不是学生的种类都一样。如上文所提到的,孔子的学生众多,其中每个学生的社会地位、身份背景、所处情况都不尽相同,孔子还提出"因材施教"的观点,若学生们都是一样的,那又何来"因材施教"一说呢? 柯大卫(1828)和许渊冲(2005)将"类"字译为"class",也存在一定的局限性,因为即便是相同阶级的两个人,也存在物质条件、年龄、天赋等各个方面的其他不同。宋德利(2010)直接将"类"字转化为"everyone",即所有"类"之人。这样的翻译是比较合理的,因为"类"字所包含的范畴得到了较为对等的转换。

第三节　知者不惑

本节以"知者不惑"为切入点,探讨其内涵与本质。通过选取中外译者的不同译文,从多个层面进行辨析,探讨更为适恰的英译。

一、知者不惑的内涵

[原文]子曰:"知者不惑,仁者不忧,勇者不惧。" （《论语·子罕篇第九》）

[释义]孔子说:"聪明的人不会疑惑,有仁德的人不会忧愁,勇敢的人不会畏惧。"
（吴国珍,2015）

从古至今,学者专家们对这句话的解释层出不穷,杨伯峻的注解为"聪明人不致疑惑,仁德的人经常乐观,勇敢的人无所畏惧"。要准确地向外传达"知者不惑"的意思,就要搞明白孔子所言究竟是何目的,以及言之所处境况。"吾十有五而志于学;三十而立;四十而不惑;五十而知天命;六十而耳顺;七十而从心所欲,不逾矩。"(《论语·为政篇第二》)这里的"四十不惑",杨伯峻(1980)解释为"四十岁,(掌握了各种知识)不致迷惑"。

如此便可推断出,孔子认为,通过不断学习掌握了各种知识,就能够不迷惑,即在面对各种问题的时候能够拥有自己的判断力。在完整的儒家传统道德体系中,智、仁、勇是至关重要的三个范畴。结合上下文,孔子说这句话的目的大抵是希望激励自己的学生努力学习,提高自身修养,最终具备"智慧"、"仁义"和"勇气"这三个重要品质。

要准确表达"知者不惑"的意思,就必须在"知"和"惑"两个字上深究。"知"字在《新华字典》中主要有两个释义,一为动词,意为"知道、明白";二为名词,意为"学识,学问"。在古时候"知"又通"智"这个字,是智慧的意思。《论语·子罕篇第九》中有"子曰:'吾有知乎哉?无知也。'"这句话是孔子的自谦之语,意思是:"我有智慧(知识)吗?没有智慧。"就是说一个人即使再博学多才,也不可能知道世界上所有的事情。"知"在这句话中充当名词,就是智慧的意思。

二、英译本对比分析

本小节主要选取柯大卫(1828)、辜鸿铭(2011)、理雅各(1971)、许渊冲(2005)、宋德利(2010)、安乐哲(1998)和韦利(1938)等人的译本进行对比分析。

[原文]子曰:"知者不惑,仁者不忧,勇者不惧。"(《论语·子罕篇第九》)

英译一: Confucius says, the truly intelligent have no doubts; the truly virtuous, no sorrow; and the truly brave, no fear. (柯大卫,1828)

英译二: Confucius once remarked, "Men of intelligence are free from doubts, moral men from anxiety, and men of courage from fear." (辜鸿铭,2011)

英译三: The Master said, "The wise are free from perplexities; the virtuous from anxiety; and the bold from fear." (理雅各,1971)

英译四: The wise, said the Master, are free from doubt; the good, from worry; and the brave, from fear. (许渊冲,2005)

英译五: Confucius said, "Wise people don't feel puzzled; noble-minded people never feel sorrowful; brave people never act timid." (宋德利,2010)

英译六: The master said, "The wise (zhi 知) are not in quandary; the authoritative (ren 仁) are not anxious; the courageous are not timid." （安乐哲,1970)

英译七: The Master said, "He that is really Good is never unhappy, he that is really wise is never perplexed, he that is really brave is never afraid." (韦利,1938)

(一)"知"的英译

对于"知"字,不同翻译家的译本略有出入,但大都将其译为"wise"和"in-telligent"。

英译一: the truly intelligent	(柯大卫,1828)
英译二: men of intelligence	(辜鸿铭,2011)
英译三: the wise	(理雅各,1971)
英译四: the wise	(许渊冲,2005)
英译五: wise people	(宋德利,2010)
英译六: the wise(zhi 知)	(安乐哲,1970)
英译七: he that is really wise	(韦利,1938)

柯大卫(1828)和辜鸿铭(2011)将"知"译为"intelligent""of intelligence",意思一样。"intelligent"的释义为"智力、才智"。这个词可能有些不恰当。孔子所说的"知者",是通过后天的不断学习,在各个知识文化领域都具有了一定的基础,从而做到处世"不惑",而不是那些天赋异禀、聪明绝顶的人。"上智"和"下愚"反而同属于孔子认为"不可教"的学生。柯大卫(1828)在"intelligent"之前还加了"truly",即真正有才智。撇去"intelligent"的不准确,柯大卫(1828)的译本更加贴近孔子原本想要表达的意思。"知者"即"真正拥有知识的人",这类人在处理事情的时候不会迷惑不解。孔子以此来激励自己的学生,警醒世人要不断学习。

理雅各(1971)、许渊冲(2005)、宋德利(2010)、安乐哲(1998)和韦利(1938)这几位翻译家都将"知"译为"wise"。"wise"的释义为"英明的,博学的",可见"wise"要比"intelligent"来得更准确一些。而安乐哲(1998)还在其后标上中文读音和原文汉字(zhi 知),这使得目标语读者能够对比欣赏,从而得以更加深入、详细地了解源语言即中文里的本意。这样的处理方式在安乐哲(1998)译本中处处可见,比如"仁"和"道"等字词,都在译本的一开始就被作为背景知识介绍给读者。这种翻译方法对那些真正想了解源语言文化和其真正内涵的目标语读者是十分友好的,而这也是一直受到广泛推崇的翻译方法。

韦利(1938)的版本则是在"wise"前面加了一个"really",将"知"理解为"真智",将"知者"译为真正拥有大智慧的人,较前面几位翻译家直接用"the wise""wise people",韦利(1938)似乎更准确深刻地传达了孔子的本意。孔子所

说的能够达到"不惑"境界的人,必须先通过学习达到真正拥有大智慧的高度。

(二)"不惑"的英译

英译一:have no doubts　　　　　　　　　　　　　(柯大卫,1828)

英译二:free from doubts　　　　　　　　　　　　(辜鸿铭,2011)

英译三:free from perplexities　　　　　　　　　　(理雅各,1971)

英译四:free from doubt　　　　　　　　　　　　(许渊冲,2005)

英译五:never perplexed　　　　　　　　　　　　(韦利,1938)

英译六:don't feel puzzled　　　　　　　　　　　(宋德利,2010)

英译七:not in quandary　　　　　　　　　　　　(安乐哲,1970)

柯大卫(1828)、辜鸿铭(2011)和许渊冲(2005)三位翻译家都把"惑"字译为"doubt"。《林语堂当代汉英词典》(*Lin Yutang's Chinese-English Dictionary of Modern Usage*,1972)中对"惑"字的解释就用了"doubt"这个词,《牛津高阶英汉双解词典》(2018)中"doubt"的解释也有"惑"字,可见"doubt"是"惑"最直接的对应。

理雅各(1971)和韦利(1938)则把"惑"字译为"perplex"("perplexity"/"perplexed")。《牛津高阶英汉双解词典》(2018)中对"perplex"的释义为"使困惑,使茫然"。《林语堂当代汉英词典》(*Lin Yutang's Chinese-English Dictionary of Modern Usage*,1972)对"perplex"的释义是"困扰"。因此,理雅各(1971)和韦利(1938)对于"惑"字的翻译是较为准确的。宋德利(2010)将"惑"字翻译为"puzzle",释义是"使迷惑,使窘困";他的译文为"don't feel puzzled",即"不会感到困惑",这基本贴近原文本意。安乐哲(1998)则用到了"quandary"这个词。"quandary"的释义是"a state of perplexity or uncertainty over what to do in a difficult situation",即"窘困、不知所措的状况"。根据上文提到的孔子所言"不惑"的意思,用该词来对应翻译"惑"字是十分准确的。作为中国文化研究者的吴国珍(2015)则选用"bewilder"与之相对应。纵观各翻译名家的译本,"bewilder"是较为少见的词,释义是"使迷惑,使糊涂,难住",因此吴国珍的译本也是较为准确的。

📖 每课一句

主忠信,徙义,崇德也。(《论语·颜渊篇第十二》)

Hold the sense of loyalty and faithfulness as prime principle and pursue justice. That is the way to foster morality.(吴国珍,2015)

每课阅读与思考

请阅读以下论文,并回答思考题。

论文 1

——邵培仁,姚锦云,2014. 传播模式论:《论语》的核心传播模式与儒家传播思维[J]. 浙江大学学报(人文社会科学版),(4):56-75.

论文 2

——张小曼,薛玲,2022.《论语》德育思想英译读者接受研究[J]. 燕山大学学报(哲学社会科学版),(5):62-69.

思考题

1. "因材施教"中包含着传播者与接受者两个参与者,思考如何观察《论语》译本中孔子作为传播者、弟子作为接受者的知识建构与传播。

2. 阅读论文 2 中对《论语》德育思想英译的对比讨论,谈谈如何理解"一以贯之"这一思想及其英译。

参考文献

[1] 辜鸿铭,2011. 辜鸿铭英译《论语》[M]. 昆明:云南人民出版社.

[2] 霍恩比,A. S. 2018.牛津高阶英汉双解词典[M]. 9 版. 北京:商务印书馆.

[3] 李泽厚,2008. 论语今读[M].北京:生活·读书·新知三联书店.

[4] 邵培仁,姚锦云,2014. 传播模式论:《论语》的核心传播模式与儒家传播思维[J]. 浙江大学学报(人文社会科学版),(4):56-75.

[5] 宋德利,2010. 论语汉英对照[M]. 北京:对外经济贸易大学出版社.

[6] 吴国珍,2015.《论语》最新英文全译全注本[M]. 2 版.福州:福建教育出版社.

[7] 许慎,2013. 说文解字[M]. 北京:中华书局.

[8] 许渊冲,2005. 汉英对照论语[M]. 北京:高等教育出版社.

[9] 杨伯峻,1980. 论语译注[M]. 2 版. 北京:中华书局.

[10] 杨伯峻,1992. 四书(英汉对照 文白对照)[M].理雅各,英译.刘重德,罗志野,英文校注.长沙:湖南出版社.

[11] 张冲,2013."有教无类"别解[J]. 德州学院学报,(3):62-64.

[12] 张小曼,薛玲,2022.《论语》德育思想英译读者接受研究[J]. 燕山大学学报

学报(哲学社会科学版),(5):62-69.

[13] 林语堂,1972.林语堂当代汉英词典[M].香港:香港中文大学.

[14] 辞海编辑委员会,1980.辞海(教育、心理分册)[M].上海:上海辞书出版社.

[15] 英国柯林斯公司,2008.柯林斯高阶英汉双解词典[M].北京:商务印书馆.

[16] Lin,Yutang. 1972. *Lin Yutang's Chinese-English Dictionary of Modern Usage*[M]. Hong Kong:Chinese University of Hong Kong.

[17] Ames,R. T. (安乐哲). 1998. *The Analects of Confucius*[M]. New York:Ballantine Books.

[18] Collie,D.(柯大卫). 1828. *The Chinese Classical Work Commonly Called the Four Books*[M]. Malacca:The Mission Press.

[19] Lau,D.C.(刘殿爵). 1979. *Confucius:The Analects*[M]. Hong Kong:The Chinese University Press.

[20] Legge,J.(理雅各). 1971. *Confucius:Confucian Analects,the Great Learning and the Doctrine of the Mean*[M]. London:Dover Publications.

[21] Waley,A.(亚瑟·韦利). 1938. *The Analects of Confucius*[M]. London:George Allen & Unwin Ltd.

第五课　立世

在这一课，我们主要探讨《论语》中关于如何提高个人修养的论述，重点是关于君子"有所为"方面的论述，及其英译版本的鉴赏品评。君子，作为儒家思想的一个核心概念词，在《论语》中出现了一百多次。"君子"本义是指统治者和一般贵族男子，而在《论语》中主要是指品德高尚的人。

第一节　君子处世

一、君子处世的内涵

[原文]曾子曰："吾日三省吾身：为人谋而不忠乎？与朋友交而不信乎？传不习乎？"
　　　　　　　　　　　　　　　　　　　　　　　　　　（《论语·学而篇第一》）

[释义]曾子说："我每天多次反省自己：为别人办事尽心尽力了吗？同朋友交往做到诚实可信了吗？老师传授给我的学业复习了吗？"（吴国珍，2015）

这句话的意思我们都能理解，但是落实到每字的含义却不一定能准确地说上来。中国古代惯用春秋笔法，微言大义，一句话往往有很多的阐释。

曾子，孔子晚年弟子之一，是孔门中最重修身的人，有着人所称颂的完善人格，是七十二贤之一。曾子倡导、践行"吾日三省吾身"之法。在曾子看来，"吾日三省吾身"能够让人们找到自身的不足之处，并及时加以改正，同时总结做人做事的规律，加深对这一规律的认识，进而提高自身的能力、思想修为和道德境界。曾子认为，人格能够在反思中不断得以完善。

正所谓"天行健，君子以自强不息"，君子处世，应当力求自我进步。而"吾日三省吾身"正是君子处世的内涵所在。

"吾日三省吾身"中的"三"代表多次、多层面。就行事而言，做事应当多反思一下自己是否做到了以"忠"为本，尽心竭力，为他人、为天下人做好事，在社会上建功立业,这是一个有抱负的士者应该做的事。就为人而言,有否做到"忠"与"信"? 有否做到以仁爱之心对待别人? 在社会交往中,人应当诚实守信,诚心对待一切。就学习而言,"传不习乎?"中的"传",不仅仅是指学习和传播知识学问,更是指传先辈之道。

往深一层次理解,"吾日三省吾身"一句概况了儒家学说中关于修身、处世、治国的三大方面。其中的自律精神是每一位有志之人都要学习的,尤其是在这个竞争激烈的时代,只有时刻不忘提高自己,才能真正为社会做贡献,为他人、为天下人做好事。

二、英译文对比探析

本节主要选取吴国珍(2015)、理雅各(1971)和韦利(1938)三位译者的译本进行对比分析。

[原文]曾子曰:"吾日三省吾身:为人谋而不忠乎? 与朋友交而不信乎? 传不习乎?"

(《论语·学而篇第一》)

英译一:Zengzi said, "I ask myself several times in my daily introspection: Am I not dedicated when handling affairs for others? Am I not trustworthy to my friends?" Zengzi said,"… Have I not reviewed the lessons taught by the teacher?"

(吴国珍,2015)

英译二:The philosopher Tsang said, "I daily examine myself on three points: Whether, in transacting business for others, I may have been not faithful; —whether, in intercourse with friends, I may have been not sincere." The philosopher Tsang said, "… —whether I may have not mastered and practised the instructions of my teacher."

(理雅各,1971)

英译三:Master Zeng said, "Every day I examine myself on these three points: In acting on behalf of others, have I always been loyal to their interests? In intercourse with my friends, have I always been true to my words?" Mater Zeng said, "… Have I failed to repeat the precepts that have been handed donw to me?" (韦利, 1938)

(一)"三"的英译

"三"在古文中,既可以是数词,也可以表示多次的意思。像"三""九"之类的数词有时候并无实际意义,只是抽象地形容次数多。因此在翻译时,有的中国译者会联想到这层含义,吴国珍(2015)译成"several times"。而理雅各(1971)和韦利(1938)把"三"理解为这句话所体现的三个方面,都译成了"on (these) three points"。

（二）"谋"和"忠"的英译

首先,关于"为人谋",理雅各(1971)和吴国珍(2015)都将其理解成"为别人做事情",符合原文意义。理雅各(1971)的译文是"transacting business for others",范围缩小到经济上的交往,而吴国珍(2015)译成"handling affairs",涵盖的范围更广,也更贴近原文。韦利(1938)则译作"acting on behalf of",理解成"代某人办事",把原文含义特殊化处理,稍显不妥。

再来看"忠"的翻译,在这里主要有两种理解。一种是对某人是否忠诚,另一种则是办事是否尽心尽力。理雅各(1971)译作"faithful",指对某人、信念、政党等忠诚的、忠实的,带宗教色彩,意思不够明确;而韦利(1938)译作"loyal",后面加了"interests",政治意味浓,同时译成"be loyal to",意即对某人尽忠。译文读者可能会思考:为什么 A 要忠于 B？为什么 B 值得 A 尽忠？所以,为了避免这些问题,吴国珍(2015)的译文把忠于人转换到忠于物,将"忠"解释成对事情尽力而为,侧重把替人做事落到怎样操作这样一个实际的层面。

（三）"交"和"信"的英译

理雅各(1971)和韦利(1938)都把"与朋友交往"译成了"intercourse with (my) friends"。"intercourse"在词典里的第一个释义是"性交",但在理雅各翻译的那个时代的确是指社会交往,只不过随着时代变化成了过时的用法,如果沿用到现在的语境中就会有歧义,这也是为什么典籍重译具有必要性。吴国珍(2015)译本则省略了原文中"交"这个动词,直接译成了"trustworthy to my friends",句式上更加灵活,同时也体现了原文"交往"这层含义。

再来看"信"这个字。"信"是诚信,理雅各(1971)译成"sincere",只体现出"诚"。吴国珍(2015)用的是"trustworthy",意思是"reliable, responsible, and can be trusted completely",是站在他人角度反观自己,让别人觉得自己可以依赖、可以信任,是较为合适的译法。

（四）句式的选择

接下来我们再看译者对于原文句式是如何处理的。我们可以看到,原文一连使用三个疑问句,又用了带否定词"不"的排比句式,形成反问排比,达到了加强语气的效果。韦利(1938)虽然将其译成疑问句,但是没有受制于原文的否定语气,而是转换成了肯定的问法,同时前两句加上了程度副词"always",增强了语气。而吴国珍(2015)既保留了疑问句,又连用三个否定词"not",传达的否定效果更强烈,形式和原文也更加接近。

第二节　君子生活

　　君子在日常生活中应该怎么做？本节选取了《论语》中关于"君子生活"的内容,并通过对其内涵的解读探究多种译本的优点和不足。

一、君子生活的内涵

　　[原文]子曰:"贤哉,回也! 一箪食,一瓢饮,在陋巷,人不堪其忧,回也不改其乐。贤哉,回也!"
　　　　　　　　　　　　　　　　　　　　　　　　　　（《论语·雍也篇第六》）

　　[释义]孔子说:"颜回的品质多么高尚啊! 一箪饭,一瓢水,住在一偏僻小巷的小屋里,别人都忍受不了这种穷困清苦,颜回却没有改变他人生的乐趣。颜回的品质是多么高尚啊!"
　　　　　　　　　　　　　　　　　　　　　　　　　　　　（吴国珍,2015）

　　这是孔子对弟子颜回的盛赞,说颜回即使生活在清苦的环境中,仍然不改变他自有的快乐。我们先来看看箪和瓢,这两个体现中国特色文化的量词。

　　"箪",古代盛饭用的圆形竹器;"瓢",用匏瓜或木头做成的舀水器具。颜回住在偏远、简陋的地方,用竹器吃饭,用瓢饮水,其清苦生活非一般人所能接受,但颜回却能一直安贫乐道,坚守本心,不改志向。"箪"与"瓢"二字是中国文化中简单的器物名词,但也因其简单而向读者呈现了颜回物质生活的简陋,折射出颜回的高尚品质。

　　颜回是七十二贤之首,一生没有做官,不求富贵,恪守、践行孔子的仁义思想。他坦然地对待贫穷,快乐由内心而发,不因物质而转移,从而能够获得真正的快乐。又如苏轼,"竹杖芒鞋轻胜马,谁怕? 一蓑烟雨任平生"。词人彼时处逆境之中,但正是因心不为物役,不受外在环境与粗陋物质条件的影响,才能顶风冒雨,从容前行,笑傲人生。

　　人生不如意事常八九,与其庸人自扰,不如常想人生中那一二分的庆幸与如意。这样一来,就能渐入淡泊之境,长守其乐而不改。这是君子生活的真正内涵。

二、英译文对比探析

　　本小节主要选取理雅各(1971)、苏慧廉(1910)和刘殿爵(1979)三位译者的译本进行对比分析,具体如下:

[原文]一箪食，一瓢饮，在陋巷，人不堪其忧，回也不改其乐。

（《论语·雍也篇第六》）

英译一：With a single bamboo dish of rice, a single gourd dish of drink, and living in his mean narrow lane, while others could not have endured the distress, he did not allow his joy to be affected by it.

（理雅各，1971）

英译二：A single bamboo bowl of millet; a single bamboo bowl of soup; living in a mean alley! Others could not have borne his distress, but Hui never abated his cheerfulness.

（苏慧廉，1910）

英译三：Living in a mean dwelling on a bowlful of rice and a ladleful of water is a hardship most men would find insupportable, but Hui does not allow this to affect his joy.

（刘殿爵，1979）

（一）"箪"的英译

"箪"是指古代盛饭的圆竹筒。注意此处包含的几个信息：盛饭的、竹子做的、圆的。理雅各（1971）和苏慧廉（1910）都译出了竹子这个意象，分别用的是"dish"和"bowl"，但和原文所表达的概念仍有出入。竹子这个意象在中国文化里意蕴深刻，而在英语中"bamboo"这个词没有联想意义，所以我们看到刘殿爵（1979）省去了竹子这一个意象，而是在英语中找了一个意思相近的量词"bowlful"来翻译，这样只能抽象地表达一箪食，无法体现出中国的文化特点。

（二）"瓢"的英译

瓢是舀水或取东西的工具，多用对半剖开的匏瓜或木头制成。成语箪食瓢饮就是由此而来，形容极为清贫的生活。刘殿爵（1979）所使用的"ladleful"，指的是长柄勺，省去了原文的文化意象，并没有表现出瓢的材质，且相差甚远。苏慧廉（1910）的理解有误，将"瓢"译作"bamboo bowl"（竹碗）。理雅各（1971）用"gourd"，指的是葫芦做成的容器，相比之下更加贴切。因此在翻译文化负载词的时候，从向外输出中国文化的角度而言，建议在不影响西方读者理解的基础上，表达出贴切的意思。

（三）句式的选择

在"一箪食，一瓢饮，在陋巷，人不堪其忧，回也不改其乐"中，前三个小句省略了主语"颜回"，而后面又把主语转换成了"人"，最后又回到了"颜回"。有时候汉语可以随时更换主语，而英语属于线性语言，更注重句子的逻辑顺序。下面我们来看看译者们针对汉语这种主语转换的现象分别采取了哪些翻译方法。

理雅各（1971）用了一个完整的英文长句，用"with"结构引导三个并列分

193

句,然后用转折连词"while"引导出对比的主体"others",再用代词"he"指代前面提到的颜回,放在后面,句式紧凑,逻辑严密,在形式上极大地还原了原文的特征。

苏慧廉(1910)前三句用了和原文相同形式的分句,用分号隔开,而整句话并没有主语,更像是英语中的格言或诗歌句式,可能是为了和原文的形式对应,语气更加强烈。后面另起一句,避开了复杂的长句,更加易懂。其中,"millet"是"粟,小米","alley"是"狭窄的小巷";"abate"是"减轻,减弱"的意思。

刘殿爵(1979)的译本则完全抛开了原文的并列结构,把三个并列的小句按照逻辑整合成了动名词主语,看不出原文的结构。

(四)主题的解读

颜回之乐,一直是人们热议的话题:颜回乐的是什么?孔子赞扬的是他的安贫乐道,生活清贫也能自得其乐,不戚戚于贫贱,没有司马牛之叹。但颜回并不像中世纪的修道士一样,刻意追求清苦的生活;他拥有的是一种积极乐观的心态,即便是处于恶劣环境仍可以笑对生活,仍然可以追求精神上的生活之乐。也有学者解读为学习之乐与精神之乐二者同时存在。从这一层面理解,翻译成英文的话,我们就要体现出究竟乐在何处。

我们看到,译文中对应"乐"的是"joy"和"cheerfulness"这两个词,二者都是形容人很高兴,很愉悦;"cheerfulness"多了一层含义,即态度上是乐观的,比"joy"要更好。但读者可能会想,这种情况下他为什么会快乐,究竟快乐在何处。但如果译为学习的乐趣,或解读为人生的乐趣,立意更高,可以更加贴近原文的深意。

第三节　君子择友

一、君子择友的内涵

[原文]子曰:"不得中行而与之,必也狂狷乎!"(《论语·子路篇第十三》)

[释义]孔子说:"不能与言行中庸的人交往,那只有和激进的人或洁身自好的人相交吧!"　　　　　　　　　　　　　　　　　　　　　　(杨伯峻,1992)

下面我们来看看这句话中"中行"和"狂狷"的含义。

"中行"在这句话的语境中是指行为合乎中庸之道的人。而"中庸"之道,就是一种不偏不倚、折中调和的处世态度。狂狷者,指的是志向高远的人与拘谨自守的人。狂者,进取于善道。狷者,守节无为。由此可见,狂者是志向高远、乐于进取的人,狷者是拘谨保守但有所不为、有原则底线的人。两词都是偏向褒义的词。

孔子认为,能够"中行"的人是理想中的合乎中庸之道的人。然而现实中这种人太少了,如果有"狂"者和"狷"者,就算不错了。狂者志存高远,就不会自甘堕落,而会积极进取、践道笃行,也会有所成就;狷者清高自守,有所为有所不为,能做到恢宏通达,亦会有所成就。"中行"之士不可求,只好退而求其次。

二、英译文对比探析

本小节主要选取辜鸿铭(2011)、吴国珍(2015)和理雅各(1971)三位译者的译本进行对比分析。

[原文]子曰:"不得中行而与之,必也狂狷乎!"(《论语·子路篇第十三》)

英译一:Confucius remarked, "If I cannot find equitable and reasonable men to have to do with, upon necessity I would choose men of enthusiastic or even fanatical character." (辜鸿铭,2011)

英译二:The Master said, "Since I cannot get along with people who stick to the Principle of Impartiality, I will certainly associate with the radical and the over-cautious." (吴国珍,2015)

英译三:The Master said, "Since I cannot get men pursuing the due medium, to whom I might communicate my instructions, I must find the ardent and the cautiously-decided." (理雅各,1971)

(一)"中行"的英译

英译一:equitable and reasonable men (辜鸿铭,2011)

英译二:the radical and the overcautious (吴国珍,2015)

英译三:the ardent and the cautiously-decided (理雅各,1971)

理雅各(1971)把"中行"译作"the due medium",采用了直译法,但是仅仅根据字面来译过于抽象,需要采取加注的形式才能方便译文读者理解。而辜鸿铭(2011)和吴国珍(2015)则翻译出了"中行"的内涵,"equitable"和"impartiality"都体现出不偏不倚的人格特质,更加具体。

(二)"狂狷"的英译

英译一:men of enthusiastic or even fanatical character (辜鸿铭,2011)

英译二：the radical and the overcautious　　　　　　　　（吴国珍，2015）

英译三：the ardent and the cautiously-decided　　　　　　（理雅各，1971）

"狂狷"形容两种对立的人格特质，而辜鸿铭（2011）把"狂狷"理解成了近义词，用"enthusiastic"表达出了有追求有活力的特点，但是还不够"狂"，不够热烈。"fanatical"带有贬义，形容说话做事狂热、极端，与"狷者"保守的含义截然相反。理雅各（1971）和吴国珍（2015）的理解和原文是一致的。理雅各（1971）用的"ardent"比"enthusiastic"情感更浓烈，更符合"狂者"的气质，虽然也没有体现出志向高远的特点，但可以接受。"cautiously-decided"指处事谨慎，理解比较到位。吴国珍（2015）则用"radical"，把狂者理解为激进冒进的人，但是"radical"在英文世界中常用来形容政治上的激进，用于指"狂者"似乎不妥。狷译成"overcautious"，其词义是"unnecessarily cautious"，带有贬义，也不太贴切。

 每课一句

贫与贱，是人之所恶也，不以其道得之，不去也。（《论语·里仁篇第四》）

Poverty and humbleness are what men dislike. But if they cannot be avoided in a righteous way, they should not be evaded.（吴国珍，2015）

每课阅读与思考

请阅读以下论文，并回答思考题。

论文 1

——韩星，韩秋宇，2016. 儒家"君子"概念英译浅析——以理雅各、韦利英译《论语》为例[J]. 外语学刊，（1）：94-97.

论文 2

——杨小玲，2011."君子"与儒家教化传播思想——《论语》的传播学解读[J]. 当代传播，（3）：21-23.

思考题

1. "君子"一词的概念内涵有哪些维度？英译时应当如何考量？

2. 如何理解"君子"是儒家教化传播的核心信息载体这一说法？在英译"君子"一词时应当注意其中哪些含义？

参考文献

[1] 辜鸿铭，2011. 辜鸿铭英译《论语》[M]. 昆明：云南人民出版社.

[2] 韩星,韩秋宇，2016. 儒家"君子"概念英译浅析:以理雅各、韦利英译《论语》为例[J]. 外语学刊,(1)：94-97.

[3] 吴国珍，2015.《论语》最新英文全译全注本[M]. 2 版.福州：福建教育出版社.

[4] 杨伯峻，1980. 论语译注[M]. 2 版. 北京：中华书局.

[5] 杨伯峻，1992. 四书(英汉对照 文白对照)[M].理雅各,英译,刘重德,罗志野,英文校注.长沙:湖南出版社.

[6] 杨小玲，2011."君子"与儒家教化传播思想:《论语》的传播学解读[J]. 当代传播,(3)：21-23.

[7] 霍恩比，A. S. 2018. 牛津高阶英汉双解词典[M]. 9 版. 北京:商务印书馆.

[8] 英国柯林斯公司，2008. 柯林斯高阶英汉双解词典[M]. 北京:商务印书馆.

[9] Lau，D.C.(刘殿爵). 1979. *Confucius：The Analects*[M]. Hong Kong：The Chinese University Press.

[10] Legge，J.(理雅各). 1971. *Confucius：Confucian Analects，the Great Learning and the Doctrine of the Mean*[M]. London：Dover Publications.

[11] Soothill，W.E.(苏慧廉). 1910. *The Analects of Confucius*[M]. Tokyo：The Methodist Publishing House.

[12] Waley，A.(亚瑟·韦利). 1938. *The Analects of Confucius*[M]. London：George Allen & Unwin Ltd.

第六课 态度

历经 2500 年的漫漫岁月,来源于《论语》中的许多成语依然活跃在我们的生活中,反映着数千年来我们理想中的为人、为学及为政态度,其英译也将促进这些传统价值观的传播。

第一节 朝闻夕死

本节将通过对比"朝闻夕死"的不同英译版本,探究译者们对该成语的解读,分析各种英译及其解读的优缺点所在,以促进对该成语的理解与英译的完善。

一、朝闻夕死的内涵

[原文]子曰:"朝闻道,夕死可矣。"　　　　　　　　(《论语·里仁篇第四》)

[释义]孔子说:"早晨求得了真理,就是当天晚上死去也心甘。"

(吴国珍,2015)

"知"是"闻"较为常用的引申义。早在战国、汉朝等时期,就有以"闻"表"知"的用法。慎子在其著作中提及:"孔子曰:'邱少而好学,晚而闻道,以此博矣。'"因为"博"有"渊博"之意,所以"晚而闻道"中的"闻"就是"知道"得多的意思。《吕氏春秋》亦载,"不闻道者,何以去非性哉?"指要消除不好的品性,定是需要真正知晓"道"才能做到。因此,此处也是将"闻"理解为"知晓"之意。此外,朱熹(1983)的注释"程子曰:'言人不可以不知道,苟得闻道,虽死可也'",也是将"闻"理解为"知"。

但是这一理解也存在一些不足。根据《论语·雍也篇第六》中记载,"子曰:'知之者不如好之者,好之者不如乐之者'",即"对于任何学问和事业,懂得它的人不如喜爱它的人,喜爱它的人不如以它为乐的人"。据此可知,对于孔子而言,"知"只是最基本的标准,更应该追求的是"好""乐"。而如果将"闻"解读为"知",那么"闻道"不过是达到了最基本的标准,远非死而无憾的境界。

三国时期,魏国何晏是这样理解"闻"的:"言将至死不闻世之有道。"该解读一直延续至北宋,邢昺注疏"此章疾世无道也。设若早朝闻世有道,暮夕而死,可无恨矣。言将至死不闻世之有道也",都是认为孔子垂垂老矣,还是未能听到天下有"道"的消息,于是感叹如果能听说天下有"道",就算是立刻死去也没有遗憾了。

然而,《论语·里仁篇第四》亦有云:"士志于道,而耻恶衣恶食者,未足与议也。"孔子提倡"志于道",意在鼓舞"士"追求"道",如果仅仅是"听说""道"显得过于轻描淡写,与孔子的思想相悖。因此何、邢二人认为"道"指存在"道"这一事物,这一解读确实充分彰显了孔子的仁德及他甘愿为天下苍生牺牲的精神。

鉴于以"闻"为"知""听"都存在矛盾之处,廖名春提出了第三种解读。他援引《论语·颜渊篇第十二》的"子张问:士何如斯可谓之达矣?"及孔子辨析同义词的语句进行说明,认为孔子回答"是闻也,非达也",说明"闻"和"达"释义相近,"闻"可以解释为"达",作"实现"之意。

虽然"达"确有"实现""达到"之意,也确有"闻达"连用的例证,但是当"闻"和"达"表示同义时,往往是指"显达",即获得较高的地位与名望,诸葛亮在《出师表》中就有"不求闻达于诸侯"之句,表示不指望在诸侯里显扬名声。因此,"闻"是否能够理解为"实现"还有待商榷。

二、英译文对比探析

本小节主要选取柯大卫(1828)、理雅各(1971)、辜鸿铭(2011)、韦利(1938)、刘殿爵(1979)、王福林(2011)、安乐哲(1998)、许渊冲(2005)、宋德利(2010)和吴国珍(2015)十位译者的译本进行对比分析。

[原文]子曰:"朝闻道,夕死可矣。"　　　　　　　　　　(《论语·里仁篇第四》)

英译一:If in the morning you hear the divine truth, in the evening you may die.　　　　　　　　　　(柯大卫,1828)

英译二:If a man in the morning hear the right way, he may die in the evening without regret.　　　　　　　　　　(理雅各,1971)

英译三:When a man has learnt wisdom in the morning, he may be content to die before the sun sets.　　　　　　　　　　(辜鸿铭,2011)

英译四：In the morning, hear the Way; in the evening, die content!

(韦利,1938)

英译五：He has not lived in vain who dies in the evening, having been told about the Way in the morning. (刘殿爵,1979)

英译六：If a person learns about benevolence in the morning, he may die without regret in the evening. (王福林,2011)

英译七：If at dawn you learn of and tread the way (dao 道), you can face death at dusk. (安乐哲,1998)

英译八：If a man knows in the morning the right way of living, he may die in the evening without regret. (许渊冲,2005)

英译九：It leaves no regret to learn truth in the morning and die in the evening. (宋德利,2010)

英译十：If I were told of the truth in the morning, I would die willingly even in the evening. (吴国珍,2015)

（一）"闻"的英译

译者对"朝闻夕死"的解读之差异,主要体现为对"闻"与"道"二字的解读差异。先说"闻"字,译者们基本都将"闻"字英译为"learn"、"hear"和"learn of and tread"及相近词汇,恰与该字现有的三种解读相对应。其中,辜鸿铭(2011)、王福林(2011)、许渊冲(2005)和宋德利(2010)等四位译者都将"闻"理解为"知",即"知晓"之意。

英译一：has learnt (辜鸿铭,2011)

英译二：learns about (王福林,2011)

英译三：knows (许渊冲,2005)

英译四：learn (宋德利,2010)

尽管"learn"的释义之一为"to become aware of something by hearing about it from somebody else",表"听到""获悉"之意,但该释义惯用的搭配往往是"learn of""learn that…",而译文中使用的"learn""learn about"采用的是"to gain knowledge or skill by studying,from experience,from being taught,etc."的释义,即通过学习、经验或他人教授而知晓知识;而"know"的释义为"to have information in your mind as a result of experience or because you have learned or been told it",就是"知道""了解"之意。

柯大卫等人的译法则符合"闻"的第二种解读——"听"。

英译一：hear (柯大卫,1828)

英译二：hear   （理雅各，1971）

英译三：hear   （韦利，1938）

英译四：having been told about   （刘殿爵，1979）

英译五：were told of   （吴国珍，2015）

《说文解字》也有记载，"闻，知声也"，即"闻"的本义就是"听见"，之后引申出"听说"之意；而"hear"的释义为"to be aware of the sound with your ears"，即用耳朵感知声音，又有另一释义"to be told about"，听说某事。如果以"闻"为"听"，又有"听"与"hear"高度对等，那么五位译者直接将"闻"译为"hear"是最简单的译法，但未充分表达"闻"的含义。

基于以上分析，"闻道"的几个英译就变得不够准确了——不应为"hear/be told about the way/truth，etc."，而应是"hear/be told about that the way/truth，etc. exists"。"exists"才能表达出"有道"的意思；同时，文献中也找不到其他将"道"引申为"有道"的用法。

安乐哲（1998）将"闻"译为"learn of and tread"。"tread"有"tread a difficult，dangerous，solitary，etc. path"的用法。对于安乐哲和持第三种解读观点的学者而言，"闻"并不仅仅是被动地听见、获悉，还带着一种主动践行的意味，符合孔子的思想性格。终其一生，孔子周游列国，四处推行"道"，证明了孔子并不耽于理论，而是积极地践行自己的理念；而"thread"一词的用法也贴切地体现出"道"的难以实现以及孔子对"道"的不懈追求。

（二）"道"的英译

虽然"朝闻夕死"中并未出现"道"，但是"道"却是该成语英译中不可或缺的部分，如将其省略，译为"Hear/Learn in the morning，you can die without regret in the evening."，容易使读者感到疑惑：究竟是听到/学到什么内容，才能死而无憾。而"道"作为道家、儒家等学派的重要哲学范畴，不同译者对它的解读和译法不计其数。

英译一：the divine truth   （柯大卫，1828）

英译二：the right way   （理雅各，1971）

英译三：wisdom   （辜鸿铭，2011）

英译四：the Way   （韦利，1938）

英译五：the Way   （刘殿爵，1979）

英译六：benevolence   （王福林，2011）

英译七：the way (dao 道)   （安乐哲，1998）

英译八：the right way of living   （许渊冲，2005）

英译九：truth   （宋德利，2010）

英译十：the truth   （吴国珍，2015）

理雅各（1971）、韦利（1938）、刘殿爵（1979）、安乐哲（1998）和许渊冲（2005）在译文中使用"way"一词，即将"道"理解为一种方法、途径；柯大卫（1828）、宋德利（2010）和吴国珍（2015）则采用"truth"一词，认为"道"意指"真理"；而辜鸿铭（2011）和王福林（2011）分别将"道"解读为"智"和"仁"。

朱熹（1983）注释称，"道者，事物当然之理"，而"truth"释义为"a fact that is believed by most people to be true"，即人们普遍相信的真理，与汉语注释不谋而合。

因此，柯大卫（1828）等人将"道"译为"truth"是可取的，但他在"truth"前增加"divine"则不妥，因为"divine"的释义为"coming from or connected with God or a god"，具有宗教色彩，而原文与宗教无关。

将"道"英译为"way"或许是根据其本义进行理解的。"道"的本义为"所行道也"（许慎，2013），而"way"有"a route or road that you take in order to reach a place"之意；此外，"道"后有引申义为"方法"，例如"以其人之道还治其人之身"就是采用该引申义，而"way"也有"a method，style or manner of doing something"的释义，二者对等，直接将"道"译为"the Way"最为简洁、达意，同时也巧妙地避免了对"道"宏大内涵的误读。安乐哲（1998）在英译后附上拼音及汉字则更好地保留了原文的特点，而许渊冲（2005）译作"the right way of living"则过于局限。

"wisdom"和"benevolence"是较为不可取的译法。首先，"道"的内涵宏大，有学者认为是"古先圣王之道"，有学者则认为是政治清明的"有道"，还有学者认为它意指"合乎某种规范"等，绝不仅仅是"智慧"这么简单；同时，《论语》中往往用"知"来表示"智"，《论语·为政篇第二》中"知之为知之，不知为不知，是知也"就可证明。"benevolence"往往指"仁"，"仁"是儒家最核心的思想，孔子也从未将"仁"和"道"混为一谈，因此，如用"benevolence"作为"道"的英译，可能会使读者对"仁"和"道"等重要概念辨析不清，对儒家核心思想产生误读。

（三）"朝"和"夕"的英译

至于"朝""夕"，多数译者的解读都是正确的，即"早上"和"晚上"，直译为"in the morning""in the evening"，既简单也准确。但辜鸿铭和安乐哲分别将"夕"译作"before the sun sets"和"at dusk"并不妥当。辜鸿铭译文回译为汉语为"在太阳落山前"，显然与"夜晚"之意背道而驰；而"dusk"释义为"the time of day when the light has almost gone，but it is not yet dark"，意指天色还未完全暗下来的黄昏，亦非夜晚。

（四）句式的选择

原句是条件句，仅用短短七个字就表达出对真理的不懈追求，简洁凝练。在 10 个英译本中，七位译者都采用了条件句，甚至柯大卫(1828)、理雅各(1971)和安乐哲(1998)还将时间状语提前，使译文在结构上尽可能贴近原文；而刘殿爵(1979)和宋德利(2010)则将条件句转化为陈述句，较符合英语语序，有助于读者快速理解句意。韦利(1938)的译文结构完全与原句一一对应，措辞也较为简短，与原句简洁的风格相一致，但使用祈使句似乎在呼吁他人"早上听说/学习'道'，以在晚上满足地死去"，这是原句并未体现的。

（五）人称的使用

其他译者均使用第二人称或第三人称，仅有吴国珍的译文采用第一人称，这也体现了不同译者对于原句背景的理解差异。第二、第三人称的使用或许是从孔子的"老师"身份出发，认为这是他在教导学生追求真理。孔子一直感叹"天下无道"，迫切地追求"道"，因此原句的感叹表明的是他自己的渴望。借助第一人称，孔子仁爱、坚定、无私的形象跃然纸上。

第二节　举一反三

本节以"举一反三"的英译为例，对英译本中的成语翻译进行对比研究和探析。

一、举一反三的内涵

[原文]举一隅不以三隅反，则不复也。　　　　　　　　（《论语·述而篇第七》）

[释义]教给他一个方面的东西，他却不能举一反三，那就不再多教他什么东西了。　　　　　　　　　　　　　　　　　　　　　　　　（吴国珍，2015）

该句体现着"至圣先师"孔子"启发式"的教学方法，经过数千年岁月的洗礼，这一方法愈发彰显其强大的生命力，已成为中国传统价值观中不可或缺的部分。

在对该成语及其原句的英译中，多数译者不谋而合，将重点词汇"三"和"复"分别理解成实指和"再次教授"之意，采用简洁的直译策略进行翻译。但也有译者别置一喙，以"三"表"多"，亦有理有据。对于原句的比喻修辞，不同译者分别采取直译和意译的翻译策略。直译虽能准确传达原文的字面意义，保留原文词汇、语言特色,却无法很好地体现原句所表达的深意,因此,建议采取直译策略时附上注释说明,以深化理解;意译则能够直截了当地体现原句的内涵,并帮助译文读者迅速、容易地理解原句。我们将以 10 个不同英译本作为研究文本,通过对比不同译者对该成语词汇、句法的理解及英译策略,分析这些英译的优缺点,探讨如何更好地翻译该成语。

二、英译文对比探析

本小节主要选取柯大卫(1828)、理雅各(1971)、辜鸿铭(2011)、韦利(1938)、刘殿爵(1979)、王福林(2011)、安乐哲(1998)、许渊冲(2005)、宋德利(2010)和吴国珍(2015)十位译者的译本进行对比分析。

[原文]举一隅不以三隅反,则不复也。　　　[《论语·述而篇第七》]

英译一: If I help a man round one corner, if he does not get round the other three, I do not again assist him. 　　　　　　　　　　　(柯大卫,1828)

英译二: When I have presented one corner of a subject to any one, and he cannot from it learn the other three, I do not repeat my lesson. 　(理雅各,1971)

英译三: When I have pointed out the bearing of a subject in one direction, and found that my student cannot himself see its bearing in other directions, I do not then repeat my lesson. 　　　　　　　　　　　(辜鸿铭,2011)

英译四: If I hold up one corner and a man cannot come back to me with the other three, I do not continue the lesson. 　　　　　　　(韦利,1938)

英译五: When I have pointed out one corner of a square to anyone and he does not come back with the other three, I will not point it out to him a second time.

(刘殿爵,1979)

英译六: If I show a disciple one corner of a subject and he can't tell what the other three corners are like, I do not instruct him again. 　　(王福林,2011)

英译七: If on showing students one corner they do not come back to me with the other three, I well not repeat myself. 　　　　　　(安乐哲, 1998)

英译八: If I show a man one corner of the table and he cannot infer the other three, I will not repeat the lesson. 　　　　　　　　(许渊冲,2005)

英译九: If he cannot learn by analogy, don't teach him anymore.

(宋德利,2010)

英译十:if he cannot draw inferences about three cases from one instance, Never teach him more. 　　　　　　　　　　　　(吴国珍,2015)

（一）"三"的英译

"三"的意义是理解该成语的重点,因为汉语数词用法有实指、虚指之分,"三"更是这"虚""实"之辨的"常客",其实指表示实际的数量,而虚指往往有"再三""多次"之意。

柯大卫(1828)、理雅各(1971)、韦利(1938)、刘殿爵(1979)、王福林(2011)、安乐哲(1998)、许渊冲(2005)和吴国珍(2015)等译者均将"三"直译为"three",即将该成语中的"三"解读为实指,这与许多主流注疏的解读一样。例如,《十三经注疏》有载,"凡物有四隅者,举一则三隅从可知",朱熹(1983)也说"物之有四隅者,举一可知其三",都认为"三"是实际的数量。根据这一解读,译者们采取直译的策略可以最简洁、准确地体现原句的意义。

当然,"实指"并非唯一解读。辜鸿铭(2011)采取意译的策略,将"三"译为"other",就是基于虚指的解读。仅仅《论语》里,就有"吾日三省吾身""三思而后行""其心三月不违仁""柳下惠为士师,三黜"等以"三"指"多"的例证,可见"三"的虚指现象之常见。而"举一反三"意为"举出一件事,就可以触类旁通,类推许多同类事理出来",亦是将"三"解读为"许多"。因此,辜鸿铭(2011)的译文也是有理可依的,同时更切合现今对"举一反三"的解读。

（二）"复"的英译

就原句的解读而言,"复"也大有可观。尽管主流注疏对该字的解读毫无二致,但也有学者提出不同见解。

英译一:I do not again assist him　　　　　　　　　　　　（柯大卫,1828）

英译二:I do not repeat my lesson　　　　　　　　　　　　（理雅各,1971）

英译三:I do not then repeat my lesson　　　　　　　　　　（辜鸿铭,2011）

英译四:I do not continue the lesson　　　　　　　　　　　（韦利,1938）

英译五:I will not point it out to him a second time　　　　　（刘殿爵,1979）

英译六:I do not instruct him again　　　　　　　　　　　　（王福林,2011）

英译七:I will not repeat myself　　　　　　　　　　　　　（安乐哲,1998）

英译八:I will not repeat the lesson　　　　　　　　　　　　（许渊冲,2005）

英译九:don't teach him anymore　　　　　　　　　　　　（宋德利,2010）

英译十:never teach him more　　　　　　　　　　　　　　（吴国珍,2015）

理雅各等九位译者均采用了直译的翻译策略,回译成汉语为"不再重复课程""不再提醒第二次""不再教他"等,归根结底都与主流注疏大同小异——从古时《十三经注疏》中的"则不复重教之"、《四书章句集注》中的"复,再告也"到现今《论语译注》中的"不再教他了",都将"复"理解为"再次教授"。根据这一理解,这些译者们的英译都是准确可取的,而且,直译也是最简洁明了的方法。

李波(2003)等人则提出不同观点,认为主流解读与孔子"有教无类"、"因材施教"和"诲人不倦"的理念背道而驰,并援引《说文解字》和《汉语大词典》等辞书提出"复"应为"走老路"之意,即"则不复也"应解读为"则不再使用老一套的教学方法"。若根据这一解读,则原句应该采用意译的翻译策略,英译为"I will not employ the same teaching method."。

柯大卫译文回译作汉语为"我不再帮助他了",这或许是将孔子的"启发式"教育理解为为学生提供帮助,但历来并没有注疏作过类似的解释,因此,这一英译并不符合原意。

（三）"隅"的英译

在句法层面上,原句是比喻句。"隅"有"角落"之意,因此,原句的字面意义是"告诉他一个角落里的东西,他就能推知其他三个角落里的东西",实则蕴含着"举出一件事,就可以触类旁通,类推许多同类事理出来"的深意。

不同译者对于比喻句的处理策略不尽相同。理雅各(1971)等八位译者采取了直译的策略,这一策略可以准确地传递字面意义,并且,在句子结构上也可以使译文与原文较为贴近,保留了原文的语言特色。但是,就汉语而言,早在《礼记》和《尔雅》等文献中就有"四隅"一说,《论语》的各注疏中也提及物有"四隅",即将包括学习在内的万物看作有四个角的物体,在此情况下,汉语读者就能够理解成语"举一反三"中为什么举一可知的是其"三";但英语中并没有类似的概念,因而译文读者可能会对于什么是四个角落、角落与学习又有何种联系产生疑惑。虽然刘殿爵增译"square",这有助于译文读者简单直观地理解"一隅"和"三隅"之间的关系,但是依然无法使他们理解实际的句意,更别提从中体会孔子"启发式"教育的良苦用心了。

因此,如采取直译的翻译策略,应在注释里解释说明原句所比喻的事物,以促进译文读者更好地理解原句背后的深意。韦利(1938)确实有作类似的注释:"metaphor from laying out of field-plots",点明了该句是比喻句,但是其理解不准确。

柯大卫(1828)和辜鸿铭(2011)应该也是想采取直译的策略,但除了无法体现原句背后的深意,主要问题在于他们对"隅"的理解并不准确。将柯译中"round one corner""get round the other three"回译作汉语则为"绕过一个角落""绕过其他三个角落";而 bearing 在指"方位"的情况下,通常用来指相对于某个参考点或基准线的方位,经常用于航海、航空、地图阅读和地理定位等领域,强调的是从某个特定位置出发,一直根据某个方向(如北方)来确定目标物体的方位角度。(例如,在地图上,如果你站在 A 点并面向北方,那么 B 点相对于你的方位可以通过测量从你当前所朝的方向(北方)到 B 点的角度来确定,这个角度就是 B 点的"bearing")。因此,bearing 用在这里与原意"某角落"和"与该角落类似的其他三个角落"不符。此外,原句简洁凝练,辜译却是所有译文中用词最多、最为冗长的,不够贴近原文的语言特色。

宋德利(2010)和吴国珍(2015)则采取了意译的翻译策略。宋德利(2010)直接将原句简化译为"通过类比学习",简洁准确地表达了原句实际蕴含的意义,同时也有利于译文读者迅速、容易地理解句意;而吴国珍(2015)将原句译为"从一个例子中推测三个例子",将原本不便理解的"隅"意译为"例子",同样能够精确体现原句中比喻的深意并帮助读者立刻理解句意,与宋译相比也在句式上更贴近原文。

第三节 登堂入室

本节以"登堂入室"为切入点,通过选取中外译者的不同译文,从多个层面进行辨析,探讨适恰的英译。

一、登堂入室的内涵

[原文]子曰:"由也升堂矣,未入于室也。"   (《论语·先进篇第十一》)

[释义]孔子说:"仲由嘛,他在学习上已经达到升堂的程度了,只是还没有入室罢了。"   (吴国珍,2015)

古代宫室前为"堂",后为"室","登堂入室"便是借古代宫室的格局比喻学识由浅入深,逐步达到很高的水平,既蕴含着中国传统的意象,也体现着孔子以通俗易懂之比喻阐明深刻隽永之理的循循善诱态度。

"堂"最为常用的释义有"正屋","室"则有"内室"的解释,而无论是《十三经注疏》、《四书章句集注》,还是《论语正义》等注疏,都未对此二字作出其他特别注释,因此,"登堂入室"中的"堂"和"室"应当是采取上述常见用法。尽管"登堂入室"原本并没有其他释义,但随着时代的变化,原本将该成语理解为"进入室内"的误用也逐渐广泛地活跃在我们的生活中,产生了全新的用法。现今甚至在主流媒体中,这种"望文生义"的现象比比皆是。该成语在现代汉语中的两项新释义分别是"进入室内"和"进入某一(较高的)领域"。

古往今来,虽然学者们对"堂""室"二字的理解并无二致,但不同译者的译法不尽相同,对比喻修辞的翻译策略也各有千秋。我们将选取 9 位译者的英译本,分析他们对原文字词及比喻手法的诠释,以促进对该词的理解,精进对该词的翻译。

二、英译文对比探析

本节主要选取理雅各(1971)、韦利(1938)、刘殿爵(1979)、王福林(2011)、安乐哲(1998)、许渊冲(2005)、宋德利(2010)、辜鸿铭(2011)和吴国珍(2015)九位译者的译本进行对比分析。

[原文]子曰:"由也升堂矣,未入于室也。"　　　　(《论语·先进篇第十一》)

英译一: Yu has ascended to the hall, though he has not yet passed into the inner apartments.
(理雅各,1971)

英译二: The truth about You is that he has got as far as the guest-hall, but has not yet entered the inner rooms.
(韦利,1938)

英译三: You may not have entered the inner room, but he has ascended the hall.
(刘殿爵,1979)

英译四: Yew has ascended the great hall, but has not yet entered the chambers of science.
(柯大卫,1828)

英译五: As for Zilu, he has ascended the hall, but he has not yet entered the inner chamber.
(安乐哲,1998)

英译六: Zi Lu has entered my hall but not my inner room.　(许渊冲,2005)

英译七: Zi Lu plays quite well, only that he hasn't been proficient in it.
(宋德利,2010)

英译八: That men, in his education, has entered the gate, but not the house.
(辜鸿铭, 2011)

英译九: Zhong You has ascended to the hall, though he has not yet entered the chamber (meaning he is fairly good, though not quite good).　(吴国珍,2015)

(一)"堂""室"的英译

几乎所有译者都将"堂"译为"hall",因为 hall 的英文释义为"a space or passage inside the entrance or front door of a building",与"堂"在古代宫室中的位置较为接近;而韦利(1938)等数位译者将"室"译为"room/chamber","room"和"chamber"的"房间"之意与"室"相对等,这些译法都比较准确贴切。

也有译者给予了此二字不同的译名。例如,理雅各(1971)就将"室"译为"the inner apartments"。诚然,"apartment"有"房间"的含义,但此处的"房间"多指"a set of rooms for living in，usually on one floor of a building"，即"公寓套房"，与中国古代建筑中的房室存在较大差异。而辜鸿铭将"堂""室"译为"the gate"和"the house"，回译为汉语则成"大门"和"房屋"，完全偏离了原文意思。

同时，在《论语》中，学识并不只有"登堂"和"入室"两重，还有"入门"一说。《论语·子张篇（第十九）》中"子贡曰：'……夫子之墙数仞，不得其门而入，不见宗庙之美，百官之富。'"就体现了这点。学习往往先入门，再登堂，最后入室。辜鸿铭（2011）将"堂"译为"gate"，其释义为"a barrier like a door that is used to close an opening in a fence or a wall outside a building"，即房屋外的大门；但他却将"不得其门而入"中的"门"译为"door"，"door"的词典释义为"a piece of wood，glass，etc. that is opened and closed so that people can get in and out of a room，building，car，etc."，即房屋的门。这样一来，竟是先"登堂"再"入门"，与实际情况差之千里，造成读者误解。因此，这种译法并不可取。

而柯大卫（1828）则将原文译为"Yew has ascended the great hall，but has not yet entered the chambers of science"，将"堂"译为"the great hall"，似乎说明此句也是直译，但既是直译，此句应如上文"由之瑟奚为于丘之门"一般围绕子路弹瑟这件事情展开，因此译文最后的"of science"有些多余；而如果根据"the chambers of science"来看，柯大卫应该是想采用意译的方式，将原句以"堂""室"比喻学识的深意体现出来，但前文"the great hall"却又无法发挥这一作用。因此，这种前后策略不一致的译法也不够妥当。

吴国珍（2015）采取了直译的策略，将"堂"和"室"分别翻译为与它们高度对等的"hall"和"chamber"二词，简洁明晰地传达出原句的字面意义，保留了原文的文化元素和句法结构；与此同时，他也运用了意译的策略，通过增译的方式诠释了原句所蕴含的深意，有助于读者理解原文的意义，同时体会到孔子善用比喻阐明道理的教学方法，因而该版本可以说是所有译文中最为恰当的。

（二）比喻修辞的处理

除字词译法上的区别，译者对"由也升堂矣，未入于室也"中的比喻修辞的处理策略也各不相同，主要可以分为直译、意译和直译与意译相结合三类。

多数译者采取了直译的策略，将原文译为"由已经进入大堂，但还未进入内室"。这种翻译策略能够准确地表达原文的字面意义，同时多数译者的译文语序也与原文贴近，有利于保留原句的语言特点。然而美中不足的是，直译将比喻完全忽略了。外国建筑格局与中国古代建筑千差万别，因而外国读者很有可能对"堂"和"室"的联想意义以及这两个地点与学习境界的关系感到困感,无法很好理解原句蕴含的意义。因此,如采取单纯直译的策略,可通过在文末加注的形式对该比喻进行解释,增进读者理解。

理雅各(1971)就在其译文后作注释称"this contains a defense of Yu, and an illustration of his real attainments",阐明"堂"和"室"用于指代子路的造诣,帮助读者感受原句中的比喻色彩,而如能进一步点明"堂"和"室"之间的关系,则能使读者更直观清晰地认识到此二字所指的学识境界孰深孰浅,从而更进一步理解原文内涵。

宋德利(2010)曾在其博客中感叹何时五千年的中华文化能够"无孔不入""泛滥成灾",认为中华文化"只要能被外国人接受就好,不管以何种方式"。或许是在这一理念的指导下,宋德利(2010)在此处采取了单纯意译的方式,直接将原句译为"子由弹得很好,但还未完全精通",将原文蕴含的深意直接呈现在读者面前;这一译文简洁,也并没有生僻词汇,能够有效帮助读者迅速理解孔子所言的意义。但是"堂"和"室"作为中国古典建筑的重要组成部分,自然也是宋德利所说"中华文化"的一部分,如此意译,则缺乏了原文所具有的文化底蕴。

此外,如译文能将"quite well"改译为"well"则更为贴切,因为"quite"有释义"to the greatest possible degree",即"完全""十分"之意,可能造成读者的误解。在此理解下,前文谈及子路弹瑟非常出众,后文又说尚且不精通,就前后矛盾了。因此,将"quite"删去可使前后的差别更加凸显,帮助读者准确地理解原句意思。

辜鸿铭(2011)也秉持相似的观点,删去书中所有特定的中文名称,以消除外国读者的陌生和古怪感。他采用意译的策略,以中西方都普遍存在的"门"和"房屋"替代了具有中国传统特色的"堂""室",如此确实能够帮助外国读者直观感受学识的不同境界,但未能使读者真正接触到中国古典建筑文化,更别提"认识中国"了。

通过以上分析可知,无论是单纯采取直译还是意译,译文都或多或少存在缺陷。吴国珍(2015)则采取了直译与意译相结合的翻译策略,是比较好的选择。

📖 每课一句

子在川上曰:"逝者如斯夫,不舍昼夜。"(《论语·子罕篇第九》)

Watching the surging current by the riverside, the Master said, "O time elapses just like this, day and night without cease!"(吴国珍,2015)

每课阅读与思考

请阅读以下论文,并回答思考题。

论文

——王宇弘,2018.《论语》英译修辞策略刍议[J]. 外语与翻译,(3):9-15,98.

思考题

1. 本课第三节中讨论了"由也升堂矣,未入于室也"中的比喻修辞,结合以上论文所讨论的内容,思考如何从功能语言学语法隐喻角度解读《论语》中修辞的概念功能。

2.《论语》中也有丰富的修辞,其中反问句与判断句式的语气与情态如何在英译中再现?

参考文献

[1] 辜鸿铭,2011. 辜鸿铭英译《论语》[M]. 昆明:云南人民出版社.

[2] 霍恩比,A. S. 2018. 牛津高阶英汉双解词典[M]. 9版. 北京:商务印书馆.

[3] 李波,2003."举一隅不以三隅反,则不复也"正诂[J]. 河南师范大学学报,(4):79-81.

[4] 李学勤,1999. 十三经注疏[M]. 北京:北京大学出版社.

[5] 孟祥英,2018."登堂入室"的俚俗化探析[J]. 齐鲁师范学院学报,(3):114-118.

[6] 宋德利,2010. 论语汉英对照[M]. 北京:对外经济贸易大学出版社.

[7] 英国柯林斯公司,2008. 柯林斯高阶英汉双解词典[M]. 北京:商务印书馆.

[8] 王福林,2011. 论语详注·今译·英译[M]. 南京:东南大学出版社.

[9] 王力,等,2005. 古汉语常用字字典[M]. 4版. 北京:商务印书馆.

[10] 王宇弘,2018.《论语》英译修辞策略刍议[J]. 外语与翻译,(3):9-15,98.

[11] 吴国珍,2015.《论语》最新英文全译全注本[M]. 2版.福州:福建教育出版社.

[12] 许慎,2013.说文解字[M].北京:中华书局.

[13] 许渊冲，2005. 汉英对照论语[M]. 北京：高等教育出版社.

[14] 杨伯峻，1980. 论语译注[M]. 2 版. 北京：中华书局.

[15] 杨伯峻，1992. 四书（英汉对照 文白对照）[M]. 理雅各，英译，刘重德，罗志野，英文校注. 长沙：湖南出版社.

[16] 朱熹，1983. 四书章句集注[M]. 北京：中华书局.

[17] Ames，R. T.（安乐哲）. 1998. *The Analects of Confucius*[M]. New York：Ballantine Books.

[18] Collie，D.（柯大卫）. 1828. *The Chinese Classical Work Commonly Called the Four Books*[M]. Malacca：The Mission Press.

[19] Lau，D.C.（刘殿爵）. 1979. *Confucius：The Analects*[M]. Hong Kong：The Chinese University Press.

[20] Legge，J.（理雅各）. 1971. *Confucius：Confucian Analects，the Great Learning and the Doctrine of the Mean*[M]. London：Dover Publications.

[21] Waley，A.（亚瑟·韦利）. 1938. *The Analects of Confucius*[M]. London：George Allen & Unwin Ltd.

第七课　小结

典籍英译不可望文生义,要落实到对每一个字词的理解,应对每一字仔细推敲,否则容易造成误译、漏译等。在倡导中国文化走出去的今天,典籍的英译一方面要尽可能保留住原文的韵味,另一方面也需增强译文的可读性。本课将从译者风格和具体的英译策略两个方面探析典籍英译的最佳方式。

第一节　译者英译风格的影响

一、译者风格

恰如每一位作者都有自己的文学创作风格,每一位译者作为译文的作者,同样会在翻译过程中将自己的独特风格带入译文中。译文所展示的语言运用特点即是译者在翻译过程中所融入的个性,也即译者风格。本文所选 13 个译本的译者各有其风格。下面我们重点介绍其中 3 位——理雅各、韦利与吴国珍,就翻译方法与语言特点简要讨论其风格。

理雅各的翻译方法是直译加注释,在内容上准确传达了原文信息,同时保留原文形式,做到忠实存真。作为传教士,理雅各曾表示其翻译中国典籍的目的是"向将要去中国的那些传教士介绍中国本土的一些知识和信仰,以便他们对中国以及中国人有更多的了解"。因此,理雅各在译文中常用增译的办法来详细解释句子的意思。

韦利的译文语言流畅,更具文学性。因为其使用了归化的方法,译文较容易得到西方读者的接受。韦利努力做到了纽马克(2001)所言的"使原文内容和语言对目标语读者来说是可接受、能理解的"。但其译文现代气息过于浓厚,中国文化元素显然遭到了弱化,不利于目标语读者了解中国文化。

吴国珍的译文准确、简练、通俗、地道,体现了典籍英译(乃至所有翻译)的一个重要原则,即心里要有读者。在其著作《论语:平解·英译》(2017)中,吴国珍还加入了评议部分,从而弥补了译文中所欠缺的信息。随着中国日益强大,在文化"引进来"的同时,亟须"走出去",吴国珍的《论语》英译本正是顺应了这一发展趋势。

总的来看,理雅各的翻译思想接近语义翻译,韦利的翻译思想接近交际翻译,而吴国珍的翻译思想则是结合了语义翻译和交际翻译。当然,三人所采取的翻译方法与他们的身份地位和所处历史背景相关,这也是其风格形成的相关因素。无论译者风格为何,最终都将通过其译文作品完整地呈现出来。

二、译本风格

翻译创作讲究一定的规则与风格。不同的译者风格会呈现出不同的译本风格。本书所选的 13 个《论语》英译本,译者风格各异,译本风格也不尽相同。

柯大卫与苏慧廉作为传教士,其翻译初衷导致其译本风格。不论是出于传播宗教的目的,还是研究中国儒、道、释三教的宗旨,其译本都呈现出了独特的时代背景与风格。

此外,理雅各、韦利、安乐哲、沃森、森舸澜等优秀汉学家出于对中国文化的热爱与尊崇翻译中华典籍,也有着各自别样的风格。

理雅各的《论语》英译本,被认为是最接近原文的译本,成为后来所有《论语》学术译本的"原型"——参考译本。该译本依据《论语》原文,何晏注、邢昺疏的《论语注疏》逐字翻译,同时附以中文原文和英文解说。其解说是参考《论语》问世以来的多个注释版本撰写的。理雅各首次用"Analects"一词作为《论语》英译本的书名,他认为该词可以言简意赅地表明该书实际上是"讨论和评论的选段"。

韦利英译本一经出版也引起了极大的关注,国内外学者对其所做的研究层出不穷。该译本一直是英语世界较为通行的译本,其语言风格流畅,多次再版,至今畅销,在中国也颇为流行。收录于《大中华文库》中的《论语》采用的就是韦利的英译本,足以体现其在中国学者中的受欢迎程度。

安乐哲的译本一改以往汉学家的归化译法,采用拼音加汉字再加上导言注释的三重翻译方法,能够让外国读者直接认识、感知到中国文化词汇与中国元素,产生一种阅读异域文化文本的感受,在读者心中构建起一种与西方不同的哲学思维,是为其独特风格。

华人译者辜鸿铭、刘殿爵、王福林、许渊冲、宋德利、吴国珍等,基于自身的母语文化背景优势,努力将中国文化更好地用英语传译。

辜鸿铭有着深厚的中西文化背景,其《论语》英译基于形而上的原则,通篇译文行文地道、译意准确、句式灵活。

许渊冲在其几十年的翻译实践中不断追求着意美、音美、形美三原则,其《论语》英译本充分展示出了"出新意于法度之中,寄妙理于豪放之外"的翻译风格。许渊冲巧妙地借用哲学译本 *Thus Spoke Zarathustra* 的书名将其英译本《论语》的书名译为 *Thus Spoke the Master*,可谓别出心裁。

刘殿爵、王福林与宋德利也以明晰、自然的译文风格翻译《论语》,或将原文外的相关背景知识融入译文之中,或添加详注与今译对比,或集原文、注释、白话、英译于一体,都让读者直观感知到各译本的不同风格。

吴国珍2005年起开始翻译《论语》,历经五年完成初稿。之后几经修改校对,于2012年出版了《〈论语〉最新英文全译全注本》,并于2015年再版。对于该书,陈桐生教授在其为吴国珍这部书撰写的序言里写道:"该书融资料性、趣味性和可读性为一炉,亦专亦精,亦信亦达,亦雅亦俗,是一本不可多得的和适合各种层次中外读者的《论语》译本。"吴国珍译本丰富拓展和全面充实了文化背景,细致到位地再现原文,完整地传递出了孔子的哲学思想。

译本风格是原文神韵的再现,也是译者风格的体现。无论翻译何种语篇,译者都应在忠实于原文的基础上追求原文风格、译本风格与自我风格的三者间的动态平衡,以使读者能在译文中辨识三者。钱钟书先生所言"化境"大抵也就在于这动态平衡之间。

第二节 英译策略及评析

本节将从英译策略赏析和英译策略评析两个方面进行探讨。

一、英译策略赏析

(一)语内翻译和语际翻译

典籍英译需要译者进行语内和语际翻译,这给译者带来了诸多挑战。《论语》的语内翻译已有历代各家注本可作为依据。然而,《论语》中的概念词语是较大难点。这些概念词多义,词义不明,在不同的上下文语境中意义不同。有些概念词在不同时期、在不同学者眼中的解读诠释也各不一样,对于源文本的各种评注也呈现多样化的状态,因此,不同的译者在不同时期,参考不同的注疏版本也会使译本间产生差异。

例如本单元第三课中提到的"无为而治",人们总是下意识地认为所指的是道家创始人老子的思想,但是其实是孔子首次明确提出了"无为而治"的思想,其一般的解释是"无所作为而使天下得到治理,泛指以德化民、推行德治"。但是,"无为"真的是无所作为或者什么也不做吗?要想把握其中含义,我们还是得回到原文。

[原文]子曰:"无为而治者其舜也与?夫何为哉?恭己正南面而已矣。"

(《论语·卫灵公篇第十五》)

[释义一]孔子说:"能做到无为而治的,大概只有舜吧?他做了些什么呢?他只是庄严端正地坐在朝廷的王位上罢了。"　　　　　　(吴国珍,2015)

[释义二]孔子说:"不做什么而能平治天下的,只有舜吧!他做了什么呢?只是恭敬的向着南面罢了!"　　　　　　　　　　　　　　(毛子水,2009)

前文已述,毛子水先生根据字面意思将"无为"解读为"不做什么",但原文中"无为而治"之后是"恭己正南面"一句。在中国传统政治中,"南面"是一种"端正地面南而坐,正直地为政"的隐喻。位尊者坐北朝南,面对南方,正对阳光,尽显高贵的政治地位,即孔子所称的"君君、臣臣"。清代王夫之称正南面为政,是君主的分内之事,算不上有为。因此,一位君主虽然在其位谋其政,但是在孔子的眼中,这种作为是君主该做的事情,不像那些残暴不仁为非作歹的君主,在这个意义上说一个合格的君主确实是无为的。

《大戴礼记·主言》曾记载孔子与曾子的对话:"昔者舜左禹而右皋陶,不下席而天下治",这是对"无为而治"的另一种看法。因为舜有禹和皋陶,他通过任贤授能从而实现无为而治。《论语集解》中对上述引语的解读是"言任官得其人,故无为而治",表达"因为任人唯贤,所以能够优游自逸"之意。"无为而治"总结了舜的治道原则,概括了舜优游自逸的执政风格,代表着孔子及后来儒家的治道理想。

北宋之后的学者对"无为而治"有新的阐释:舜通过恭敬修身,从而使政治归于教化,成为引领民心归向、化育民心归于仁德的政治,成为为政者正己以化人的政治,诉说的是一种政治的理想状态或极致境地。这种观点是有据可循的,因为一直以来儒家强调的是修身治国平天下,在《论语》里出现了很多德治教化之言,比如"子欲善而民善矣。君子之德风,小人之德草,草上之风,必偃。"(《论语·颜渊篇第十二》),"修文德以来之"(《论语·季氏篇第十六》)。

虽然对于"无为而治"的解读有不同,但是学界普遍认为儒家孔子所言的"无为而治"和道家的"无为而治"并不同,后者的"无为而治"是超脱了人的德行修养和任何作为,从而达到自然状态。我们不应该仅仅因为字面意思的相同,就断然认定老子的"无为而治"起源于舜,也不能断定孔子接受了老子的"无为而治"。

以下选取四位译者对"无为而治者其舜也与?……"的翻译,并作具体分析。

[原文]无为而治者其舜也与?　　　　　　　　　(《论语·卫灵公篇第十五》)

英译一:If there was a ruler who achieved order without taking any action, it was, perhaps, Shun.　　　　　　　　　(刘殿爵,1979)

英译二:Shun might be the one who ruled by doing nothing, wasn't he?

(吴国珍,2015)

英译 三: The ancient Emperor Shun was perhaps the one man who successfully carried out the principle of no-government.　　(辜鸿铭,2011)

英译四:May not Shun be instanced as having governed efficiently without exertion?　　　　　　　　　(理雅各,1971)

翻译即诠释,诠释在《论语》文本不管语内还是语际翻译中都起着重要的作用。《论语》文本的开放性、概念的模糊性以及中外语言文化的差异,使《论语》的对外传播一直经历着翻译和诠释的过程。但是也正因为如此,阐释性翻译的重要性也得以体现,其在《论语》翻译中的使用方便了目标语读者的理解和阅读。

刘殿爵(1979)和吴国珍(2015)都按着字面的意思分别将"无为而治"翻译为"achieved order without taking any action"(不采取任何行动却实现秩序)以及"ruled by doing nothing"(不做任何事就能统治)。通过吴国珍的汉语注释,我们可以看到他明确地指出了儒家的"无为而治"与道家的清静无为、因循天性不同,并且对儒家的"无为而治"做了说明,但是这只是在语内翻译中的备注,在英译本中没有给出批注。刘殿爵的译文也没有对此给予批注。两位译者都对"无为而治"进行了阐释性的翻译,方便西方读者阅读。但是译文仅仅按着字面的意思呈现了出来,读者看到句末"恭己正南面",又会疑惑这不是做了事情吗?会顿生矛盾之感。

辜鸿铭(2011)和理雅各(1971)避开了做不做事的纷争。辜鸿铭(2011)将"无为而治"处理为"successfully carried out the principle of no-government"(成功实行零治理的原则)。"government"是指"a particular system or method of controlling a country"。"无为"被处理为了没有具体的统治或者治理方法。根据学界的解读,因为舜任人唯贤,他自己确实不用亲力亲为实行具体的统治方法。从这个角度来说,这个翻译阐释是有道理的。理雅各

(1971)将"无为而治"处理为"governed efficiently without exertion"(毫不费力就能高效统治),强调的是统治者统治的轻松,突出的是舜优游自逸的执政风格。

相比较刘殿爵(1979)和吴国珍(2015)的译文,辜鸿铭(2011)和理雅各(1971)的阐释没有着眼于字面意思的再现,而是阐释出了哪一方面的"无",将"无为"细化到了具体某一方面,使西方读者读了也能马上感知到舜是个什么样的君主。但是,细化也意味着原义的窄化,意味着有一部分的意思被舍弃,原文的开放性也会受损。

(二)借用目标语对应词加注释

虽然中西方的文化和语言习惯大不相同,但是中文的一些概念性词语在西方的语言中可以找到意义比较相近的词语。借鉴目标语现成的词语,辅以英文注释,可以在西方原有的语言文化体系下表达中国的思想,让译文更易于读者接受。

[原文]无为而治者其舜也与? ……　　　　　　　　(《论语·卫灵公篇第十五》)

英译五: Of those who ruled through inaction, surely Shun was one.

(沃森,2007)

英译六: Among those that "ruled by inactivity" surely Shun may be counted.

(韦利,1938)

沃森(2007)和韦利(1938)将"无为"处理为"inaction"和"inactivity"。"Inaction"的英文释义为"lack of action; the state of doing nothing about a situation or a problem";"inactivity"的英文释义为"the state of not doing anything or of not being active"。两位译者都在各自的母语中寻找到了"无为"现成的对应词,在字面意义上是相近的,都是指不做事情。但是"inaction"通常是贬义,但从原文可以看到孔子对这种"无为而治"是持褒义赞赏的态度的,因此,这里"inaction"的选词可能还需要再斟酌一下。"inactivity"的含义就比较中性,表达了一种状态,与原文的"无为而治"所表达的一种理想的状态相契合。

两位译者并没有只使用对应词。沃森(2007)在章末加上尾注,对"无为"和"舜"做了进一步的阐释和介绍:"Confucius is invoking the Daoist ideal of wuwei(inaction)in characterizing the rule of the ancient sage Shun. But Shun, being a sage, was already possessed of very powerful charisma and, according to legend, was assisted by highly capable ministers."。该译者认为孔子借用了道家的"无为",这显然与国内学界的观点产生了分歧。韦利

(1938)在译文中给"ruled by inactivity"加上了引号,给了读者以提示,即这里的"inactivity"有特殊的含义,并且加上了脚注:"Wu-wei: the phrase applied by the Taoists to the immobility of self-hypnosis。"

虽然两位译者的注释都混淆了儒家和道家的"无为",但是他们的注释无疑有助于读者阅读和把握原意。然而,现在学术界对使用目标语现成对应词来翻译儒家的概念词是持有保留态度的,因为这样极易借用不当,从而让读者有中西思想文化能够简单等同的错觉,体现中国文化的概念词也可能因此丧失其独特性。

二、英译策略评析

中国文化典籍是中国悠久的历史和灿烂的文化的见证者,也是中国智慧的集合,典籍外译,是弘扬中国传统文化的重要手段,也是提升中国文化软实力的重要方式。然而相较"引进来"的国外文献,中国文化典籍外译的数量和影响力要远低于国外文献,因此如何帮助中国文化典籍"走出去"是需要认真考虑的问题。《论语》作为中国文化典籍的杰出代表,其阐述的儒家思想很大程度上仍旧是现在中国人为人处世的信条,且从西汉"罢黜百家,独尊儒术"到程朱理学,儒家思想已深深扎根于各类文学作品中。因而优秀的《论语》译本能够帮助外国人理解中国古代的优秀作品,也能更好地帮助外国人理解中国人的处世哲学。

在进行翻译工作时,译者首要的任务是深入理解原作。这不仅包括对作品所处的历史时期、作者的个人背景以及源语言的文化环境进行充分的研究,还需要通读原作,并参考相关的解析资料,以形成自己对作品的独特见解。这样的准备工作能够确保翻译的准确性和忠实度,使得目标语言的读者即便对源语言文化缺乏了解,也能够跨越文化障碍,尽可能地领会到原作者的意图和作品的精髓。

对于《论语》这类中国古典文献的英译而言,译者在翻译过程中应首先深入掌握原文的精神实质和作者的思想感情。不同的译者可能会根据各自的翻译目标采取不同的策略,但最基本的前提是充分理解和消化原文的精髓。如果翻译过程中忽略了原作的核心价值,那将是极大的遗憾。通过对比多个版本的译作,尤其是对"君子固穷"这一概念的不同诠释,我们可以认识到在翻译中国古典文献时必须深入挖掘原作和不断完善译文。这样的努力不仅有助于《论语》更准确地传播至世界各地,还能为中国其他文化典籍的外译工作提供宝贵的经验和信心。鉴于中国文化典籍的丰富性与目前已翻译作品的有限

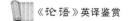

性,中国典籍的国际化传播仍然任重而道远。

 每课一句

　　君子之于天下也,无适也,无莫也,义之与比。(《论语·里仁篇第四》)

　　To a superior man, *there is nothing in the world that he ought to do or ought not to do*. *He just does what is righteous.*(吴国珍,2015)

 每课阅读与思考

　　请阅读以下论文,并回答思考题。

论文

　　——黄国文,陈莹,2014. 从变异看《论语》的英语翻译[J]. 外语与外语教学,(3):61-65.

思考题

阅读以上论文,请思考如何从功能语言学视角观察与描写《论语》译本风格。

参考文献

[1] 陈寿,2006. 三国志[M]. 北京:中华书局.

[2] 程树德,1990. 论语集释[M]. 北京:中华书局.

[3] 高连福,2016. 孔子"无为而治"政治思想及其国家治理价值[J]. 山东大学学报,(4):71-80.

[4] 辜鸿铭,2011. 辜鸿铭英译《论语》[M]. 昆明:云南人民出版社.

[5] 黄国文,陈莹,2014. 从变异看《论语》的英语翻译[J]. 外语与外语教学,(3):61-65.

[6] 刘全志,2013. 孔子眼中的舜"无为而治"新论[J]. 中国哲学史,(1):37-40.

[7] 毛子水,2009. 论语今注今译[M]. 2版. 王云五主编. 台北:台湾商务印书馆.

[8] 纽马克,2001. 翻译问题探讨[M]. 上海:上海外语教育出版社.

[9] 潘文国,2012. 典籍英译心里要有读者:序吴国珍《〈论语〉最新英文全译全注本》[J]. 吉林师范大学学报(人文社会科学版),(1):16-19.

［10］秦艺,李新德,2014.译家经典,译事典范:吴国珍《〈论语〉最新英文全译全注本》评析［J］.浙江万里学院学报,(1)：80-84.

［11］王辉,2003.理雅各与《中国经典》［J］.中国翻译,(2)：37-41.

［12］吴国珍,2015.《论语》最新英文全译全注本［M］.2版.福州：福建教育出版社.

［13］吴国珍,2017.论语:平解·英译［M］.北京：北京出版社.

［14］Lau, D.C.(刘殿爵). 1979. *Confucius：The Analects*［M］. Hong Kong：The Chinese University Press.

［15］Legge,J.(理雅各). 1971. *Confucius：Confucian Analects，the Great Learning and the Doctrine of the Mean*［M］. London：Dover Publications.

［16］Waley，A.(亚瑟·韦利). 1938. *The Analects of Confucius*［M］. London：George Allen & Unwin Ltd.

［17］Watson，B.(伯顿·沃森). 2007. *The Analects of Confucius*［M］. Columbia：Columbia University Press.